比较

总第82辑

2016年第1辑

COMPARATIVE STUDIES

吴敬琏 主编

中信出版集团 · CHINA CITIC PRESS · 北京

比较

COMPARATIVE STUDIES

主管 中信集团

主办 中信出版股份有限公司

出版 中信出版股份有限公司

主编 吴敬琏

副主编 肖梦 吴素萍

编辑部主任 孟凡玲

编辑 包敏丹 马媛媛

封面设计 李晓军 / **美编** 杨爱华

经营部

执行总经理 张翔

助理总经理 汪弘彬

发行总监 邱道姗

设计总监 石乐凯

品牌传播总监 马玲

独家代理：财新传媒有限公司

电话：（8610）85905000 **传真：**（8610）85905288

广告热线：（8610）85905088 85905099 **传真：**（8610）85905101

电邮：ad@ caixin. com

订阅及客服热线：400-696-0110 （8610） 58103380 **传真：**（8610） 85905190

香港地区订阅热线：（00852） 21726522

订阅电邮：circ@ caixin. com **客服电邮：**service@ caixin. com

地址：北京市朝阳区工体北路 8 号院三里屯 SOHO 6 号楼 5 层（**邮编：**100027）

卷首语

当前，我国经济面临“三期叠加”和“四降一升”的严峻挑战。面对这些挑战，必须着力推进供给侧结构改革，推动经济的持续稳定发展。从供给侧来说，有三个因素，即投资、劳动、效率。现在的情况是，我们的人口红利逐渐消失，新增劳动力正在减少；多年以来由于加大投资已经带来一系列问题，不能继续；经济运行中出现的问题往往归因于效率太低。由此，主编吴敬琏教授早在几年前就一直强调，我国经济增长方式和发展方式要转轨，要找到新的动力，只能依靠经济增长的动力从增加投资转向增加索洛余值，也就是要创新，要提高全要素生产率（TFP），也即提高供给的效率。本辑《比较》以此为主题，为读者们提供了若干文章。

安德鲁·霍尔丹的文章“经济增长：快与慢”探讨金融危机后全球经济的增长前景和增长源泉。他把考察全球经济增长的时点追溯至公元前1000年，用各种不同的经济增长指标来分析三千多年来的增长态势。这些分析表明，人类社会长期缺乏经济增长的加速器，处于停滞状态，直至工业革命才走出停滞，步入历时两百多年的创新和增长通道。他着重从经济学、历史学、社会学和心理学等视角，综合剖析了工业革命得以产生的技术和社会根源。在霍尔丹看来，在促进增长方面，社会因素的变化，如社会中的合作和信任、制度和基础设施、政府角色、耐心等，支持了技术变革或领先于技术变革，因此，社会因素的变化至少发挥了和技术变革同样重要的作用。对于未来的经济增长，他认为，“技术进步对经济增长具有强大的促进作用，同时阻碍经济增长的社会因素也不容忽视，在这两股力量的共同作用下，未来的增长将徘徊在平凡与神奇之间。”

2015年底中央经济工作会议将“产业政策要准”作为推进结构性改革的五大政策支柱之一。我们特意选取了两篇论述产业政策的文章，也许可以为实施“准”的产业政策提供启发。新经济增长理论的领军人物菲利普·阿吉翁等人的文章“产业政策和竞争”以中国为背景，讨论什么样的产业政策可以提高生产率，进而推动增长。作者们使用1998—2007年中国工业企业数据库大中型工业企业数据，从实证角度研究补贴、税收减免、(低息)贷款和关税等产业政策对企业生产率增长的影响。实证研究的结果表明，在竞争性部门实施的产业政策(补贴或税收减免)、旨在维持或者促进竞争的产业政策(比如引导企业进入或者鼓励新企业发展)，对生产率增长具有更显著的促进作用。在初始竞争更为激烈的部门实施补贴和免税这样的产业政策，能够改善企业的表现，而实施(低息)贷款和关税补这样的产业政策，则不能改善企业的表现。作者们还指出，为了使产业内的利益集团对产业政策施加的影响最小化，应以更分散、更有利于竞争的方式实施扶持型产业政策。詹姆斯·罗宾逊的文章，从政治经济学的角度探讨产业政策对经济发展的作用。在国际上，产业政策不乏成功和失败的案例。这些案例一方面说明产业政策可以是社会所需要的，并有可能促进经济增长和发展；另一方面，与任何对社会有益的政策一样，产业政策也受制于具体社会的政治均衡特征，比如哪些利益团体能被动员，关系到怎样的利益，处于怎样的政治体制环境中。在这些政治因素的影响下，即使能推出产业政策，也未必会采取理想的形式。因此，仅仅提出好的产业政策是不够的，我们还必须考虑这些好建议如何能被掌握政治权力的群体自愿采纳。

在一国经济实现增长、从低收入国家向高收入国家转型的过程中，工业化是最重要的推动力。然而，发展中国家近年来却出现了过早去工业化的现象。在“过早去工业化”一文中，罗德里克利用三个工业化测量指标——制造业就业占比、按当前价格计算的制造业增加值占比、按不变价格计算的制造业增加值占比，详细描述了不同类别的国家之间的去工业化格局，并根据这些指标和收入之间的关系，界定了发展中国家相对于发达国家的过早去工业化现象。他进一步阐释了发展中国家去工业化现象的成因，其中全球化是一个重要因素。罗德里克认为，过早去工业化对发展中国家并非好事，它踢走了经济借以快速上升的“梯子”，还可能产生不利的政治后果。对尚处于向高收入国家转型的中国经济来说，工业化仍然至关重要，罗德里克的分析值得我们加以重视。

“法和经济学”栏目是美国弗吉尼亚大学法学教授韦尔克尔克的文章“就业保护法的经济学分析”。这是一篇综述性文章，较为全面地梳理了法学界和经济学界对这个领域的研究文献，包括从国际比较的视角研究就业保护法如何影响劳动力市场，用企业层面的数据研究就业保护法的改革对经济产出和经济行为的影响，以美国各州就业保护法的不同变化来研究就业保护法对劳动力流动、就业、雇员人力资本投资等方面的影响，从政治经济学角度研究就业保护法的渊源和政治动力机制。这些研究为全面认识就业保护法的影响提供了有益的参考。

“新书架”栏目是许成钢为匈牙利经济学家科尔奈教授的新书《动态变化、竞争和剩余经济》而作的书评。这篇书评从一般均衡和方法论，资本主义和社会主义的基本特点，资本主义和社会主义动态变化的政治经济学，以及资本主义、社会主义和列宁式国家资本主义等方面，分析并归纳了科尔奈著作的主要观点和软预算约束这样的重要概念。许成钢认为，科尔奈著作的创新之处在于通过资本主义和社会主义的比较研究阐释了资本主义的特点。

斯特凡•施莱歇和安德烈•马尔库等人的“欧盟排放交易体系的结构性改革”一文分析了欧盟现行排放交易体系中存在的问题，提出了改进该体系的三个一揽子改革方案，并评估了这三个改革方案的可行性。作者们还简要介绍了韩国、美国、中国等国家的排放交易体系，比较了它们与欧盟排放交易体系的不同特点。

比较之窗栏目是余晖等人的“澳大利亚医疗卫生体制研究”一文。文章较为详细地介绍了澳大利亚的国民医疗照顾制度、卫生服供给方的制度安排、卫生体系的行政管理体制、卫生资金的筹措和支付制度，并对中国的医疗卫生体制改革提出了建议。

目　录

Contents

第八十二辑

特稿 Special Feature

法和经济学 Law and Economics

新书架 New Books

经济增长
快与慢

安德鲁·霍尔丹

本文的主题是经济增长。听起来这似乎是一个常规话题。在媒体上，经济学家大部分时间都在讨论增长及其统计指标 GDP。然而，至少在某些情况下，不应过度关注 GDP。例如，越来越多的人已经充分认识到，GDP 只是对社会福利水平的部分测量，且往往并不完善。① 正如爱因斯坦所说，并非所有可计量的都是重要的。

尽管如此，持续的经济增长仍然是提高社会生活水平的唯一最重要的决定因素。以中国和意大利两国经济为例，1990 年两国国民总收入大致相同。② 此后中国年均增长率超过 10%，而意大利不足 1%。20 多年后的 2014 年情形如何？按照复利的计算方法，2014 年中国国民总收入为意大利的 8 倍。中国每 18 个月就会创造出一个与意大利规模相当的经济体量，每个季度创造的经济规模与葡萄牙相当，每个月创造出一个与希腊规模相当的经济体量，每周创造的经济规模相当于塞浦路斯的经济规模。这些可以计量的指标有时确实很重要。

---

* 本文为英格兰银行执行董事兼首席经济学家安德鲁·霍尔丹（Andrew G. Haldane）2015 年 2 月 17 日在英国诺维奇东安格利亚大学发表的演讲。英格兰银行不负责翻译的准确性。

① Stiglitz、Sen and Fitoussi（2009）.

② 以目前的购买力平价汇率计量的总量。

当前的政策辩论也表明了经济增长的重要性。自金融危机以来，全球增长一直表现不佳。危机前的10年间，发达国家年均增长3%。危机发生以来，增长率降至1%。世界增长由快转慢，人们开始担心“长期停滞”即将到来，所谓长期停滞是指经济增长将长期低于正常水平。① 1930年代大萧条时期有过同样的担忧。②

近年来的低速增长究竟是危机之后的短暂现象还是经济趋势中的长期低谷，尚无法确定。悲观论者对过度负债、财富差距扩大、人口老龄化加剧和教育停滞等问题心存忧虑。③ 乐观派则欣喜于数字技术领域的新一轮产业革命。④ 鉴于经济增长对生活水平的重要影响，两派观点之间的交锋是当代的关键问题之一。

为深入理解这一交锋，我们不妨从长期视角考察历史上的经济增长模式。在漫长的历史进程中，经济增长经历了不同阶段的交替，既有长期停滞的时期，也有不断创新的时期。理解不同增长阶段的社会和技术决定因素，有助于探明当前可能导致长期停滞或不断创新的具体因素。⑤

下文从经济学、历史学、社会学和心理学等视角进行综合讨论。如果一定要找出这些视角的公分母，那就是我们两耳之间的大脑。心理学家丹尼尔·卡尼曼指出，大脑的思考方式有快与慢两种。⑥ 当我们理解经济增长的时候，或许也是如此，而且出于许多同样的原因。

经济增长的短期历史

图1展示了1750年工业革命以来人均GDP对数的变化趋势。如果不考虑战争影响，过去250年来人均GDP呈直线上升趋势，增长率约为年均1.5%。这意味着每一代人的生活水平都会比上一代提高1/3。经济增长持续提升了生活水平。

---

① Summers (2014), Vox-EU (2014).

② Hansen (1938).

③ 也可参见 Gordon (2012, 2014), Summers (2014), Cowan (2014)。

④ 也可参见 Brynjolfsson and McAfee (2014), Mokyr (2014), Arthur (2011)。

⑤ 有些研究侧重于从需求不足的角度讨论长期停滞［例如，Summers (2014)］。本文重点关注供给方面的结构性因素。从萨伊定律的角度来看，供给创造自己的需求或者供给不创造自己的需求，中期内两者区别并没有那么大。

⑥ Kahneman (2012).

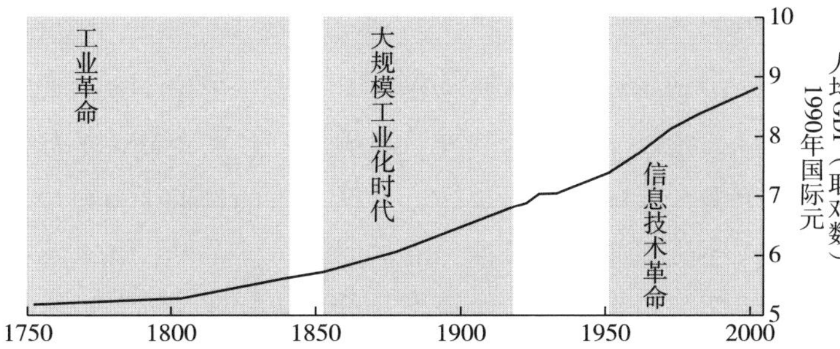

图 1　1750 年以来的人均 GDP

资料来源：DeLong（1998）

虽然增长较为平稳，但并非恒定不变。历史上间或发生的战争、经济萧条和金融危机会造成经济停滞甚至下滑。阶段性的技术创新又使经济前景好转，显著提升生活水平。然而，经济衰退只是暂时的，经济大踏步前进是持久性的。在过去的两个半世纪中，与持续创新相比，长期停滞几乎微不足道。

为解释 1750 年以来生活水平的提升，经济学家通常将这段历史分成三个创新阶段。每个阶段都伴随着社会的生产可能性边界的向外大幅扩张。① 第一阶段是从 18 世纪中叶开始的工业革命；第二阶段是起始于 19 世纪下半叶的大规模工业化时代；第三阶段是在 20 世纪下半叶开始的信息技术革命。

这三个创新阶段的独特之处在于它们都产生了一系列通用技术（GPTs）。② 这些技术的应用领域远远超出了最初设计这些技术时所用的行业，从而普遍提升了商业运行的效率。第一次工业革命的通用技术包括蒸汽机、纺织机和铁路；第二次工业革命的通用技术包括电力、内燃机、自来水供应和卫生条件改善；第三次工业革命的通用技术包括个人电脑和互联网。

近几年增长前景逐渐黯淡，又一次强化了人们对创新主导型增长的关注，创新是否会萎缩成为长期停滞争论的焦点问题之一。一些人认为创新之源或已枯竭；③ 而另一些人却认为数字技术的创新之泉正在喷涌。④ 长期停滞与持续创新究竟谁将占主导地位呢？

---

① Gordon（2012）.

② Bresnahan and Trajtenberg（1996）.

③ Gordon（2012，2014），Cowen（2011）.

④ Brynjolfsson and McAfee（2014）.

经济增长的长期历史

如果在较长的历史跨度内观察经济增长，可能会得出全然不同的结论。因此，为回答停滞或创新谁主沉浮的问题，我们应延长历史研究的时间尺度，回到工业革命之前更为久远的历史。现在，生活水平的长期上升已成为社会经济的常态，几乎没人还能记起经济长期停滞的时期。

然而，通过长期视角来观察，经济增长的历史并非一直如此。图 2 展示了公元前 1000 年以来的全球人均 GDP 的变化轨迹，这段更久远的增长史与工业革命以后有天壤之别。工业革命之前的 3000 年间，全球人均 GDP 年均增长率仅 0.01%，生活水平长期保持不变。按照 1750 年以前的增长率，生活水平翻一番需要 6000 年；而 1750 年以后，生活水平翻一番仅需 50 年。

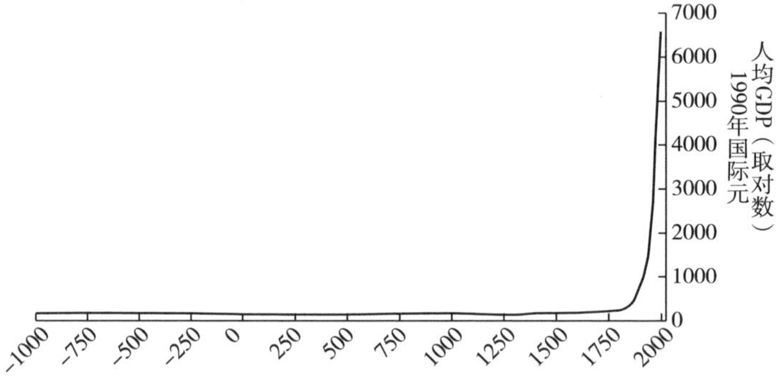

图 2　公元前 1000 年以来的人均 GDP

资料来源：DeLong（1998）

这表明工业革命以前社会和经济的常态并非长期增长。在前后两代人之间福利水平没有觉察到改善，永久性地缺乏经济加速器。生活水平稳定持久的上升并非常态，而更像是近代才出现的例外。在长期历史视野中，长期停滞远比连续创新更为寻常。

当然，因覆盖面过窄，GDP 无法全面衡量更久远的历史中社会生活水平的改善。非物质指标或许可以更好地衡量生活水平。如果采用其他指标，是否有理由相信 1800 年的公民平均福利与公元 1000 年前后区别不大？

正如格里高利·克拉克（Gregory Clark）的优秀著作阐明的那样，[①] 社会

① Clark（2009）.

学证据显示两者并没有区别。1800 年以前的几千年间，平均预期寿命基本未发生变化。对于 20 岁的成年人来说，平均寿命也就是 30—40 岁。① 该时期的出生率与死亡率基本未发生变化。这意味着 1750 年以前全球人口几乎不变，人口年增长率低于 0.1%。

对于人们在世时福利水平的测量得出了相似的结论。依据古代骨骼记录的测算，1800 年以前的很多世纪中，成人身高平均值在 160—170 厘米之间（图 3）。热量摄入量也基本持平。利用以上及其他指标，学者们构建了社会发展指数，② 该指数与 GDP 变迁轨迹很相似，都表明很长时期内人民生活水平未发生变化（图 4）。

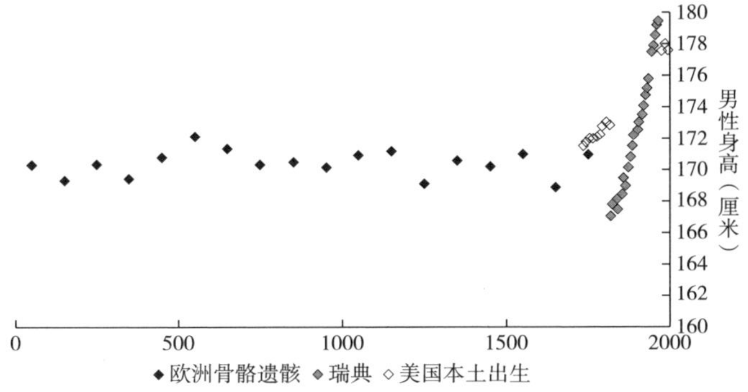

图 3　公元 1—2000 年从欧洲骨骼记录测算的男性身高

资料来源：Clark（2009）

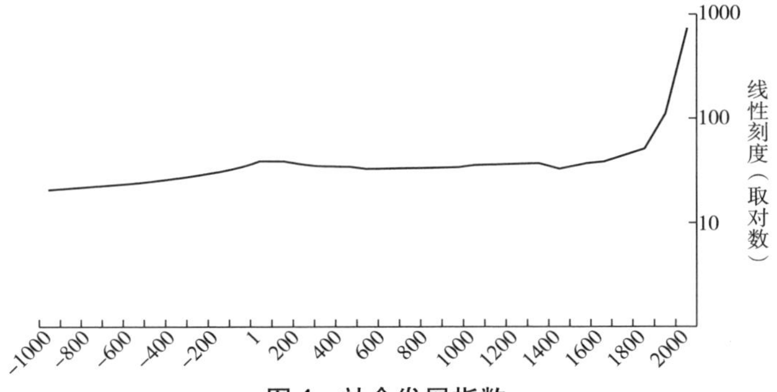

图 4　社会发展指数

注：本图显示的是 Morris（2010，2011）给出的“西方”与“东方”社会发展指数的平均值。社会发展指数的构成包括能源捕获、组织、作战能力和信息技术。

资料来源：Morris（2010，2011）

① 也可参见 Clark（2009）。

② 也可参见 Morris（2011）。

这些福利衡量指标表明，在过去3000年的大多数时间中，全球人民的生活水平一直停滞不前，仅在最近300年出现了飙升。工业革命以前，收入基本锁定在最低生活保障水平。与马尔萨斯的预言一致，这些收入仅够维持人口数量，不足以支撑人口的大规模扩张。① 因此有些人将工业革命以前的时期称为“马尔萨斯时代”。②

尽管这看起来很残酷，但如果追溯到更早以前，情况更不乐观。值得注意的是，现在已能估计出公元前100万年——人类的黎明——以来全球的GDP估计值。③ 从事估算的统计机构的工作人员比较少，因此需非常小心地对待这些统计数据。

表1是公元前100万年以来人均GDP增长率和人口增长率。人类历史上大部分时间，无论是人口数量还是生活水平实际上都没有提高或增长。生活水平的逐渐提高可能开始于数万年前，大约发生在现代人（智人）出现和穴居人（尼安德特人）消失时期。

表1　公元前100万年以来人口及人均GDP的增长

年份	人均GDP年变化（%）	人口年变化（%）
公元前100万—前10000年	0.000	0.000
公元前10000—前1000年	0.003	0.028
公元前1000年—公元1年	-0.015	0.122
1—1000年	0.020	0.044
1000—1500年	0.007	0.095
1500—1750年	0.102	0.211
1750—2000年	1.452	0.870

资料来源：DeLong（1998）；Kremer（1993）

所以，经济增长的短期历史（黄金时代）和长期历史（马尔萨斯时代）之间可谓天差地别。在经历了漫长的长期停滞之后，人类才步入持续创新的轨道。生活水平的明显上升只是最近才发生的事。如果将经济增长历史比作一个

① Malthus（1798）.
② 也可参见Clark（2009）。
③ DeLong（1998）.

24 小时刻度的时钟，那么，99% 的增长发生在最后 20 秒。

工业革命的技术根源

究竟是什么原因造成了近 250 年来经济增长的变化？解释历史上的经济增长模式远非易事。甚至到现在，经济学家和社会历史学家们还在激烈辩论增长的深层原因。本文无意于是非判断，而是提供基于相关文献的反思。有一个共同的主题将这些文献联系起来——耐心。

新古典经济学解释了为什么耐心对经济增长很重要。它支持储蓄，因为储蓄会转化为投资，进而形成资本积累。资本积累和资本运用效率的大幅提升是新古典增长理论所描述的增长动力。今天的投资就是明天的增长。①

在新古典模型中增长是外生的，即由外部因素决定。主要有两个外部力量：一是个人的耐心，耐心既不随时间推移也不随地域而改变；二是技术进步，技术进步以不可预测的方式随时间变化。创新就像是来自上帝的恩赐，不断从天堂收到的令人惊喜的礼物。

看起来，这个简单的故事很好地解释了工业革命以来经济增长的阶段变化。18 世纪下半叶，在英国集中出现了一系列密集的创新：1764 年哈格里夫斯发明了珍妮纺纱机，1769 年阿克赖特发明了水力纺纱机，1775 年瓦特发明了蒸汽机。这些发明像上帝的恩赐一样突然到来，并且正如新古典增长理论所预言的那样，使生产可能性边界向外移动。

通用技术从产生到应用范围和影响的扩大，一般需要数十年的时间。② 因此经济增长率和生产率到了 19 世纪才开始上升。此时，出现了一波以工厂、机器和机车为主的实物投资。随着投资的快速增加和技术转变的结合，人类历史迎来了生活水平持续提升的第一个黄金时代。

表 2 是工业革命前后技术效率增长的估计值，有力地支持了新古典理论对增长动力的解释。③ 工业革命以前，每年技术进步远低于 1%，几乎难以察觉到生产可能性边界的外移和生活水平的提高。1750 年以后，技术之门已经打开，技术效率年均增长率达到 1% 左右。

---

① 也可参见索洛—斯旺模型（Solow，1956；Swann，1956）和拉姆齐—卡斯—库普曼斯模型（Ramsey，1929；Cass，1965；Koopmans，1965）。

② 也可参见 Eichengreen（2014）。

③ 引自 Clark（2009）1750 年以前的估计值和世界银行对之后时期的估计值。

表 2　公元以来的技术增长

年份	技术增长率的年均变化
1—1000 年	0.001
1000—1500 年	0.025
1500—1750 年	0.045
1750 年至今[a]	1.034

注：Clark（2009）估计了 1750 年以前的技术增长，假设人口稳定在人均土地产出仅能维持生计的收入水平上。（a）技术增长率以希尔等人（Hills、Thomas and Dimsdale，2010）的英国 1850—2009 年的年均全要素生产率增长率计算。

资料来源：Clark（2009）；Hills、Thomas and Dimsdale（2010）

技术进步又会促进实物资本的积累。图 5 描绘了英国 1850 年以来人均实物资本存量的变化趋势。人均实物资本存量年均增长 1.75%。该图也反映出人均资本存量与人均 GDP 之间存在着显著的正相关关系：1850 年以来，人均资本存量每增加 1000 英镑，人均 GDP 将上升 400 英镑。这也与新古典增长理论的预测一致。

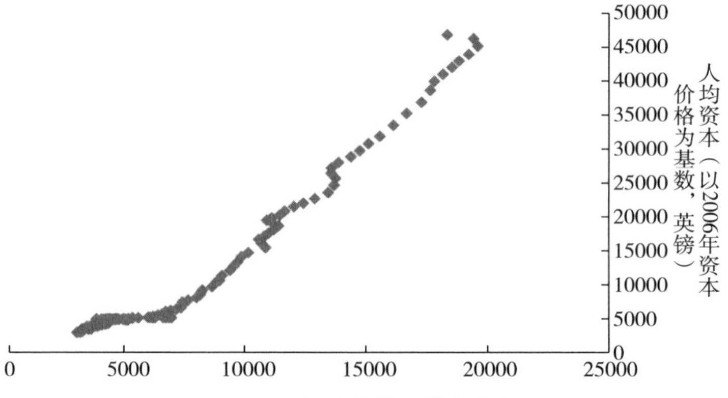

图 5　1850 年以来英国的资本积累

资料来源：Hills、Thomas and Dimsdale（2010）

其他国家的增长模式与英国大体相同。图 6 是 1980 年以来人均资本存量与人均 GDP 关系的跨国数据截面图。显而易见，各国处于增长的不同阶段。但就每个国家而言，增长都保持向上态势，资本存量的持续增加伴随着人均收入的长期提升。昨天的投资已成为今天的增长。

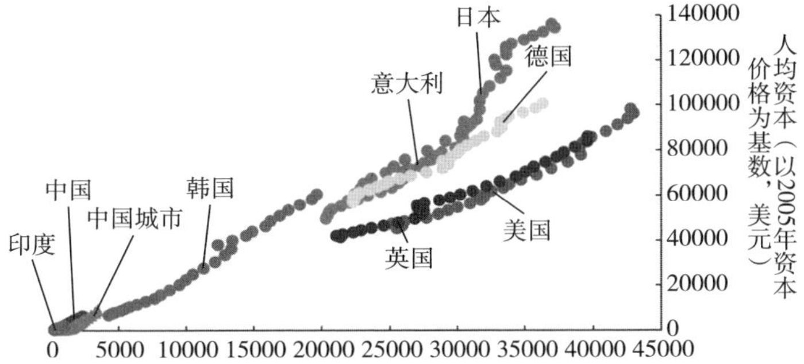

图6　1980年以来跨国的资本积累

资料来源：McKinsey Global Institute（2010）

工业革命的社会根源

如果这三次工业革命都源于技术进步，那么解释增长的源泉就非常简单了。增长就像冲浪一样，只需简单等待下一次创新大浪的到来。生活水平的提高与其说是自然的，不如说是不可思议的，即“徘徊在平凡与神奇之间”。① 由于政策制定者既不能操纵海浪也无法创造奇迹，公共政策作用甚微。

这种解释存在一些问题。第一，如果我们依照工业革命前的经历来推断，那么也许还要等很久才能迎来下一次创新浪潮。第二，技术创新的故事并非对历史记录的唯一解读。除此之外，还存在另外一组经济理论与经验事实，可以对工业革命前后的增长源泉做出另一种解释。

这另一种解释可以被松散地称为内生增长理论。② 增长的驱动因素很多，并非只有一个，既有社会因素，也有技术因素——技能和教育、文化和合作、制度和基础设施。这些因素相互促进，不是外生或孤立的；是累积性的、渐进式的，而不是瞬间爆发的自燃型的。

我们可以通过拓宽资本的定义将这些因素考虑进来：**实物资本**（physical capital，如工厂和机器）、**人力资本**（human capital，如技能和专业知识）、**社会资本**（social capital，如合作和信任）、**智力资本**（intellectual capital，如思想和

① Douglas Allchin 将超自然现象描述为“徘徊在平凡与神奇之间”。

② 例如 Romer（1986），Aghion and Howitt（1998），Acemoglu（2009）。

技术)、**基础设施资本**(infrastructure capital, 如交通网络和法律体系)。①增长是多种资本源泉累积的结果。

举个简单的例子,铁路的成功通车不仅依赖于蒸汽机的发明(智力资本),还需要靠材料(实物资本)和技能(人力资本)来建造机车和轨道。铁路要成为通用技术,还需要网络(基础设施资本),以及合作和公众信任(社会资本)。

透过这些多方面的资本源泉,我们可以对工业革命的起源提出一个明显不同于新古典理论的解释。② 以人力资本为例,可以用大众的识字能力和算术能力来衡量人力资本的高低。图7是15世纪晚期以来部分西欧国家的成人识字率。

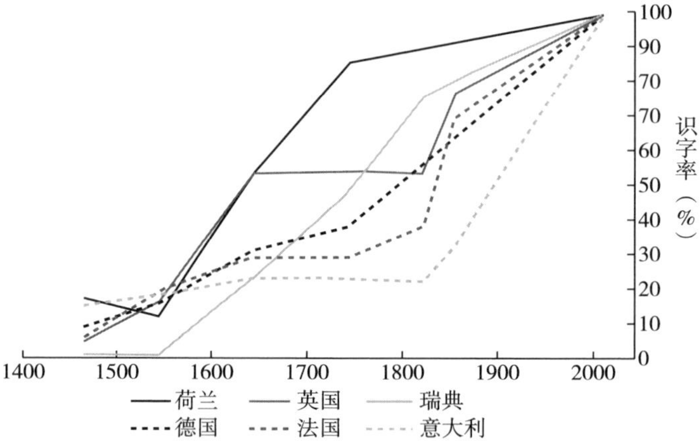

图7　西欧国家成人识字率

资料来源:OurWorldinData. org,基于 Buringh and Van Zanden(2009),Broadberry and O'Rourke(2010)

在15世纪末,成人识字率不足10%,人力资本水平很低,与仅维持生存的生活水平相一致。然而,在此后的三个世纪中人力资本发生了明显变化,西欧国家成人识字率达到了50%左右,一些国家甚至更高。换言之,工业革命之前就出现了人力资本的快速积累。

在技能深化的基础上,其他推动经济增长的资本源泉也开始积累,例如产生了更多的思想和创新等智力资本。按照这一解释,社会学因素的转变可能支

① Sachs(2014)讨论了环境资本;也可参见 Solow(1956),Becker(1965),Rebelo(1991),Putnam(2000),Romer(1986)。

② 也可参见 Acemoglu and Robinson(2013),Clark(2009)。

持了技术变革，或者至少领先于技术变革。也就是说，创新是有其基础和原因的，而不是来自上帝突然的恩赐。

工业革命以来，受教育程度不断提高。“二战”以后，人均受教育年限迅速提高（图8），发展中国家提高了两倍，发达经济体也提高了近一倍。近年来，受教育年限的上升主要源于越来越多的成人获得了学位（高等教育）资格，人力资本不断扩展和深化。

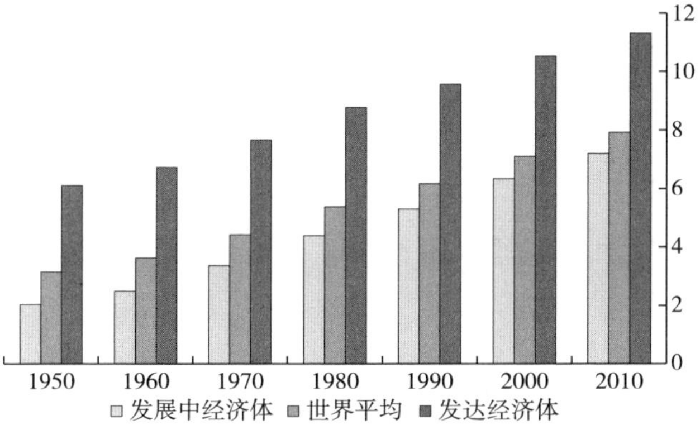

图8　15岁以上人口平均受教育年限

资料来源：Barro and Lee（2013）

实证研究表明，1950年以来，教育水平的提高可能解释了1/5的增长。①鉴于在16世纪到18世纪之间教育水平的大幅提升——劳动力中受教育的比例明显提高——人力资本积累似乎在工业革命中发挥了更大的促进作用。

假如我们将目光从人力资本转向社会资本，看到的图景是类似的。社会资本是一个更难量化的概念，它包括社会中的合作、互惠与诚信等属性。社会资本的这些来源尽管更难捉摸，对国家的成功却至关重要，例如对支持贸易的增长发挥了关键作用。②

社会学家用暴力或战争的发生率来衡量社会资本。这是社会内部或社会之间缺乏合作与信任的极端情况，相当于社会学上的金融危机。③ 图9是1300年以来西欧国家的谋杀（杀人）案的数据。

---

① 也可参见 Fernald and Jones（2014）。

② Hall and Jones（1999）.

③ 也可参见 Pinker（2012）。

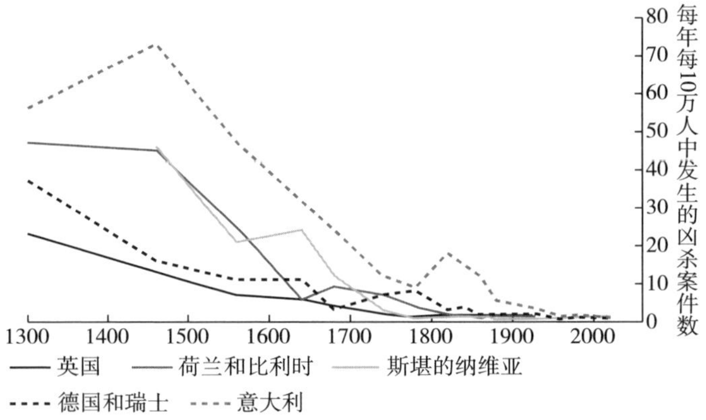

图 9　西欧暴力犯罪

资料来源：OurWorldinData. org，基于 Eisner（2003）

图 9 表明，在 15 世纪到 18 世纪期间，暴力犯罪急剧下降，大约下降至原来的 1/5。到工业革命时期暴力犯罪已经稳定下来。社会资本的迅速积累孕育了技术创新，为增长奠定了基础。

除了某些被打断的情况，尤其是 20 世纪的两次世界大战，社会暴力犯罪的下降趋势一直持续到今天。例如，自 1940 年代以来，战争死亡人数处于长期下降趋势（图 10）。这与社会资本的持续积累相一致。①社会资本虽然很难量化，却很可能推动了现代经济增长。

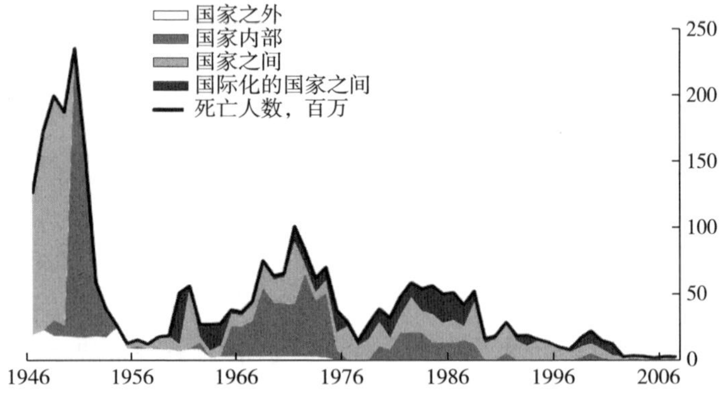

图 10　国家冲突中的死亡率

资料来源：Human Security Report Project，http://www.hsrgroup.org/our-work/security-stats/Deaths-from-Organized-Violence.aspx

① Pinker（2012）.

人们普遍认为**基础设施与制度资本**支持了增长。① 英国是工业革命的发源地。工业革命初期，英国的制度架构无疑已经趋于成熟：议会制发端于11世纪和12世纪；在12—13世纪法律和司法制度逐渐成形；在17世纪末英国的中央银行——英格兰银行——成立。

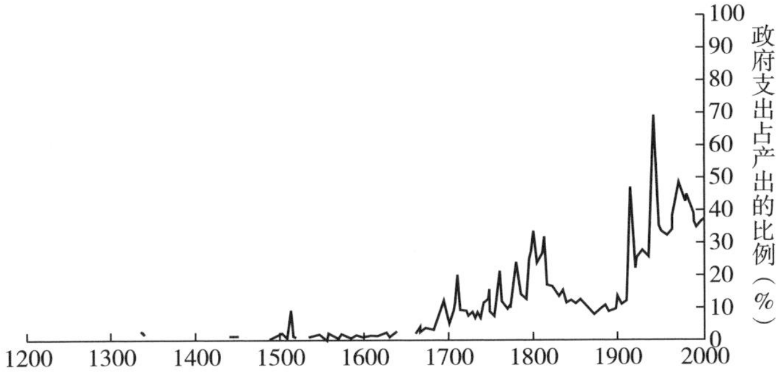

图11　1285—2000年英国政府支出占国民收入的比例

资料来源：Clark（2009）

作为社会中的特殊制度安排，政府的作用在工业革命之前迅速提升。图11描述了英国1200年以来政府支出占国民收入的比例。截至1600年，政府支出占国民收入的比例仅为1%—2%。在随后的两个世纪，政府的角色逐步彰显：支出比例上升了10倍或20倍。工业革命以前，广义上的制度，特别是政府，在助推经济增长方面发挥了越来越重要的作用。

自工业革命以来制度和基础设施资本也在不断积累。1950年以来，实行民主制度的国家从25个增加到将近90个。② 全球法律体系持续改善，央行的数量也不断膨胀。跨国研究结果表明，这些制度和基础设施的质量往往是推动增长的关键。③

达龙·阿西莫格鲁和詹姆斯·罗宾逊开展了最全面的历史经验研究，进一步论证制度的重要性。他们认为，缺乏良好的制度是“国家为什么失败”的决定性原因。④ 该发现表明，我们无须继续探讨制度是否与生活水平存在真正

① 也可参见 Tabellini（2010），Acemoglu and Robinson（2013）。

② 参见 http：//ourworldindata. org/data/political-regimes/democratisation/。

③ Levine and Renelt（1992）.

④ Acemoglu and Robinson（2013）.

的历史联系。

增长的最后一个决定因素是**智力资本**，其中一些智力资本还是工业革命的源泉，例如哈格里夫斯、阿克赖特、瓦特等人的发明。如果认为创新开始于18世纪，那就大错特错了。从12世纪的风车、13世纪的机械钟、14世纪的火炮、15世纪的印刷机、16世纪的邮政服务到17世纪望远镜和显微镜的发明，创新显然是呈阶梯式缓慢进步的，远在工业革命之前就开始推动经济增长。①

此外，经验证据表明，技术转移具有高度的历史依赖性，或说滞后效应。公元1500年的技术应用模式是公元1800年经济增长的很好预测因子。② 这表明远在哈格里夫斯、阿克赖特和瓦特登上历史舞台之前，工业革命的科技推动力就已经蓄势待发。这再一次说明，创新是有其基础和原因的，而不是来自上帝突然的恩赐。

总而言之，这意味着增长具有更广泛、更丰富的基础。与新古典增长理论相比，工业革命的萌芽更早，且源泉更加广泛。在促进增长方面，社会转变至少与技术转变发挥了同样重要的作用。

耐心是一种美德

虽然上述对经济增长的多方位解释（部分是社会学的，部分是技术的）得到了认可，但依然存在有待解答的问题：为什么某些社会会在历史上的特定时点突然开始资本积累呢？什么原因促成了在技能、合作、制度和基础设施上的初始投资呢？答案之一可能存在于人的头脑之中，这些技术和社会趋势反过来也可能改变我们的大脑。

所有投资决策的基础是经济学家所说的“时间偏好率”（rate of time preference），非经济学家则称之为“耐心”（patience）：为了未来的利益而推迟眼下的满足的意愿，也就是储蓄而非消费、坚持下去而非转向的意愿。对于社会耐心的测量，一个简单的经济指标是利率模式。

利率代表着一个社会储蓄或坚持的意愿，意愿越弱，表明社会的耐心越不足，于是就会要求更高的补偿。补偿形式表现为更高的利率水平。因此，对于

---

① Clark（2009）.

② 参见 Comin、Easterly and Gong（2010）。公元前1000年和公元1年的技术进步也对随后的增长模式产生影响，虽然影响没有公元1500年时期那么强大。

给定的储蓄水平，在缺乏耐心的社会，利率将高于更具耐心的社会。

图12是公元前3000年以来的短期利率与长期利率的走势。尽管数据有间断，但显示出在工业革命的前夜，利率发生了长期性的下降，从两位数降低到大约3%。以土地等实物资产的收益率作为利率的替代指标，也呈现出了类似的趋势。①

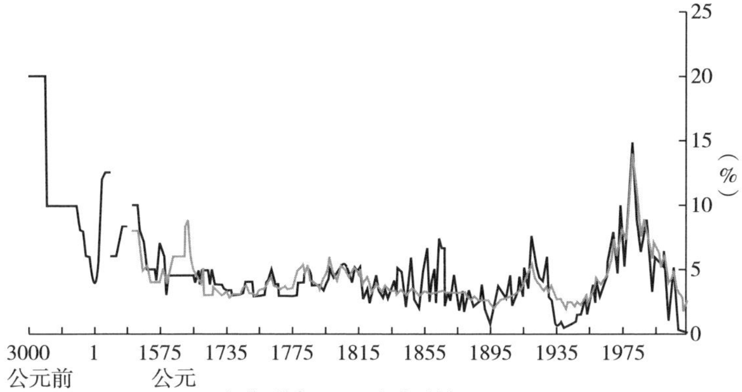

图12 短期利率与长期利率

注：1715年开始横轴的时间间隔变为每20年一格。以下是18世纪以前每类贷款率最低的国家：公元前3000年到公元前6世纪——巴比伦帝国；公元前6世纪至公元前2世纪——希腊；公元前2世纪至公元5世纪——罗马帝国；公元前6世纪到公元10世纪——拜占庭（法定限额）；公元12世纪至13世纪——荷兰；公元13世纪至16世纪——意大利等国家。从18世纪开始，利率采用最主要货币市场的利率水平：1694—1918年为英国；1919—2015年为美国。利率为短期利率：1694—1717年英国央行贴现率；1717—1823年6个月东印度债券利率；1824—1919年3个月头等票据利率；1919—1996年4—6个月美国商业票据利率；1997—2014年3个月AA美国非金融商业票据利率。长期利率：1702—1919年英国政府长期养老金和公债利率；1919—1953年长期美国政府债券收益率；1954—2014年10年期美国国债收益率。

资料来源：Homer and Sylla（1991）；Heim and Mirowski（1987）；Weiller and Mirowski（1990）；Hills、Thomas and Dimsdale（2015 forthcoming）；Bank of England，Historical Statistics of the United States Millenial Edition，Volume 3；Federal Reserve Economic Database

关于该趋势的一种解释是，它们反映了社会时间偏好的变化。在工业革命拉开序幕前，社会变得比过去更有耐心。这反过来推动了储蓄和投资的增加，最终实现了经济增长。耐心是一种美德。然而，如果社会的时间偏好确实发生了改变，由此引发的一个问题就是，时间偏好改变的原因是什么？

---

① 也可参见Clark（2009）。

借助其他领域的研究成果，我们可以回答该问题。在过去50年中，从心理学家和神经学家的实验研究中，出现了很多关于耐心的决定因素以及耐心对行为的影响方面的研究成果。或许我们能从中得到一些关于耐心与增长的驱动因素的启示。

耐心的一个重要驱动因素是收入和财富。收入越低，决策越缺乏耐心。① 这是因为艰难度日占据了大量的认知能力。② 这会导致神经系统的决策更加关注短期事项。从储蓄不足以养老到向高利贷商人过度举借工资日贷款，都是短视思维的表现。在发展中国家，这也有助于解释贫困陷阱。③

在马尔萨斯时代，大部分人口的收入水平仅够维持基本生存。实验证据表明，这种情形很可能造成严重的社会短期行为，表现为实物资本和人力资本投资的缺乏，最终阻碍增长。在马尔萨斯贫困陷阱中，贫困与缺乏耐心是自我强化的。

1800年以后收入上升至温饱水平之上，逆转了贫困与耐心不足之间的恶性循环。收入上升增强了耐心，同时为储蓄与投资的提高以及最终的增长奠定了基础。换言之，在工业革命后，耐心作为一种美德给自己带来的回报就是内生增长。

人们还发现，技术创新会影响耐心。④ 古登堡（Guttenberg）1450年左右发明的印刷术引起了图书生产的爆炸。据估计，此后50年间的图书产量比此前1000年间的图书总产量还要多。随之而来的变化远远超过了技术变革。

书籍推动了教育文化水平的飞跃，促进了人力资本的积累。更大胆的推测是，书籍还可能改变了我们的大脑。尼古拉斯·卡尔认为，印刷机和其他信息媒介所带来的变化可能已经重塑了我们的大脑。⑤ 书籍为“深度阅读”奠定了基础，通过深度阅读实现了深思广虑。毫不夸张地说，技术可以改变思想。

有人认为，这种改变刺激了慢思考。卡尼曼发现的慢思考是指大脑用来深

---

① Wang et al（2011）.

② Mullainathan and Shafir（2014）.

③ Bannerjee and Duflo（2012）.

④ Carr（2011）.

⑤ Carr（2011）.

思熟虑的有耐心的活动方式。如果确实如此，将有助于创造力、思想、创新等智力资本的积累。技术将首先影响神经，进而塑造虚拟环路上的神经技术。慢思考有助于经济的快速增长。

这也为更早期的增长变化做出准神经性的解释提供了可能。早在大约现代智人取代尼安德特人的时期，世界的经济增长就已经开始了。这也许并非偶然。表面上是现代人的扁平额头取代了尼安德特人的发达眉脊，背后却有着重要的神经学原因。

扁平额头为大脑前额叶皮层区域的发育提供了条件。现代核磁共振成像扫描显示，除其他功能外，这部分区域还负责有耐心的活动。正如我们所见到的，数万年前耐心的智人取代急躁的尼安德特人是达尔文自然选择的结果。①随之而来的是生活水平的不断提高。

持续创新与长期停滞，谁主沉浮?

亘古以来，创新与停滞一直此消彼长。当今的重要争议是，经济增长的前景如何？未来是如同工业革命后创新引领增长的阳光明媚的高地，还是像工业革命前长期停滞笼罩的低地呢？创新与停滞两股力量谁主沉浮？如果未来增长将回落，它将回落至工业革命之前的水平还是之后的水平？

这些讨论对于未来的福利和公共政策至关重要。事实上，很难想象还有哪些事情比这更重要了。具体而言，中央银行制定货币政策，一个关键判断就是适当的“中性”利率。我们可以把“中性”利率理解为，在中期内将储蓄与投资协调一致的利率水平。

然而，当今的“中性”利率水平在哪里？持续创新可能意味着这个利率水平与2%—3%的历史平均水平持平或稍高，后者与历史增长率一致。但长期停滞则可能意味着，这个利率水平远低于过去的利率水平，甚至可能是负值。在货币政策方面，两者之间的差距相当于粉笔和奶酪、成功与失败。

从这个方面来说，过去30年来全球实际利率的演化趋势十分引人注目。图13展示了近20年来全球主要经济体实际利率的演变轨迹。发达经济体和新兴市场经济体都表现出长期下降的趋势，每10年下降2个百分点左右。现在已经降到0附近。

---

① Hansson and Stuart (1990).

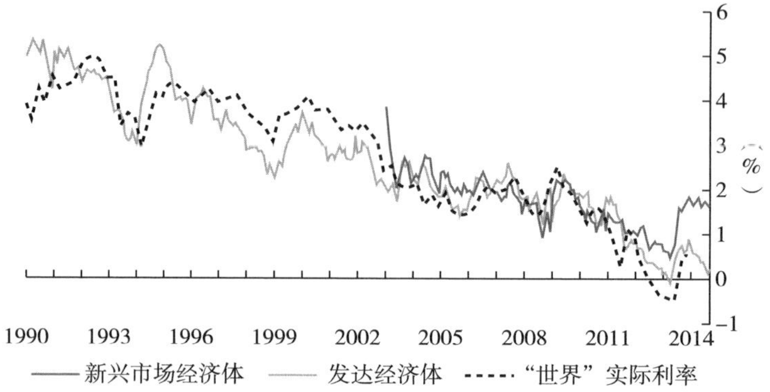

图 13　发达经济体和新兴市场经济体的长期实际利率

注：“世界”实际利率来自 King and Low（2014），并基于七国集团（除意大利外）与通货膨胀挂钩的 10 年期债券收益率均值。考虑到 RPI-CPI（商品零售物价指数—消费者物价指数）楔子，英国利率进行了调整。美国国债收益率数据仅包括 1997 年后的数据，因此 1997 年以前用的大部分是英国数据。

资料来源：King and Low（2014）；Bank Calculations

对于一些发达国家，这种趋势更为明显。图 14 是未来 30 年英国和欧元区的预期实际利率的趋势。未来 30 年间，这两个区域预期的实际利率都为负值。这意味着投资者甚至愿意以倒付利息的方式借钱给政府，即时间偏好率为负数。这种情形在历史上尚无先例。

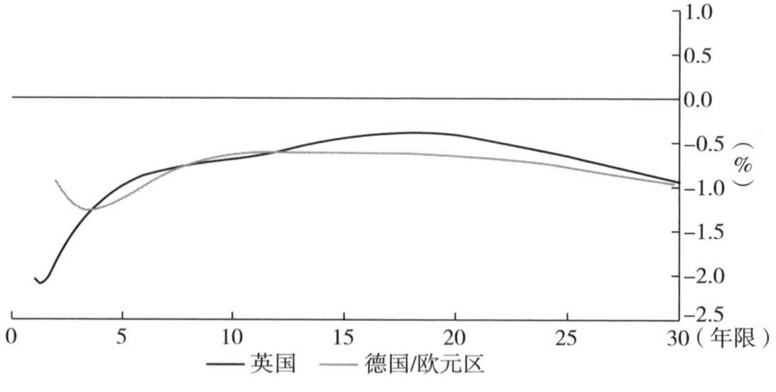

图 14　远期实际利率收益率曲线

注：英国和美国的数据为通胀互换平减后的债券名义收益率。德国/欧元区数据为欧元区通胀互换平减后的债券名义收益率（作为欧元区的无风险利率的代表）。通货膨胀以英国 RPI、美国与欧元区的 CPI 衡量。2015 年 2 月 9 日闭市数据。

资料来源：Bloomberg and Bank calculations

一种解释是社会变得越来越有耐心，与工业革命的前夜类似：相对投资来说较高的全球储蓄水平将降低全球的实际利率水平。如果耐心是实际利率下降的原因，我们可以欢欣鼓舞地迎接未来。成本的降低和创新收益的提高将刺激投资，促进增长。① 实际利率的下降将预示着持续创新。乐观派将获胜。

然而，另一种解释也有可能成立。实际利率走低或许表明缺乏有利可图的投资机会，因此人们更倾向于储蓄。如果原因是投资机会的缺乏，前景就黯淡了。因为这意味着较低的创新回报和低增长。实际利率的下降预示着长期停滞。悲观派将获胜。

借助于典型的“一方面、另一方面”（two-handed）的经济学思维方式，我试图证明，两方面的观点都是正确的。我们有充分理由相信，在经典的新古典增长理论框架下，技术正在推动创新，进而促进增长；同样也有充分的理由相信，在内生增长模式框架内，也存在阻碍增长的社会因素。

首先我们来讨论基于新古典理论的持续创新的观点。这一方认为，数字革命的浪潮将促发未来的增长。所有的通用技术均需要一定时间才能达到熔点。② 即使技术增长很快，甚至是指数式的，仍需一段时间才能实现整个经济层面的真正变革。③

按照过去的趋势，通用技术需要30—40年或者更长时间才能达到临界值。蒸汽机、电力等早期通用技术就是这种情况。数字技术的增长比早些时候的通用技术更快。按照摩尔定律，每18个月左右，计算机的处理能力将翻一番。这已经成为现在技术增长率的标准。

然而，即使按照摩尔定律，数字技术也只是最近才达到临界值。与数字技术类似，包括机器人领域、遗传学、3D打印、大数据和物联网在内的很多重大技术，也只是最近才出现。④虽然这些技术并非全新，但这些技术的广泛应用（从发明转变为通用技术）却是全新的。

经济学家布赖恩·阿瑟将这次技术变革形象地比喻为从物质经济（或者

---

① 也存在关于储蓄率上升的不太乐观的解释，包括：这种现象尤其反映了新兴市场经济体的“储蓄过剩”（Bernanke，2011），以及安全资产的缺乏（Caballero，2013）。

② Syverson（2013）.

③ McAfee and Brynjolfsson（2014）.

④ 也可参见Chui et al（2010），Mokyr（2014）。

“第一经济”）向数字经济（或者“第二经济”）的转型。① 他将早期的工业革命比作身体的生理或肌肉功能的发展，借着这个类比，经济系统主要通过对物质资本的投资来界定和改进其运动技能。

数字革命与工业革命不同。通过对智力资本的投资，经济系统好比在发展其神经或感知系统，从而界定和改进其认知能力。最近一波技术变革的成功源于它们建立了类似于大脑的神经连接网络。“物联网”通过互联网（像大脑的突触）将传感器（像大脑的神经元）联在一起，实际上创建了类似于大脑的机器。

从人工智能（Artificial Intelligence，AI）升级为人工通用智能（Artificial General Intelligence，AGI），正如同大脑的连接网络造就出了会思考和行动的机器。用布吕诺尔夫松和麦卡菲的话说，我们正迈向第二个机器时代。② 此外，摩尔定律意味着计算机的处理能力不断上升，这预示着在未来某个时刻机器脑可能会超过人脑。

早在 1958 年，堪称现代计算之父的约翰·冯·诺依曼将这一时刻称为“技术奇点”（singularity）。③ 此后，关于奇点的可能性有很多推断。现在计算机的处理速度大约为每秒 10^{16} 次，④ 仍然远远低于大脑的计算能力。但如果按摩尔定律持续应验，机器的计算能力在几十年内就可能赶上人脑。⑤

如果达到了技术奇点，创新将没有止境。届时机器将取代人类来承担发明的使命。随着处理能力呈指数速度上升，经济将变得“超级智能”。同时由于扩大处理能力的边际成本接近于零，经济将变得“超级高效”。

这将带来第四次工业革命。与前几次革命不同的是，由定义就可以知道，人脑几乎无法想象机器将如何创新，进而促进增长。那时候世界将处于一种幸福的无知状态。乐观派的兴奋或许有充分的理由。

现在我们来讨论悲观派的论点。有哪些长期因素会阻碍增长呢？技术本身并不足以解释过去的增长，也无法确保未来的增长。增长的社会根源也很重要。与过去相比，其中的某些社会因素如今已被削弱。事实上，在某些情况下

---

① Arthur（2011）.

② Brynjolfsson and McAfee（2014）.

③ 参见 Stanislaw（1958）。

④ Nordhaus（2014）。注意世界上最快的超级计算机是中国的 NUDT，每秒能进行 3×10^{16} 次运算。

⑤ Berglas（2012），Nordhaus（2014）.

技术起到了这样的削弱作用。

以**社会资本**为例。尽管暴力犯罪和战争都如愿以偿地处于长期下降趋势，但社会资本的其他指标却在恶化。社会不平等程度的不断扩大就是其中之一。① 自1980年以来，在英国和美国，收入最高的1%群体的收入翻了一番。财富不平等的态势更加惊人。②

最近的证据表明，不平等的加剧会使社会资本贬值，进而制约经济增长。③ 国际货币基金组织（IMF）和经合组织（OECD）的跨国研究表明，基尼系数作为衡量收入分配公平程度的指标，每上升1个百分点，经济增长速度约降低0.1个百分点。

自1980年以来美国的基尼系数上升了8个百分点。这意味着社会不平等的加剧对经济年均增速的拖累将近1个百分点。在低增长的时代，较低的社会资本水平严重阻碍了增长。

放眼未来，阻碍经济增长的社会因素可能会强化。发达经济体不平等加剧的原因之一是中等技能岗位的流失，至少相对于高技能和低技能岗位而言。就业出现了“空心化”。④ 技术进步造成了中等技能岗位被自动化取代，这是“空心化”趋势的主要原因。

第二个机器时代的来临可能加剧或者扩大“空心化”趋势。⑤ 智能机器人可能代替人类从事低技能工作。如果机器的处理能力接近或超过人类的大脑，高技能工作也有被机器人取代的风险。尽管就业已形成了“空心化”趋势，我们尚不明确不平等和社会资本将发生哪些变化。最可能的是，人们不能盲目乐观地坐等创新的到来。

不平等的加剧也会影响**人力资本**，成为阻碍增长的第二个长期因素。不平等对增长的阻碍主要来自对教育投资的抑制，对贫困家庭的影响尤为明显。⑥ 研究显示，父母的收入是决定儿童学习成绩的关键因素。⑦ 如果不平等会传导至下一代并自我延续，对增长的负面影响也将一直延续下去。

---

① Gordon (2012).

② 也可参见 Piketty (2014)。

③ IMF (2014), OECD (2014).

④ Haldane (2014), Frey and Osbourne (2013).

⑤ Brynjolfsson and McAfee (2014).

⑥ 也可参见 OECD (2014)。

⑦ 也可参见 Attanasio and Blundell (2014), Summers and Balls (2015)。

美国的数据显示了不同社会经济群体之间教育程度的显著差异，这种差异还在不断扩大。1970 年以前，高中毕业率的不断上升永久性地提高了美国工人的生产率。后来，教育水平的提升出现了停滞，一段时间甚至出现了回落。美国在国际教育水平排行榜中的排名正在下滑。①

有证据表明，英国也可能出现类似美国的情况。英国目前的识字和算术技能低于经合组织各成员国的平均水平。② 2003—2011 年，尽管成人识字率从 44% 提高到 57%，有算术能力的比例却从 26% 降至 22%。③ 换句话说，英国大约有 1700 万成人的计算水平相当于小学生。

即使没有这些不利因素，人力资本增长也会由于人口结构的变化而减速。在 20 世纪后半叶，人口增长为全球经济增长年均贡献 2 个百分点（图 15）。1980 年以来下降到年均 1 个百分点。预计到 2050 年还将减半。与此对应，经济增长速度下降将是趋势性的。④

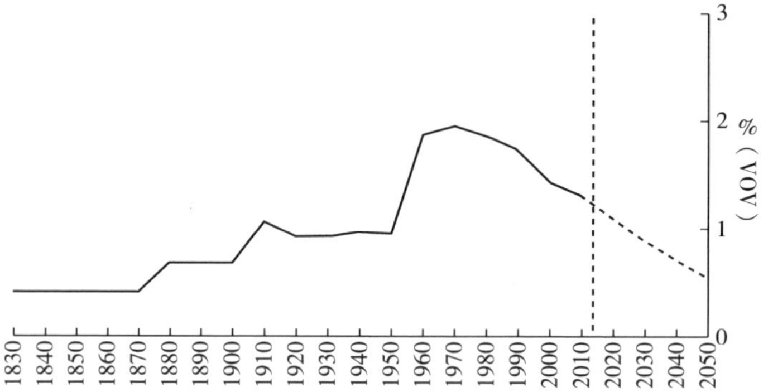

图 15　人口增长

资料来源：1950 年后数据源于 United Nations population projections（http://esa. un. org/wpp/）；1950 年前的数据源于 The Maddison-Project（http://www. ggdc. net/maddison/maddison-project/home. htm）

阻碍增长的第三个长期因素是短期行为。短期行为部分源于技术进步。短期行为与全社会耐心水平上升的长期趋势很不协调。但社会耐心的长期上升趋

① Gordon（2012）.

② 参见 OECD Programme for International Student Assessment（PISA）2012 results（http://www. oecd. org/pisa/keyfindings/pisa-2012-results. htm）。

③ 参见 http://www. nationalnumeracy. org. uk/what-the-research-says/index. html。识字和算术技能的定义是具有普通中等教育证书“C”或以上等级。

④ 要视情况而定，例如退休率。

势可能将发生逆转。正如在15世纪印刷机的发明可能改变了人们的思考方式，刺激了慢思考；21世纪互联网的出现可能会刺激快思考。但是，这次技术的影响可能更加剧烈。①

显然我们正处于信息革命过程中，21世纪创造的信息已经占了全部信息存量的99%。② 虽然有很多好处，但也产生了巨大的认知成本。其中一个潜在成本是关注度下降。正如信息理论家赫伯特·西蒙所说，一个信息丰富的社会同时也是注意力不足的社会。③ 信息革命可能导致耐心越来越少。

社会上确实出现了类似的短期化趋势。工作任期以及各种关系的维系时间都在缩短。1994年以来，英超足球经理的平均任期每年下降一个月。④ 按此趋势，到2020年任期会降到一个季度。金融领域更是如此，资产的平均持有期限自1950年以来下降了10倍。注意力缺乏的不断加剧，以及推特（Twitter）的快速普及，为人们关注时限的缩短提供了进一步证据。

若果真如此，人们通常会做出短期行为决策。按照卡尼曼的分类，可能会导致快思考，即大脑反射性的、急躁部分的影响力将扩大。如果这样，将提高社会的急躁程度，阻碍各类资本的积累，最终可能损害中长期经济增长。快思考的结果可能是慢增长。

心理学研究表明，孩子缺乏耐性会显著降低学习成绩，进而损害未来收入前景。⑤ 缺乏耐性也会抑制个人创造力，导致资本积累的停滞。⑥ 创新与科研是短期行为的潜在牺牲品。

事实证明，上市公司的投资经常为了满足股东的短期需求而被推迟或忽略。⑦ 英国公司的研发支出已经连续10年下降，下滑至国际研发排名的末尾（图16）。如果短期行为呈上升之势，将给技能提升、创新和未来的增长带来风险。⑧

阻碍增长的最后一个因素是**基础设施资本**。在基础设施资本方面，投资趋势也不乐观。如图17所示，过去30年中发达经济体公共投资一直处于温和下

---

① Carr（2008）.

② 参见 http://www.economist.com/node/15557443。

③ Simon（1971）.

④ 参见 http://footballperspectives.org/end-season-football-manager-statistics-2013-14。

⑤ Mischel（2014）.

⑥ Urminsky and Zauberman（2014）.

⑦ 也可参见 Davies、Haldane、Nielson and Pezzini（2014）。

⑧ Hutton（2015）探讨了企业反映长期目标的必要性。

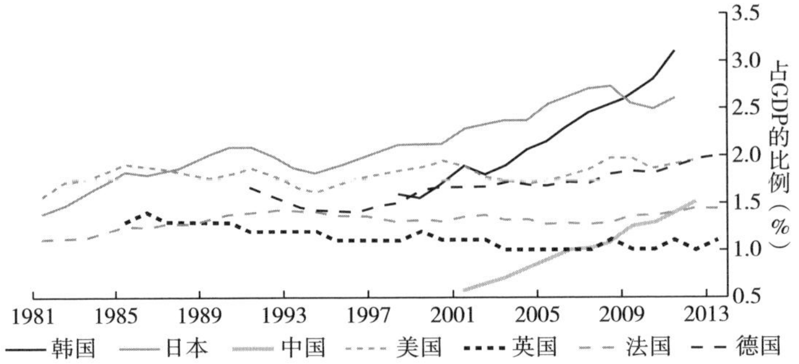

图 16 企业研发支出占 GDP 比例

资料来源：OECD

降的趋势。目前英国公共投资占 GDP 的比例是 1970 年水平的 1/3。鉴于过去公共投资在支持创新方面所扮演的重要角色，前景不容乐观。①

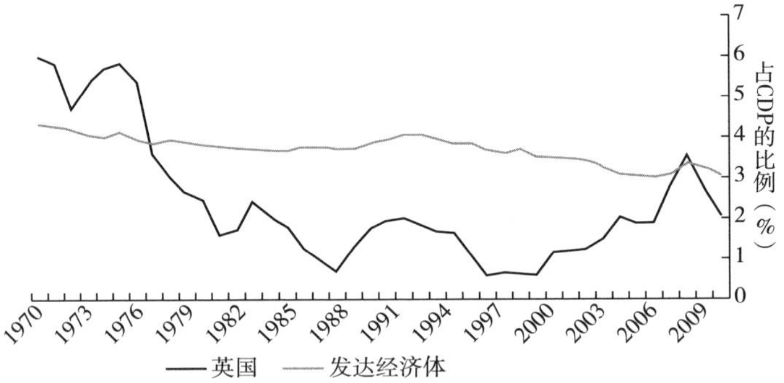

图 17 公共投资

注：代表发达经济体的那条曲线表示实际公共投资占加权 GDP 的比例。该曲线与实际一般政府投资的走势类似，但仅在更长时间跨度内才成立。“公共”的定义随着时间的推移发生了变化，不同国家的变化速度也有所不同，这或许能解释英国和其他发达经济体之间的差异。

资料来源：IMF World Economic Outlook October 2014；ONS

总而言之，如果参照历史和经验证据，影响经济增长的社会因素，无论单独的还是组合在一起，都可能抑制增长。第四次工业革命的承诺可能无法兑现。悲观者的担忧不无道理。

结论

增长是天赐的礼物。然而，与流行的观念相反，上天不会持续地赐予人们

① 参见 Mazzucato（2013）。

礼物。尽管经历了几百年的增长，增长源泉仍然是个谜。我们应尽其所能地去探索谜底，增长源于社会因素和技术变革的结合，两者通常相伴而行。1750年以来的三次工业革命均是如此。

现在，很难对未来经济增长的前景做出清晰的判断。一方面我们担心长期停滞，一方面又为创新的涌现欢欣鼓舞。技术进步对经济增长具有强大的促进作用，同时阻碍经济增长的社会因素也不容忽视。在两股力量的共同作用下，未来的增长将在平凡与神奇之间徘徊。

（中国银监会审慎规制局　王胜邦　郑珊珊　译）

参考文献

Acemoglu, D (2009), *Introduction to Modern Economic Growth*, ISBN: 9780691132921.

Acemoglu, D and Robinson, J (2013), *Why Nations Fail: The Origins of Power, Prosperity and Poverty*, ISBN: 978-1846684302.

Aghion, P and Howitt, P (1997), *Endogenous Growth Theory*, ISBN: 9780262011662.

Arthur (2011), "The Second Economy", *McKinsey Quarterly*, available at: http://www.mckinsey.com/insights/strategy/the_second_economy.

Arthur (2014), *Complexity and the Economy*, ISBN: 978-0199334292.

Attanasio, O and Blundell, R (2014), "Human Capital in the 21st Century", presentation at the "Capital in the 21st Century" conference hosted at the Bank of England on December 19 2014. Slides available here: http://www.cepr.org/sites/default/files/bank%20of%20england.pdf.

Bannerjee, A, and Duflo, E (2012), *Poor Economics: Barefoot Hedge-fund Managers, DIY Doctors and the Surprising Truth about Life on less than $1 a Day*, ISBN: 978-0718193669.

Barro, R and Lee, J (2013), "A New Data Set of Educational Attainment in the World, 1950-2010", *Journal of Development Economics*, Vol 104, Pages 184-198.

Becker, G (1965), "A Theory of the Allocation of Time", *Economic Journal*, Vol 75, Pages 493-517.

Berglas, A (2012), "Artificial Intelligence Will Kill Our Grandchildren (Singularity)", available at: http://berglas.org/Articles/AIKillGrandchildren/AIKillGrandchildren.html.

Bernanke, B (2011), "Global Imbalances: Links to Economic and Financial Stability", speech given at the Banque de France Financial Stability Review Launch Event, Paris, France.

Bresnahan, T, Stern, S, and Trajtenberg, M (1995), "Market Segmentation and thesources of Rents from Innovation: Personal Computers in the Late 1980's", NBER Working Paper 5726.

Broadberry, S and O'Rourke, K (2010), *The Cambridge Economic History of Modern Europe*: Volume 1, 1700-1870, ISBN: 978-0521708388.

Brynjolfsson, E and McAfee, A (2014), *The Second Machine Age: Work, Progress, and Prosperity in a Time of Brilliant Technologies*, ISBN: 978-1480577473.

Buringh, E and Van Zanden, J (2009), "Charting the 'Rise of the West': Manuscripts and

Printed Books in Europe, A Long-Term Perspective from the Sixth through Eighteenth Centuries", *The Journal of Economic History*, Vol 69, Issue 2.

Caballero, R (2013), "The Shortage of Safe Assets", presentation given at the Bank of England in May 2013, available at: http://www.bankofengland.co.uk/research/Documents/ccbs/cew2013/presentation_caballero.pdf.

Carr, N (2008), "Is Google Making Us Stupid?", *Atlantic Magazine*, available at: http://www.theatlantic.com/magazine/archive/2008/07/is-google-making-us-stupid/306868/.

Carr, N (2011), *The Shallows: How the Internet is Changing the Way We Think, Read and Remember*, ISBN: 978-1848872271.

Cass, D (1965), "Growth in an Aggregative Model of Capital Accumulation", *The Review of Economic Studies*, Vol 32, No 3.

Chui, M, Löffler, M and Roberts, R (2010), "The Internet of Things", *McKinsey Quarterly*, available at: http://www.mckinsey.com/insights/high_tech_telecoms_internet/the_internet_of_things.

Clark, G (2009), *A Farewell to Alms: A Brief Economic History of the World*, ISBN: 978-0691141282.

Comin, D, Easterly, W, and Gong, E (2010), "Was the Wealth of Nations Determined in 1000 BC?", *American Economic Journal: Macroeconomics*, Vol 2, No 3.

Cowen, T (2011), *The Great Stagnation: How America Ate All The Low-Hanging Fruit of Modern History, Got Sick, and Will (Eventually) Feel Better*, Penguin eSpecial from Dutton.

Davies, R, Haldane, A, Nielsen, M, and Pezzini, S (2014), "Measuring the Costs of Short-termism", *Journal of Financial Stability*, Vol 12, Pages 16-25.

DeLong, B (1998), "Estimates of World GDP, One Million BC to Present", available at: http://delong.typepad.com/print/20061012_LRWGDP.pdf.

Eichengreen, B (2014), "Secular Stagnation: A Review of the Issues", in VoxEU (2014).

Eisner, M (2003), "Long-Term Historical Trends in Violent Crime", *Crime and Justice*, Vol 30, Pages 83-142.

Fernald, J and Jones, C (2014), "The Future of US Economic Growth", Federal Reserve Bank of San Francisco Working Paper Series, available at: http://www.frbsf.org/economic-research/files/wp2014-02.pdf.

Frey, C and Osbourne, M (2013), "The Future of Employment: How Susceptible are Jobs to Computerisation?", Oxford Martin, available at: http://www.oxfordmartin.ox.ac.uk/downloads/academic/The_Future_of_Employment.pdf.

Gordon, R (2012), "Is US Economic Growth Over? Faltering Innovation Confronts the Six Headwinds", NBER Working Paper 18315, available at: http://www.nber.org/papers/w18315.pdf.

Gordon, R (2014), "The Turtle's Progress: Secular Stagnation Meets the Headwinds", in VoxEU (2014).

Haldane, A (2014), "Twin Peaks", Speech given at the Kenilworth Chamber of Trade Business Breakfast, available at: http://www.bankofengland.co.uk/publications/Documents/speeches/2014/speech764.pdf.

Hansen, A (1939), "Progress and Declining Population Growth", *The American Economic Review*, Vol XXIX, No 1.

Hansson, I and Stuart, C (1990), "Malthusian Selection of Preferences", *The American Economic Review*, Vol 80, No 3.

Heim, C and Mirowski, P (1987), "Interest Rates and Crowding-out during Britain's Industrial Revolution", *Journal of Economic History*, Vol 47, Pages 117-139.

Hills, S, Thomas, R and Dimsdale, N (2010), "The UK Recession in Context: What Do Three Centuries of Data Tell Us?", *Bank of England Quarterly Bulletin*, 2010 Q4.

Hills, Thomas and Dimsdale (2015 forthcoming), Bank of England.

Homer, S and Sylla, R (1991), *A History of Interest Rates*, ISBN: 978-0471732839.

Hutton, W (2015), *How Good We Can Be: Ending the Mercenary Society and Building a Great Country*, ISBN: 978-1408705315.

IMF (2014), "Redistribution, Inequality, and Growth", *IMF Staff Discussion Note*, available at: http://www. imf. org/external/pubs/ft/sdn/2014/sdn1402. pdf.

Hall, R and Jones, C (1999), "Why Do Some Countries Produce So Much More Output per Worker Than Others?", *Quarterly Journal of Economics*, Vol 114.

Kahneman, D (2012), *Thinking, Fast and Slow*, ISBN: 978-0141033570.

King, M and Low, D (2014), "Measuring the 'World' Real Interest Rate", NBER Working Paper 19887.

Koopmans, T (1965), "On the Concept of Optimal Economic Growth", Volume 28 of Pontificiae Academiae Scientiarum scripta varia.

Kremer (1993), "Population Growth and Technological Change: One Million BC to1990", *The Quarterly Journal of Economics*, Vol 108, No 3.

Levine, R and Renelt, D (1992), "A Sensitivity Analysis of Cross-country Growth Regressions", *The American Economic Review*, Vol 82, Issue 4.

Malthus, T (1798), *An Essay on the Principle of Population*, reprinted in 2010 as ISBN: 978-1450535540.

Mazzucato, M (2013), *The Entrepreneurial State*, ISBN: 978-0857282521.

McKinsey Global Institute (2010), "Farewell to Cheap Capital: the Implications of Long-term Shifts in Global Investment and Saving", available at: http://www. mckinsey. com/insights/global_ capital_ markets/farewell_ cheap_ capital.

Mischel, W (2014), *The Marshmallow Test: Mastering Self-Control*, ISBN: 978-1469249087.

Mokyr, J (2014), "Secular Stagnation? Not in Your Life", in VoxEU (2014).

Morris, I (2010), "Social Development", available at: http://www. ianmorris. org.

Morris, I (2011), *Why the West Rules-For Now: The Patterns of History and What They Reveal about the Future*, ISBN: 978-1846682087.

Mullanaithan, S, and Shafir, E (2014), *Scarcity: The New Science of Having Less and How It Defines Our Lives*, ISBN: 978-1250056115.

Nordhaus, W (2015), comments made as discussant in "The Economics of Secular Stagnation" session at the annual AEA meeting on 3 January 2015, available at: https://www. aeaweb. org/webcasts/2015/index. php.

OECD (2014), "Trends in Income Inequality and its Impact on Economic Growth", OECD Social, Employment and Migration Working Papers No. 163, available at: http://www. oecd. org/

els/soc/trends-in-income-inequality-and-its-impact-on-economic-growth-SEM-WP163. pdf.

Piketty, T (2014), *Capital in the Twenty-First Century*, ISBN: 978-0674430006.

Pinker, S (2012), *The Better Angels of Our Nature: A History of Violence and Humanity*, ISBN: 978-0141034645.

Putnam, R (2000), *Bowling Alone: The Collapse and Revival of American Community*, ISBN: 978-0743203043.

Ramsey, F (1928), "A Mathematical Theory of Saving", *Economic Journal*, Vol 38, No 152.

Rebelo, S (1991), "Long-run Policy Analysis and Long-run Growth", *The Journal of Political Economy*, Vol 99, No 3.

Romer, P (1986), "Increasing Returns and Long-run Growth", *Journal of Political Economy*, Vol 94, Pages 1002-37.

Sachs, J (2014), "Sustainable Development Economics", available at: http://www. project-syndicate. org/commentary/promote-sustainable-development-economics-by-jeffrey-d-sachs-2014-11.

Simon, H (1971), "Designing Organizations for an Information-rich World", in Martin Greenberger, *Computers, Communication, and the Public Interest*, pp 38-52, John Hopkins Press.

Solow, R (1956), "A Contribution to the Theory of Economic Growth", *The Quarterly Journal of Economics* Vol, 70, No 1.

Stanislaw, U (1958), "Tribute to John von Neumann", *Bulletin of the American Mathematical Society.*

Stiglitz, J, Sen, A and Fitoussi, JP (2009), "Report by the Commission on the Measurement of Economic Performance and Social Progress", available at: http://www. stiglitz-sen-fitoussi. fr/en/index. htm.

Summers, L (2014), "U. S. Economic Prospects: Secular Stagnation, Hysteresis, and the Zero Lower Bound", *Business Economics*, Vol 49, No 2.

Summers, L and Balls, E (2015), "Report of the Commission on Inclusive Prosperity", Convened by the Center for American Progress, available at: https://cdn. americanprogress. org/wp-content/uploads/2015/01/IPC-PDF-full. pdf.

Swann, T (1956), "Economic Growth and Capital Accumulation", *Economic Record*, Volume 32, Issue 2.

Syverson, C (2013), "Will History Repeat Itself?" Comments on "Is the Information Technology Revolution Over?", *International Productivity Monitor*, pp. 37-40.

Tabellini, G (2010), "Culture and Institutions: Economic Development in the Regions of Europe", *Journal of the European Economic Association*, Vol 8, Issue 4.

Urminsky, Oleg and Zauberman, Gal (2014), "The Psychology of Intertemporal Preferences", To appear in the *Wiley-Blackwell Handbook of Judgment and Decision Making.*

VoxEU (2014), "Secular Stagnation: Facts, Causes and Cures", available at: http://www. voxeu. org/sites/default/files/Vox_ secular_ stagnation. pdf.

Wang, Mei, Marc Oliver Rieger and Thorsten Hens (2011), "How Time Preferences Differ: Evidence from 45 Countries", NHH Discussion paper, FOR 18.

Weiller, K and Mirowski, P (1990), "Rates of Interest in 18th Century England", *Explorations in Economic History*, Vol 27, Issue 1.

产业政策专题

On Industrial Policy

Comparative

产业政策和竞争

菲利普·阿吉翁　蔡婧　马赛厄斯·德瓦特里庞
杜罗莎　安·哈里森　帕特里克·勒格罗

第二次世界大战之后，一些发展中国家实施了旨在促进幼稚产业发展的产业政策，或者旨在保护当地传统产业免受发达国家竞争威胁的产业政策。然而，进入1980年代，上述类型的产业政策已然声名狼藉，其原因就在于：此种产业政策“阻碍了竞争，允许政府可以随意挑选赢家（政府甚至会挑选输家，但是这种情况较为少见）”，从而加大了政府被庞大利益集团俘获的风险。

本文认为，管理得当的产业政策（sectoral policies），尤其是有利于促进竞争的产业政策，可以促进生产率和生产率的增长。如果没有产业政策，富有创新精神的企业可能就会选择在不同的产业运营，以避免同类产品之间激烈的竞争，从而形成较高的产业集中度，同时“垄断替代效应”（monopoly replacement effect）的存在又会弱化企业进行创新的激励。在这种情况下，税收减免或者其他税收补贴等鼓励企业在同一产业部门经营的产业

---

* Philippe Aghion，哈佛大学经济学教授，美国国民经济研究局（NBER）研究员；蔡婧，就职于密歇根大学经济系；Mathias Dewatripont，就职于比利时国家银行和布鲁塞尔自由大学；杜罗莎，就职于国家开发银行；Ann Harrison，宾夕法尼亚大学沃顿商学院企业经济学和公共政策教授；Patrick Legros，就职于布鲁塞尔自由大学。作者感谢本文的编辑以及三位匿名审稿人，感谢Jean Imbs、Amit Khandelwal以及在世界银行、沃顿国际午餐会、宾夕法尼亚大学、杜克大学、乔治·华盛顿大学和亚洲开发银行等会议上的与会者的有益评论。

政策，则可以降低目标产业的集中度，并增强企业创新的动力。因此，竞争与设计得当的产业政策在催生创新、促进生产率增长方面能够发挥互补作用。

为了验证竞争和产业政策之间的潜在互补性，本文使用了一个全面的中国大中型工业企业数据集，时间跨度为1998—2007年，以此从实证上检验产业政策对企业生产率增长的影响。研究发现：面向竞争性部门的产业政策或者旨在维持或促进竞争的产业政策，促进了企业生产率的增长。本文使用“勒纳指数”（Lerner Index）来测度竞争程度，此处考察的产业政策包括补贴、税收减免、（低息）贷款和关税。我们将促进竞争的产业政策定义为更分散地面向某个部门内的所有企业或者鼓励新企业和更高效企业的政策措施。

本文的研究与分析产业政策成本和收益的研究文献相关。首先是幼稚产业模型，这些模型主张政府对幼稚产业予以扶持，幼稚产业的特征在于：该产业对整个经济系统具有潜在的知识外部性，但在发展的初始阶段生产成本很高，只能通过“干中学”随时间推移逐渐降低。这些模型持有如下观点：幼稚产业在发展到具有足够竞争力之前，需要政府为其提供保护以使其免受外国竞争者的威胁（Greenwald and Stiglitz et al，2006）。① 幼稚产业论一直面临挑战，既有来自理论方面的挑战（“挑选优胜者”的观点），也有实证方面的挑战。比如，克鲁格和通杰尔（Krueger and Tuncer，1984）对1960年代土耳其产业政策的影响进行了分析，其结论是没有得到关税保护的企业或者产业，与受保护的企业或者产业相比，其生产率增长率更高。② 但是，这些研究没有涉及产业政策的设计或者产业政策的

① 对于幼稚产业模型和经验证据的综述，详见Harrison and Rodríguez-Clare（2009）。幼稚产业论可以概括如下：假定经济体中存在传统部门（尤其是农业）和新生的部门，该部门的初始生产成本很高，但随着时间推移，通过“干中学”可以降低该产业的生产成本，甚至由于该生产活动的范围扩大而促使其生产成本下降得更快，提高本部门的生产率，并且对整个经济体的其他部门存在正向溢出效应，也就是说“干中学”既提升了本部门的潜在增长率也提升了传统产业部门的潜在增长率。在这种情况下，国际贸易全面迅速的自由化不利于本地经济的发展，因为国际贸易可能抑制具有较高生产成本的本地幼稚产业的发展：在国际贸易自由化的背景下，将会发生本地消费者对工业品的需求转向国外进口产品。这就意味着本地幼稚产业的“干中学”将会放缓，传统产业得益于该部门的正外部性也将下降。

② 然而，Harrison（1994）则指出Krueger and Tuncer（1984）的研究结果就严格的统计分析而言是不稳健的。

治理。

与本文最相关的是纳恩和特雷夫勒（Nunn and Trefler，2010）的研究。他们利用跨国行业层面的面板数据，检验了“幼稚产业”论提出的一国生产率增长得益于偏向“技能密集型”经济活动或产业部门的关税保护。此处所说的技能密集型是指更多地使用技能工人。他们发现，由于存在关税保护，生产率增长和关税保护导致的“技能偏向”之间有着显著的正相关关系。不过，论文作者指出，这样的相关性并不意味着关税保护导致的技能偏向与生产率增长之间存在因果关系，这两个变量本身也可能是第三个因素作用的结果，比如样本国家的制度质量。但纳恩和特雷夫勒（2010）指出，至少25%的相关性对应于因果关系。总体而言，他们的分析表明，面向目标产业（这里是指技能密集型产业）设计恰当的政策确实可以促进增长，这样的促进作用不仅表现在获得补贴的产业，也表现在其他产业。但产业政策是否以降低竞争程度为代价，例如降低高技能密集型部门和低技能密集型部门之间的竞争或者高技能部门内部的竞争，还是个悬而未决的问题。正如我们在本文中所论述的，“定向式”的产业政策实际上可能会促进某个产业的竞争，并起到提高消费者剩余和促进经济增长的双重作用。

本文其余部分安排如下：第1部分构建模型；第2部分简要介绍中国产业政策的历史背景以及数据、测度方法，并初步给出了竞争、产业政策和企业绩效之间的相关性；第3部分介绍估计方法，给出主要的实证结果；第4部分是本文的结论。

1. 理论观点

在本部分中，我们概述了为什么设计得当的产业政策可以促进而不是损害竞争的理论观点。这个观点可以概述如下：考察一个经济体中的两家企业，这两家企业可以从两种方式中选择一种来提高生产率：要么进行横向差异化，要么选择创新。在自由放任的环境中，两家企业通常会选择多样化的方式来运营，也就是说，为了躲避相互竞争，它们会在不同的部门从事生产活动。如果迫使（或鼓励）这两家企业在同一部门运营，则会促使它们为了躲避相互竞争而进行纵向创新（也就是提高生产率的创新），其结果将会促进生产率的增长。

需要说明的一点是，这个观点与幼稚产业论截然不同，并且在有关产业政策效应的相关文献中独树一帜，尤其是生产率增长不依赖某个工业部门（可贸易品）和一个传统部门（非贸易品）之间“干中学”的外部性或者知识的外部性，而是依赖标准的增长外部性和逃避竞争效应（Aghion et al，2005）。而在幼稚产业模型中，（来自外国的）竞争则会损害本国增长，但在本文的模型中，竞争则对增长具有促进作用。

1.1　基本设置

本文的理论模型是一个经济体生产两种产品的两期模型，这两种产品分别以 A 和 B 代表。假定：每种产品的消耗数量分别以 x^A 和 x^B 代表；代表性消费者的收入为 $2E$，当消费者消耗 A、B 两种产品的数量分别为 x^A、x^B 时，其效用为 $log(x^A)+log(x^B)$。这就意味着如果产品 i 的价格为 p^i，对产品 i 的需求则为：$x^i=E/p^i$。为简便起见，本文中假设 $E=1$。①

产品可以由两家“大”企业 1 和企业 2 生产，也可以由“边缘企业”（fringe firms）生产。边缘企业的活动很有竞争性，生产的固定边际成本为 c_f，“大”企业 $j=1$，2 最初的边际成本为 c，$1>c_f\geqslant c$。$c_f\geqslant c$ 的假设反映了企业 1 和企业 2 相对于边缘企业的成本优势，而假设 $1>c$ 则为了确保均衡产量大于 1。各企业边际成本不同，并独立于其生产活动所在的部门。

企业可以通过促进质量提升的创新来提高生产率。为简便起见，我们假设只有 1 和 2 两家企业有创新能力。创新降低了生产成本，同时 A 部门和 B 部门成本降低的程度不同。不失一般性地，我们假设 A 部门通过创新将生产成本从 c 降低到 $c/\gamma_A=c/(\gamma+\delta)$，$B$ 部门通过创新实现生产成本从 c 降低到 $c/\gamma_B=c/(\gamma-\delta)$，所以，$\gamma-\delta>1$ 或者 $\delta<\gamma-1$。②

对于企业创新行为的假定与此类同：两家企业有相同的概率成为潜在创新者。企业必须付出努力成本 $q^2/2$，投入概率为 q 的创新。也就是说，每家企业都有一个外生概率获得可申报专利的创意，然后，企业通过努力可以实现创新

① 显而易见的是，创新的速度与 E 呈线性关系，除了这种规模效应，对分析来说更为重要的是 E/c 和 E/c_f 的比率。

② 即使 $\delta=0$，也就是说，即便两个部门相似，产业政策也是有益的。在此前的版本中，我们考虑了识别高增长部门的信息不完备，得到定性研究的结果也是类似的。这表明，监管者不必为了贯彻落实产业政策（本文所探讨的产业政策类型）而去识别“高增长”部门。

转而降低成本。

最后，本文假定每个部门都处在伯川德（Bertrand）竞争环境中，除非两家领先企业选择在同一部门运营并在该部门中达成共谋。假设两家成本相同的领先企业在同一部门共谋的概率为 φ，并假设当两家企业作为联合垄断者共谋时，产生附加成本 c_f。在此情况下，当成本 $c < c_f$ 时，每家领先企业的预期利润是 $\varphi \frac{1}{2} \frac{c_f - c}{c_f}$，当共谋失败时，两家企业之间会展开伯川德竞争。

1.2 定向税收/补贴政策的效应

企业可以选择在不同部门运营，也可以选择在同一部门运营：我们将第一种情况称为“多样化”（diversity），第二种情况称为“专业化”。在专业化时，两家企业都会选择更好的技术 A。在多样化时，一家企业（我们称之为1）会选择技术 A，另一家企业（我们称之为2）会选择技术 B（这是一个协调博弈，哪家企业最终选择技术 A 是随机的）。如果最后选择了技术 A 的企业不想转换为技术 B，那么，多样化就是稳定的；否则，实现均衡的方式就是专业化。企业根据这些条件来决定其创新投资。

先看企业如何选择，是否选择在同一部门生产，以及由此决定的创新强度，这些选择均取决于产业政策。就产业政策而言，本文集中探讨基于税收或补贴与利润水平成比例的干预手段，也就是说，在 A 和 B 两个部门，每个部门的利润水平分别对应 t_A 和 t_B 两个税率水平，$t_k < 0$ 是补贴，$t_k > 0$ 是税收优惠政策。① 本文着重讨论的情形有如下两个特点：第一，与 γ_i 相关的信息是完备的；第二，利润是减去了创新成本之后的②。

我们首先推断在 $t_A \leqslant t_B$ 的任意税收/补贴政策下的均衡选择（在自由放任的情况下，$t_A = t_B = 0$），并在这样的税收体系中，分析我们的竞争指标 φ 和可以实现的增长率之间的相互作用。接着，我们找出在政策制定者受制于预算约束的条件下，增长率最大化时的税收/补贴政策。

考虑到 $t_A = t_B = 0$ 时的自由放任情况，只有当专业化带来的均衡利润高于

① 本文不失一般性地假定每个部门的初始税收水平为零。

② 如果税收或补贴基于包含了创新成本的毛利润，税收或补贴仍将影响企业创新速率。毛利润的税率下降与补贴创新的边际成本具有类似效果。

多样化带来的最低利润时，企业才会选择专业化。当竞争不是很激烈时，即为这种结果；以（$1-\varphi$）测度的竞争越激烈，δ_s的取值范围就越高，企业也就越倾向于选择多样化。

命题1：因为存在临界值$\delta^F(\varphi)$，以及递减函数φ，当且仅当$\delta \geqslant \delta^F(\varphi)$时，专业化才能达到行业均衡。

现在，我们来引入税收/补贴体系，并将其用作目标比率的测度指标：

$$\tau = \frac{1-t_A}{1-t_B} \tag{1}$$

τ越大，“税收减免”对部门A的影响比对部门B的影响越大。所以，很清楚的是，τ足以促使企业在多样化和专业化之间做出选择。或者说，τ是两个部门之间税收减免不对称的测度指标。税率对行业均衡的影响如以下结论所示：

推论1：看看目标比率为$\tau = \dfrac{1-t_A}{1-t_B}$的税收/补贴体系。当$\tau > 1$时，该体系存在临界值$\Delta$（$\varphi$，$\tau$）$< \delta^F$（$\varphi$），当$\delta > \Delta$（$\varphi$，$\tau$）时，企业选择专业化即可实现行业均衡。并且，这个临界值是τ和φ的减函数。

因此，随着目标比率τ值增大，δ取值范围也越大，企业会选择专业化。或者说，如果$\delta < \delta^F$（φ），并存在目标税率τ，那么，$\delta = \Delta$（φ，τ）；因为Δ（φ，τ）是τ的减函数，所以，δ取值越大，τ值也就应该越大。

在求解专业化和多样化条件下企业的最优创新投资后，本文发现：一个部门中的竞争程度和税收/补贴政策的效果之间具有互补性。

命题2：在竞争更加激烈的行业中，取有效τ值的产业政策对人均GDP水平和创新强度的影响更大。

1.3 预测

根据上述理论探讨得出的以下预测，将指导我们在后续部分的实证分析：

- 更面向部门A的税收政策对企业的产出和创新具有更大的影响力：τ值越高（也就是t_A低于t_B），专业化越可能是行业的均衡选择。根据命题2，τ值越高，政策对创新和人均GDP水平的影响力越大，与φ无关。
- 因为只让一家企业享受的政策不会改变行业的均衡，所以，为两家企业提供税收减免待遇比只让一家企业享受这样的待遇，对创新和人均GDP水平的影响力更大。

- 税收减免式的产业政策与竞争程度之间具有互补性。

2. 背景、数据和测度方法

2.1 背景

长期以来，中国政府一直积极参与推进中国工业化进程。产业政策的政策工具甚为庞杂，其中包括关税保护、低息贷款、税收减免以及旨在促进重要部门投资的补贴手段等。本文首先梳理了中国的一系列产业政策及其在样本期间（1998—2007 年间）的变化。如果读者对样本期内中国不断变化的产业政策的更多细节感兴趣，可以参考杜罗莎、哈里森和杰弗逊（Du、Harrison and Jefferson，2014）以及哈里森（Harrison，2014）的论文。

表 1 的第一行显示了从政府获得正补贴（positive subsidies）的企业的百分比。1998 年，9.4% 的企业获得了补贴，这一比例稳步攀升，至 2004 年，从所有的制造业企业来看，这一比例达到最高点 15.1%，但 2007 年下降到了 12.4%。国有企业和外资企业（其中有很多是与国有企业组建的合资企业）的这一比例还要更高，但非上市公司或者没有外资参与的本土企业这一比例较低。对国内私营企业（表 1 中显示为“纯私营本土企业”即完全意义上的国内本土私营企业）来说，获得补贴的企业比例稍低，从 1998 年占所有企业的 8% 达到 2004 年的高点 13.8%，2007 年这一比例降低到了 11.6%。

表 1 的第二行显示的是同一时期获得税收减免待遇的企业所占的比例。如果企业当年的公司所得税税率低于法定的公司所得税税率，或者如果企业缴纳增值税的税率低于法定税率，我们就视其为获得了税收减免待遇。很大一部分制造业企业同期的税率低于法定税率。享受税收减免待遇的企业从 1998 年的 41.6%，增加到了 2007 年的近 50%。我们对不同类型企业的税收减免发生率进行了比较，表 1 显示，国有企业的这一比例最低，外资参股企业的比例最高。2003 年，高达 59% 的外资企业获得了某种类型的税收减免，而国有企业的这一比例仅为 36.5%。

虽然低息贷款一直是中国产业政策的重要形式，但是国有银行或地方政府提供定向贷款的数据难以获取。因为企业公布了利息总额和流动负债，所以，

表 1　汇总统计

	1998	2000	2001	2002	2003	2004	2005	2007
所有企业								
补贴企业占比	0.0937	0.110	0.115	0.129	0.138	0.151	0.137	0.124
税收减免企业占比	0.416	0.453	0.441	0.443	0.456	0.419	0.454	0.497
利息支付与流动负债之比	0.0557	0.0413	0.0366	0.0340	0.0319	0.0268	0.0313	0.0330
平均进口关税	19.48	18.68	13.84	13.58	12.23	10.91	10.17	10.12
国有企业								
补贴企业占比	0.139	0.162	0.171	0.181	0.197	0.197	0.224	0.253
税收减免企业占比	0.306	0.355	0.334	0.343	0.365	0.337	0.367	0.455
利息支付与流动负债占比	0.0416	0.0288	0.0255	0.0238	0.0222	0.0184	0.0183	0.0200
平均进口关税	19.81	19.11	13.76	13.48	12.05	11.01	10.24	10.24
外资企业								
补贴企业占比	0.0678	0.0839	0.103	0.133	0.154	0.181	0.146	0.142
税收减免企业占比	0.540	0.591	0.572	0.585	0.593	0.577	0.598	0.608
利息支付与流动负债之比	0.0408	0.0282	0.0249	0.0219	0.0198	0.0164	0.0185	0.0198
平均进口关税	21.29	19.83	14.65	14.41	12.99	11.45	10.68	10.45
本土私营企业								
补贴企业占比	0.0835	0.105	0.107	0.119	0.126	0.138	0.131	0.116
税收减免企业占比	0.418	0.431	0.417	0.412	0.421	0.374	0.413	0.467
利息支付与流动负债之比	0.0668	0.0491	0.0424	0.0391	0.0365	0.0304	0.0356	0.0368
平均进口关税	18.65	18.14	13.58	13.33	12.00	10.74	10.00	10.02

贷款的实际利率可以通过计算得到。我们在表 1 的第三行列出了利息与流动负债之比的平均值。1998 年，所有拥有债务或者有利息支出的企业，为流动负债所支付的平均利率为 5.57%。同一时期，利率稳步降低，继 2004 年降至 2.7% 的低点后，2007 年升高到了 3.3%。企业的所有权类别不同，利息差异也显著不同，国内私营企业的实际利率是国有企业实际利率的近 2 倍。

我们在表 1 的最后一行列出了 1998—2007 年的平均进口关税水平。因为关税率是国家按部门制定的，所以，同一部门内不同类型的企业面对的关税并没有显著差异。在考察期内，平均关税率显著降低，从 1998 年的平均 20 个百分点，降低到了2007年的平均10个百分点。相比之下，美国在最近几十年的平均关税率一直低于5%。中国关税降幅最大的年份是2001年，也就是中国加入世界贸易组织的那一年。

表2列出了1998—2007年间针对两位数制造业部门的平均产业政策。产业政策在不同子部门的力度有显著差异。比如流动负债利息率，在样本企业中（补贴）利率的代理变量在计算机和通信部门中非常低，平均为1.8%，但在非金属矿产（4.6%）、饮料（4.4%）和纸制品（4.4%）等部门中则高得多。关税水平也表现出显著差异，关税最高的是烟草（超过52%）和运输设备（17%），最低的是木制品（7.6%）和燃料（6%）。正如表2最后两列所示，不同部门获得补贴和税收减免的企业所占比例也不同。

表2　产业政策（按部门）

部门	利率	关税	补贴	税收减免
食品	0.0424	21.67	0.109	0.476
饮料	0.0441	27.48	0.106	0.451
烟草	0.0336	52.28	0.229	0.320
纺织品	0.0357	14.39	0.120	0.444
服装鞋类	0.0256	20.32	0.101	0.492
皮革皮草	0.0308	18.17	0.0959	0.486
材料加工、木制品、竹制品	0.0578	7.557	0.114	0.548
家具	0.0397	8.776	0.0923	0.501
纸品	0.0438	10.60	0.105	0.454
文化、教育、体育用品	0.0230	11.99	0.126	0.474
石油加工、炼焦和核反应处理	0.0391	6.046	0.106	0.388
化工原料和化工产品	0.0391	9.513	0.145	0.452
药品	0.0391	6.148	0.166	0.468
化纤	0.0381	8.743	0.166	0.426
橡胶	0.0376	15.66	0.116	0.455
塑料制品	0.0323	11.45	0.107	0.451
非金属矿产	0.0462	12.38	0.139	0.445

续表

部门	利率	关税	补贴	税收减免
有色金属冶炼	0.0367	6.193	0.109	0.413
金属冶炼	0.0397	5.602	0.160	0.433
金属制品	0.0293	12.15	0.107	0.432
专用机械	0.0288	9.112	0.138	0.419
运输设备	0.0289	17.57	0.150	0.413
机电设备	0.0266	11.67	0.144	0.423
通信设备、计算机以及其他电子设备	0.0182	7.081	0.155	0.538
测量仪器、文化治动和办公设备	0.0205	9.442	0.170	0.470
艺术品等其他制造品	0.0344	17.03	0.102	0.485

2.2 数据和测度方法

我们采用四种政策工具来衡量产业政策：补贴、流动负债的利息、税收减免以及关税。企业层面的产业政策是补贴、利息和税收减免政策，国家层面的产业政策是关税政策。可获取的关税数据可达两位数甚至三位数水平。关税是由国家设定的，对特定地区或特定企业来说是外生的。然而，因为同一个部门内各个企业的关税差别不大，所以，我们难以在一个部门内利用政策差异的评估方法，来测度关税的设置方式是否具有维持竞争的作用。就关税而言，我们所能做的就是检验竞争更激烈的部门的进口关税是否会促使企业达到更好的绩效。

本文采用国家和部门层面的勒纳指数作为竞争程度的测度指标。勒纳指数测度的是溢价（价格与边际成本之间的差额）对企业总增加值的重要性。为了计算这一指数，我们首先分别加总了营业利润、资本成本以及行业、县和年度的销售额。勒纳指数的定义是营业利润与资本成本的差额与销售额之比。在充分竞争的环境中，应该没有超过资本成本的利润，故勒纳指数应该等于零。因为勒纳指数是竞争的反向指标，我们将竞争重新定义为 1 - 勒纳指数，所以，在充分竞争的环境中，它应该等于 1。数值 1 意味着充分竞争，数值低于 1 意味着存在某些市场支配力。我们在下面的估计方程中利用初始时期的勒纳数值来解决潜在的竞争内生性问题。

测度企业绩效的标准方法是测算企业的全要素生产率（TFP）水平或增长

水平。因为全要素生产率是一个全面的效率参数，最好将它理解为用来衡量流程创新（process innovation）的指标，即通过提高现有产品的生产效率而降低的成本。衡量创新的另一个方面是产品创新，这与引入新产品或者推出质量更好的产品相关。我们的着眼点主要是流程创新，因为产品创新难以被可靠地衡量，而且在这一时期的样本企业中也并不普遍。

本文采用的数据库来自中国国家统计局，在杜罗莎、哈里森和杰弗逊（2012）的论文中对此数据库有更详尽的介绍。我们只保留了制造业企业的数据，并去除了那些产出、员工、资本和投入等变量的数据缺失或者数据为负值抑或为零的企业，时间跨度为1998年到2007年。这是个面板数据集，我们对此时期内的企业进行跟踪，并从样本中去掉了价格信息不完整的三个部门。①最后的样本规模是1545626个观察值。

这些数据提供了与企业相关的基本情况，包括实际产出和名义产出、资产构成、员工数量、薪酬、投入、所有制、外国投资、销售收入和出口等信息。因为本土企业、外资企业和上市企业的行为相当不同，所以，我们在下面罗列的回归分析结果会将样本企业严格限制在没有外资以及国有比重较低的企业中。在这个数据库中，有1069563个观察值符合这一标准。②

为了控制贸易政策的影响，我们编制了一个关税时间序列，这些数据来自“世界一体化贸易解决方案”（WITS），由世界银行对此数据进行维护。我们将关税加总到使之与外国投资数据加总程度相一致，并利用2003年的产出作为权重。同一时期，平均关税降低了近9个百分点，在这么短的时期内，关税下降程度如此之大。虽然所有年份的平均关税水平接近13%，但毫无疑问这一平均值掩盖了不同部门之间的巨大差异，谷物磨粉机的关税高达41%，而铁路设备的关税则低至4%。

在对产业政策、竞争和企业绩效之间的关系进行深入分析之前，本文首先给出了三者之间的某些原始的相关性（如表3中所示）。在本篇论文的其余部分，我们将只关注本土企业，但为了强调不同所有制企业之间的显著差别，本文的相关性结果涵盖了各种所有制企业。所有这些相关性的统计显著性水平为5%。这些相关性表明：（1）获得补贴的企业，其全要素生产率也更高；

① 这三个部门分别是：农产品加工业，印刷业和记录媒介的复制，通用设备制造业。

② 通常我们区分本土企业和外商投资企业的依据是外国投资者认购资本的比例是否等于或小于10%。采用这种依据来界定本土企业和外商投资企业得到的结果通常是稳健的。

（2）补贴与新产品的推出具有显著的相关性；（3）虽然补贴和税收减免与企业的创新具有显著的正相关性，但最终商品的关税与企业的创新没有表现出这种相关性；（4）更高的全要素生产率水平与企业的补贴和税收减免之间存在正相关性；然而，另外两类产业政策措施，即最终商品关税和低息，则与企业全要素生产率水平具有负相关性。

上述原始相关性还表明，国有企业和外资企业的行为与其他所有制企业存在明显差异。配置给这些不同类型企业的产业政策同样差异显著，这与表 1 和表 2 列示的证据一致。国有企业更可能获得补贴和关税保护，但不太可能获得税收减免待遇。国有企业与全要素生产率之间呈负相关，相关系数为 -0.19。这些相关性与普遍认为的国有企业与其他类型企业相比竞争能力较弱、效率较低的认识一致。外资企业（第 7 列）往往更可能获得所有类型产业政策的支持。与国有企业相比，外资企业与全要素生产率之间呈显著的正相关。不同类型所有制企业的全要素生产率与面向国有企业和外资企业的产业政策均存在显著差异，这也说明我们在本文其余部分的研究中关注国有产权占比较低的本土企业有其合理性。

表 3　产业政策的四种工具对企业全要素生产率的影响

	补贴指数	税收指数	利率指数	最终关税	全要素生产率用 OP 回归方法测算	国有企业	外资企业	新产品销售份额
补贴指数	1							
税收指数	-0.0047	1						
利率指数	-0.0248	-0.0087	1					
最终关税	-0.0373	-0.0113	-0.016	1				
TFP_OP	0.0275	0.108	-0.0106	-0.118	1			
国有企业	0.0418	-0.0679	0.0344	0.142	-0.19	1		
外资企业	0.0116	0.146	0.0821	0.0529	0.152	-0.16	1	
新产品销售份额	0.109	-0.0021	-0.0523	-0.037	0.0489	0.0728	-0.0034	1

注：补贴指数、税收指数和利率指数是虚拟变量，如果企业获得了补贴、税收减免或其利率低于平均贷款利率即对应的虚拟变量赋值为 1。TFP（全要素生产率）的测算采用 OP 方法。在采用 OP 方法进行全要素生产率测算时，我们进行了两阶段的测算过程。在第一阶段中，我们先使用 OP 回归方法获得投入要素的估计系数，然后再计算全要素生产率（生产函数的“余值”）。在第二阶段中，我们通过全要素生产率对剩下的控制变量进行回归。所有权变量根据企业国有抑或外商独资的情况而取值，取值范围为 0—100。

总体而言，这些相关性表明，一些产业政策，比如补贴和税收减免，与企业的创新之间显著相关，而关税等其他阻碍竞争的产业政策则与企业创新之间相关性不显著。接下来的实证分析将对这些推测进行检验。

3. 实证分析和结果

在本节中，我们采用两种方法来分析产业政策和竞争的互补性。首先，我们检验“在竞争性更强的行业里，引入产业政策更有可能导致更好的结果”这个假设。不同于“挑选赢家”的方法，这一方法认为政府应该选择竞争本来已经很激烈的部门实施产业政策。其背后的直观认识是，要使政府的支持措施更有效，就应该在有竞争且无共谋的部门中实施；其次，选定了部门之后，我们来探讨在该部门内的诸多企业之间配置支持政策的最优策略。简而言之，第一种方法着眼于不同部门之间的差异，第二种方法着眼于在一个特定部门内配置产业政策支持措施的最佳方式。

3.1 估计方法

为了运用检验推论 1 的第一种方法，我们估计了竞争和补贴的相关性，在年度—城市层面上考察更强的相关性系数是否提升了企业绩效。为了估计第 t 年城市 r 的补贴是否偏向更有竞争性的部门，本文估计了城市 r 和部门 j 在产业—城市层面的初始竞争程度和当前时期 t 的补贴的相关性：

$$\Omega_{rt,\ subsidy} = Corr(SUBSIDY_{rjt},\ COMPETITION_{rj0}) \tag{2}$$

所有产业政策都随时间发生变化，因此我们得到的中国不同地区不同干预方式与初始竞争水平之间的相关性也随时间而发生变化。随之，本文进一步探讨当期补贴和初始竞争之间是否存在更高的相关性（即 $\Omega_{rt,\ subsidy}$）以及这种相关性是否与对应部门更好的绩效之间存在关联。例如，如果上海在 2003 年的绝大部分补贴都被用于溢价较低的部门，只有很少补贴被用于支持溢价较高的部门，甚至没有补贴，那么上海在 2003 年对应的这个相关性系数就接近于 1。

同样，我们引入变量 $\Omega_{rt,\ interest}$ 和 $\Omega_{rt,\ tax}$，其中：

$$\Omega_{rt,\ interest} = Corr(INTEREST_{rjt},\ COMPETITION_{rj0}) \tag{3}$$

$$\Omega_{rt,\ tax} = Corr(TAX_{rjt},\ COMPETITION_{rj0}) \tag{4}$$

关税是唯一不因地区而异的产业政策工具，但关税政策的变量 Ω 仍因地点和年份而有所不同，因为各产业部门的构成不同，并且各地区竞争程度也有所不同。因此，我们可以用关税代替补贴，用初始竞争程度和当期关税之间的相关性替代初始竞争和补贴之间的相关性，从而计算出另一个 Ω 变量。在城市层面，样本期内的城市初始竞争程度和当期关税之间的相关性应该是严格外生的，因为竞争水平是已定的，并且关税的设定是国家层面的，而非城市层面的。本文最终采用的相关性测度指标被定义为：

$$\Omega_{rt,\ tariffs} = Corr(TARIFF_{jt},\ COMPETITION_{rj0}) \tag{5}$$

最终，我们得到四个随地点和时间而改变的不同相关性系数。这些 Ω 变量测度的是一个城市将更多竞争性部门纳入政策对象的范围，这些部门既定的竞争程度可以通过初期的勒纳指数①计算得到。在计算我们的竞争测度指标时，我们首先计算出产业层面的运营利润、资金成本和销售额。在完全竞争的情况下，不存在高于资本成本的超额利润。因此，勒纳指数应该等于零，竞争测试指标的值应等于 1。竞争测试指标值为 1 表示完全竞争，而如果小于 1 表明存在一定程度的市场支配力。

我们的第二个目标是确定哪种方式在某一给定部门内配置产业政策支持措施是最有效率的。我们在经验上的主要挑战是把握如下思想：以维持或者促进竞争的方式来配置面向具体企业的政策支持。我们首先考虑把产业政策支持的部门分散性作为衡量竞争程度的一个指标。我们把赫芬达尔指数（Herfindahl Index）来作为部门分散性的（反向）测度指标，并用某给定部门中每个企业获得的支持相对于配置给该部门的总支持的占比来表示。由此，我们得出集中度的测度指标值，表示为 *Herf_ subsidy*，其中的补贴是给定的：

$$Herf\_\ subsidy_{ijrt} = \sum_{h\in j,h\notin i}\left(\frac{Subsidy_{ijrt}}{Sum\_\ subsidy_{jrt}}\right)^2 \tag{6}$$

然后，我们对税收减免做同样的处理，得到涉及税收集中度的测度指标值 *Herf_ tax*：

$$Herf\_\ tax_{ijrt} = \sum_{h\in j,h\notin i}\left(\frac{TaxHoliday_{ijrt}}{Sum\_\ TaxHoliday_{jrt}}\right)^2 \tag{7}$$

---

① 如前所述，勒纳指数被定义为营业利润减去资本成本后与销售额的比值。它是产品市场竞争的倒数。

任何公司获得的税收减免量 i，简单来说等于该公司获得税收减免资格后节省的税收数量。在我们分析的样本期内，企业所得税税率的变化在15%—33%之间。因此，税收减免的数值等于利润乘以税率再减去实际缴纳的税收，另外还加上豁免增值税（通常为增加值的17%）所带来的税收节省。如果一个企业面对的法定税率为20%，那么我们计算税收减免就是利润乘以20%与实际缴纳税款之间的差额。选择法定税率（即最高33%的税率相对于较低的税率），计算所得的结果是稳健的。

同样，对于标准的赫芬达尔指数来说，如果数值较小就表明该部门的补贴或税收减免政策覆盖的范围较广，或者说一项政策支持在该部门里是更平等地（维护竞争）跨企业配置的。继而，本文用 $1-Herf\_subsidy$ 来表示税收减免或补贴的部门分散程度。我们把 $1-Herf\_subsidy$ 称为 $CompHerf\_subsidy$，把 $1-Herf\_tax$ 称为 $CompHerf\_tax$。一个部门内的补贴越分散表明政策鼓励这个特定部门内更多的企业进行创新，因此，我们认为这个变量和生产率的回归系数为正值。

通过类似的处理方法，本文也为贷款计算了一个类似的指标。因为很难知道低息贷款的占比，我们按部门和年份确定利息支付的平均利率。我们计算的部门支持程度是部门平均利率和可支付较低利率的企业实付利率之间的差额。在某种程度上，如果一个特定部门和地区的企业无法获得资本，我们认为有补贴的利息支付的分布就会比较集中。

如果我们把企业层面的全要素生产率和上述的部门分散性测试指标直接进行回归估计，无疑会存在潜在的内生性问题。举例来说，如果政府在配置政策支持的过程中青睐更成功的大型企业，那么在一个行业里得到较多税收减免和补贴比重的企业也可能表现出较高的全要素生产率。这种情况的存在将导致我们高估国家支持和企业业绩之间的关系。类似的可能性也存在于一种相反的情况中，如果政府倾向于支持较弱的企业，那么系数很可能出现低估的情况。

为了解决政策工具的潜在内生性问题，我们分别计算每个企业获得的政策支持并剔除企业自身的产业支持（补贴、税收减免、利息支付），以此来估计我们的赫芬达尔指数。这意味着在计算 $1-Herf\_subsidy$ 时，我们在分子和分母上同时剔除企业 i 的补贴。对于 $Herf\_tax$ 和 $Herf\_interest$ 的倒数，我们做同样的处理。因此，这一行业层面的赫芬达尔指数外生于企业 i 的业绩。

把 Ωs 和赫芬达尔指数结合起来，我们可以得出一个新的估量公式。其中，Ωs 测度的是地方层面的部门定向支持和初始竞争之间的关系，赫芬达尔指数衡量的是产业政策的分散性。在如下新的公式里，m 表明了产业政策的类型：

$$\ln TFP_{ijrt} = \theta_1 Z_{ijt} + \theta_2 S_{jt} + \beta_m CompHerf_{imjrt} + \alpha_m \Omega_{mrt} + l_i + d_t + \epsilon_{ijt} \quad (8)$$

其中，Z 是企业层面控制变量的矢量，包括企业层面的国有产权等要素。虽然我们在分析中排除了百分之百的国有企业，但许多所谓的民营企业都保留一定程度的国家参与。变量 S 包括行业层面的控制变量，例如关税或部门（初始）竞争的程度，或外资参与部门的程度，以及上游和下游外国投资。①

$CompHerf_{imjrt}$是产业政策的一个矢量，它测度行业层面的补贴、税收减免及支付利息的分散程度。模型设定还包括企业固定效应 l_i 以及时间固定效应 d_t。我们的推测是 $\alpha_m > 0$，即支持具有更高竞争性部门的产业政策会增强该部门中企业的全要素生产率，前者用样本初始年份的勒纳指数衡量。我们还推测：如果产业政策用于支持创新者或促进竞争，β_m很可能是正的。在以下分析中，我们将探讨各种可能的政策支持。

3.2 基准结果

我们首先从方程（8）的基准估计开始。关键的参数是产业政策的矢量系数 α_m和 β_m。表 4 报告了估计得到的系数。因变量是全要素生产率的对数函数 ln，同时使用奥利—佩克斯（Olley-Pakes）方法（以下简称 OP 方法）和最小二乘法（以下简称 OLS），通过企业层面的固定效应来计算第一阶段的投入占比，并比较这两个方法的结果。我们的 OP 方法遵循奥利和佩克斯（1996）对第一阶段特定部门的投入系数的计算，其方法在附录里有更详细的描述。正如前文所指出的，所有设定都包括时间和企业固定效应。我们也纳入了控制不同部门外资参与的变量，但没有在表 4 中报告它们。

较为分散的干预更易于增强全要素生产率。对一个部门内的补贴分散性越大，就会鼓励更多企业在这个特定的部门内创新。因此，我们可以预测到

① 关于外资参与部门程度的讨论，包括横向的（“沿水平”）参与和纵向的（“前向”和“后向”）部门参与，更多内容详见杜罗莎、Harrison and Jefferson（2012）。

表 4　竞争性产业政策与企业生产率

变量	全要素生产率，用 OLSFE 测算				全要素生产率，用 OP 回归法计算			
	(1)	(2)	(3)	(4)	(5)	(6)	(7)	(8)
CompHerf_ subsidy	0. 0388 ***			0. 0305 ***	0. 0407 ***			0. 0319 ***
	(0. 00976)			(0. 00824)	(0. 0110)			(0. 00918)
Cor_ subsidy_ lerner	0. 00225			0. 000959	0. 00115			0. 00009
	(0. 00348)			(0. 00397)	(0. 00338)			(0. 00394)
CompHerf_ tax		0. 0999 ***		0. 0859 ***		0. 103 ***		0. 0861 ***
		(0. 0207)		(0. 0230)		(0. 0229)		(0. 0249)
Cor_ tax_ lerner		-0. 0143 ***		-0. 0151 ***		-0. 0152 ***		-0. 0161 ***
		(0. 00396)		(0. 00421)		(0. 00417)		(0. 00458)
ComHerf_ interest			0. 0766 ***	0. 0568 ***			0. 0845 ***	0. 0669 ***
			(0. 0169)	(0. 0164)			(0. 0195)	(0. 0190)
Cor_ interest_ lerner			0. 0133 ***	0. 0124 ***			0. 0126 ***	0. 0122 ***
			(0. 00399)	(0. 00450)			(0. 00389)	(0. 00445)
Cor_ tariff_ lerner	-0. 0411 ***	-0. 0208 **	-0. 0330 ***	-0. 0305 **	-0. 0312 **	-0. 0163	-0. 0281 ***	-0. 0199
	(0. 0143)	(0. 00975)	(0. 00995)	(0. 0147)	(0. 0145)	(0. 0101)	(0. 0104)	(0. 0149)

续表

变量	全要素生产率，用 OLSFE 测算				全要素生产率，用 OP 回归法计算			
	(1)	(2)	(3)	(4)	(5)	(6)	(7)	(8)
勒纳指数	10.63** (4.712)	9.349*** (3.449)	9.404*** (3.417)	10.26** (4.535)	12.98** (6.320)	9.099** (3.677)	9.396** (3.677)	12.05* (6.102)
勒纳指数的平方	−6.141** (2.591)	−5.362*** (1.898)	−5.413*** (1.886)	−5.953** (2.493)	−6.963** (3.485)	−4.927** (2.060)	−5.108** (2.066)	−6.464* (3.344)
Exportshare_sector	0.328** (0.141)	0.370*** (0.139)	0.346** (0.139)	0.343** (0.141)	0.632*** (0.178)	0.683*** (0.175)	0.651 ***(0.175)	0.660*** (0.178)
国有份额	0.00293 (0.00470)	5.35e-05 (0.00428)	−0.000432 (0.00399)	0.00301 (0.00504)	0.00310 (0.00481)	−0.000412 (0.00425)	−0.000588 (0.00397)	0.00315 (0.00514)
Index_subsidy	0.0116*** (0.00181)	0.0110*** (0.00170)	0.0116*** (0.00168)	0.0105*** (0.00190)	0.00805*** (0.00193)	0.00759*** (0.00187)	0.00833*** (0.00185)	0.00674*** 0.00199
Index_tax	0.0220*** (0.00104)	0.0201*** (0.000951)	0.0218*** (0.000906)	0.0205*** (0.00108)	0.0214*** (0.00103)	0.0197*** (0.000897)	0.0213*** (0.000873)	0.0200*** (0.00103)
Index_interest	−0.0129*** (0.00163)	−0.0142*** (0.00144)	−0.0157*** (0.00148)	−0.0120*** (0.00169)	−0.0109*** (0.00187)	−0.0124*** (0.00164)	−0.0139*** (0.00167)	−0.0101*** (0.00192)

续表

变量	全要素生产率，用 OLSFE 测算				全要素生产率，用 OP 回归法计算			
	(1)	(2)	(3)	(4)	(5)	(6)	(7)	(8)
lnTariff	0. 0716 (0. 0579)	0. 0619 (0. 0556)	0. 0626 (0. 0556)	0. 0690 (0. 0576)	0. 0527 (0. 0570)	0. 0416 (0. 0551)	0. 0449 (0. 0549)	0. 0476 (0. 0565)
常量	-2. 876 (2. 196)	-2. 378 (1. 627)	-2. 398 (1. 607)	-2. 776 (2. 133)	-4. 500 (2. 945)	-2. 655 (1. 696)	-2. 794 (1. 690)	-4. 154 (2. 858)
观测值	810740	903455	962076	746304	810740	903455	962076	746304
R^2	0. 205	0. 205	0. 205	0. 208	0. 181	0. 183	0. 182	0. 184

注：括号中为标准差。因变量是全要素生产率（1 列、2 列、3 列和 4 列中为固定效应，采用 OLS 回归得到；5 列、6 列、7 列和 8 列通过 OP 方法估计得到）。采用 OP 方法测算全要素生产率是个两阶段的估计。在第一阶段中，我们使用 OP 回归方法以获得投入要素的估计系数，然后计算全要素生产率（生产函数的余值）。在第二阶段中，我们采用全要素生产率对其余控制变量进行回归。每个回归都包括企业固定效应和年份虚拟变量。CompHerf_subsidy、CompHerf_tax 和 CompHerf_interest 是补贴、税收和利率政策的赫芬达尔指数，通过年度城市工业企业数据计算获得。Corr_subsidy_lerner、corr_tax_lerner 和 corr_tarriff_lerner 采用城市工业层面的初始竞争程度（用勒纳指数表示）和当期的补贴、税收和利率之间的相关性构造而得。每个回归包括行业固定效应和年份虚拟变量。出口份额由出口采购除以行业销售额得到。国有份额是指企业的国有资产占其总资产的比例。这两个份额在年度部门层面进行加总。Index_subsidy、index_tax 和 index_interest 是虚拟变量，如果企业获得了补贴、税收减免或其利率低于平均贷款利率，那么对应的虚拟变量赋值为 1。部门层面的外国直接投资和其他（投入品）关税也作为控制变量，但是没有在表中给出。

*** 在 1% 的水平显著。

** 在 5% 的水平显著。

* 在 10% 的水平显著。

CompHerf 系数为正。这正是我们在表 4 第一行中显示的数据，它们表明补贴的 *CompHerf* 的系数为正并且显著。第 1 列的系数估值表明了一个完全分散的补贴系列，导致补贴的赫芬达尔指数为 0 和 *CompHerf* 为 1，在此基础上，全要素生产率将增加 3. 9 个百分点。

$\Omega_{rt,\ subsidies}$ 的系数表明，在城市层面面向更具竞争性（通过对样本期间初始竞争程度的测算）部门的补贴，效率更高。该系数估值如表 4 的第二行所示。虽然系数在所有设定中都是正的，但几乎等于零。

同时考虑这两者，表 4 的前两行表明，虽然将补贴配置到最初更具竞争性的部门并没有显著影响生产率，但较高程度的补贴分散性和更好的企业业绩相关。稍后我们将探讨更具针对性地把补贴用于支持创新型企业而非平等地配置给所有企业，如何进一步增加企业补贴对企业业绩的正面影响。

表 4 的第 3 行检验的是企业层面的全要素生产率和税收减免的分散性指标 *CompHerf_tax* 之间的相关性。该相关性系数在统计上显著为正，表明税收减免更高程度的分散性提高了生产率。该系数的估值在 0. 086—0. 103 之间，表明把赫芬达尔指数在收入税和增值税上的税收减免分散性降到零将导致全要素生产率增加 8. 6—10. 3 个百分点。

对于城市层面的税收和初始竞争相关性的系数估值 $\Omega_{rt,\ tax}$，在第 1 列里是 -0. 0143，这表示如果城市层面的税收减免和竞争之间是完全相关的（100%），生产率将提高 1. 43 个百分点。根据样本均值，城市—产业相关性每增加一个标准差，该城市和该产业的企业全要素生产率将增加 0. 3 个百分点。

表 4 的第 5 行显示了更为分散的贷款利息补贴对生产率的影响。关于利息补贴的赫芬达尔指数的系数为正，且在所有设定中都是显著的，这说明利息补贴更广泛的分散性与企业较高的生产率是一致的。该系数的估值在 0. 057—0. 085 之间，说明完全分散的利息补贴将导致生产率提高 5. 7—8. 5 个百分点。该变量每增加一个标准差，由此导致的全要素生产率将增加 1. 2—1. 6 个百分点。①

---

① 虽然表 4 的前五行显示产业政策变量的潜在显著的正向影响，这些影响不是一致的。特别是，利息支付和竞争之间的关系是正向的，这表明在更具初始竞争性的行业里利率更高时，全要素生产率也会改善。同样，关税和产业竞争之间的相关性是负的，表明在更具竞争性的产业中关税干预与更低的全要素生产率相关联。该系数估值的取值范围为 -0. 0199 至 -0. 0411，表明如果更高的关税和更高的初始竞争完全相关，那么全要素生产率会降低 2—4 个百分点。

表 4 的前三列分别给出了不同产业政策的影响，而第 4 列把它们组合到一个设定里。系数的估值并没有受到影响。第 4 列的结果表明，在一个部门的不同企业间更公平地配置补贴、税收减免和利息补贴，和更高的企业生产率增长显著相关。对初始就具有竞争性的部门，虽然更分散的补贴或税收减免与更高的生产率明确正相关，但贷款贴息和关税对生产率的影响结果是正负参半的或者是负的。我们将在下面看到，补贴和税收减免在城市层面的积极作用以及关税和低息贷款好坏参半的作用，与它们各自在企业层面的影响是一致的。

稳健性。使用 OP 方法估计全要素生产率得出的系数估值列于表 4 的最后四列。与其他关于生产率的文献相一致，用 OP 方法来估计全要素生产率的结果与用具有企业固定效应的 OLS 方法来估计相差无几。一个区别是，关税和初始竞争的相关性系数变得不显著，但仍然为负向的衰减系数。

表 4 其余部分显示的是部门和企业层面的控制变量的系数。在部门层面，竞争用 1 – 勒纳指数来测度，它为正并且和全要素生产率的增加显著相关。我们还包括了一个平方项，其系数为负。竞争和生产率之间呈现一种非线性关系，其系数在较低的水平上提高，在较高的水平上滑落。这与阿吉翁等人（Aghion et al，2005）发现的倒 U 型关系相一致。相反，如果用行业出口份额来度量竞争，我们也发现竞争和全要素生产率之间存在显著的正相关。无论是通过行业层面的勒纳指数还是通过出口份额来度量竞争，竞争的独立影响都是显著为正的。这和竞争提高企业业绩的重要作用是一致的。

一个可能产生的问题是勒纳指数及其平方项的潜在内生性，因为它们都是控制变量。我们已经讨论过相关性和赫芬达尔指数的潜在内生性，我们的处理方法是在计算中排除企业自身的政策支持（如补贴）并且用初始期的勒纳指数来建构相关性。对于勒纳指数的控制变量，内生性不太可能成为问题，因为我们使用了地方和部门的初始期勒纳指数。将样本初始期的勒纳指数作为控制变量，可以有效减少企业行为、部门生产率分布和市场结构之间的反向因果关系。

我们还纳入了单个企业层面的补贴、税收减免、关税和低息贷款的控制变量。我们采用了一个 0 或 1 的控制变量 *index_subsidy*，如果一个企业在当年收到正的补贴，这个变量就等于 1。我们还纳入了一个 0 或 1 变量以显示公司是否获得税收减免，即 *index_tax*。减税被当作一个 0 或 1 变量，能够说明该公司是否缴纳比法定公司税率低的税款或者是否缴纳比法定增值税率低的税款。补贴和税收减免这两个名义变量的系数都显著为正。我们也把贴息设置成一个控制变量，用它来表示一个公司对其当前负债的利息支付（有效利率）是否低于该部门当年的平均利率水平。*index_interest* 的系数显著为负。接收较低利率贷款的公司并没有获得更好的业绩，我们用全要素生产率来测量企业业绩。贴息作为产业政策措施的这些结果和产业—城市的相关性系数是一致的，这说明在城市层面更好的业绩和更高的利息支出相关联。①

总结。总的来说，表 4 的结果显示，通过更公平的针对性政策来保持竞争与更卓越的业绩（由生产率度量）相关联。在估计补贴和税收减免的部门分散性对企业全要素生产率的影响时，我们通过排除企业自己的补贴或税收减免来处理控制变量潜在的内生性。总体而言，有证据表明，当和较高水平的竞争（由勒纳指数度量）相结合时，税收减免和补贴这样的政策工具与生产率提高具有系统相关性。

一个有趣的问题是，城市—产业层面的实际关税和补贴水平在多大程度上和实际的竞争水平相关。附录中表 A1 的汇总统计数据表明，事实上，中国政府并没有在竞争很激烈的城市或产业设置更高的关税或补贴水平。关税和勒纳指数之间的平均相关性系数为 -0.02，表明关税和竞争之间的相关性几乎为 0。竞争和补贴的相关性为正，但是接近于 0，为 0.03。有显著针对性的唯一手段是税收，它和竞争的相关性为 -0.1。系数为 -0.1 表明更激烈的初始竞争和更低的税收之间有很强的负相关性。虽然表 4 中的证据佐证了当政策手段与更强的竞争一起被引入时会产生更高的业绩（由全要素生产率度量），实际的政策模式显示中国并没有这样做。一种解释是，实施产业政策来提高企业业绩还有很大的空间，尤其是未来旨在保护竞争的产业政策。

3.3 定向支持创新企业

一些企业应该获得比其他企业更多的支持吗？这是我们在表 5 中解决的问

① 关税的影响取决于其所作用的产业。虽然一个产业面临的最终关税和全要素生产率正相关，但在统计上是不显著的。投入品部门更高的关税给企业的全要素生产率带来负面影响。在企业层面关税保护对全要素生产率的不显著影响或负面影响与我们的研究结果是一致的：虽然关税被定位于更具竞争性的行业，但它们无法带来业绩的改善。关税阻碍竞争，通常是次优的激励手段。所以用关税作为产业政策的一个手段在中国背景下无效也就不足为奇了。

题。像我们所假设的那样，如果产业政策要更为有效地在创新企业之间激发更强的竞争，那么原则上应该给所有可能进行创新的企业提供完全公平的政策配置。由霍派哈恩（Hopenhayn，1992）和梅里茨（Melitz，2003）开创的关于异质企业的文献预测最有生产率的公司有可能成为最大的公司。在这一文献中，这些公司也可能是成本最低、最具竞争力的生产商。因此，一种可能性是用赫芬达尔指数重新展开分析，给较大企业更大的权重。在表 5 第 1 列和第 2 列，我们给出了未加权的结果；而在第 3 列，结果是按雇员人数考虑的企业规模加权而来的。

表 5　竞争性产业政策对企业全要素生产率的影响：加权赫芬达尔指数

变量	TFP_ OLSFE (1)	TFP_ OP (2)	TFP_ OP (3)	TFP_ OP (4)
CompHerf_ subsidy	0. 0305*** (0. 00824)	0. 0319*** (0. 00918)		
CompHerf_ tax	0. 0859*** (0. 0230)	0. 0816*** (0. 0249)		
CompHerf_ interest	0. 0568*** (0. 0164)	0. 0669*** (0. 0190)		
Comp_ Herfsubsidy_ weightsize			0. 0255*** (0. 00909)	
Comp_ Herftax_ weightsize			0. 0555*** (0. 0124)	
Comp_ Herfinterest_ weightsize			0. 0616*** (0. 00983)	
Comp_ Hersulsidy_ weightege				0. 102*** (0. 0313)
Comp_ Herftax_ weightage				0. 0781*** (0. 0255)
勒纳指数				0. 0541*** (0. 0253)

（续表）

变量	TFP_ OLSFE (1)	TFP_ OP (2)	TFP_ OP (3)	TFP_ OP (4)
勒纳指数的平方	10. 26**	12. 05*	12. 72**	12. 62**
	(4. 535)	(6. 102)	(6. 253)	(6. 262)
Index_ subsidy	-5. 953**	-6. 464*	-6. 813*	-6. 760*
	(2. 493)	(3. 344)	(3. 420)	(3. 424)
Index_ tax	0. 0105***	0. 00674***	0. 00781***	0. 00786***
	(0. 00190)	(0. 00199)	(0. 00198)	(0. 00196)
Index_ interest	0. 0205***	0. 0200***	0. 0201***	0. 0200***
	(0. 00108)	(0. 00103)	(0. 00104)	(0. 00105)
Index_ seetor	-0. 0120***	-0. 0101***	-0. 0100***	-0. 0100***
	(0. 00169)	(0. 00192)	(0. 00191)	(0. 00192)
国有份额	0. 343**	0. 660***	0. 672***	0. 673***
	(0. 141)	(0. 178)	(0. 179)	(0. 179)
常量	0. 00301	0. 00315	0. 00273	0. 00289
	(0. 00504)	(0. 00514)	(0. 00516)	(0. 00511)
观测值	-2. 776	-4. 154	-4. 474	-4. 521
	(2. 133)	(2. 858)	(2. 936)	(2. 944)
R^2	746304	746304	747158	746740
	0. 208	0. 184	0. 182	0. 182

注：括号中为标准差。第 1 列，因变量是 TFP（采用有企业固定效应的 OLS 方法进行估计）；第 2、第 3 和第 4 列，TFP 采用如文中所述的 OP 方法估计。每个回归包括企业固定效应和年份虚拟变量。CompHerf_ subsidy、CompHerf_ tax 和 CompHerf_ interest 是补贴、税收和利率政策的赫芬达尔指数，通过年度城市工业企业数据计算获得。第 1 列和第 2 列使用未加权赫芬达尔指数，第 3 列采用了企业规模（雇员人数）进行加权的赫芬达尔指数，第 4 列采用 1 /年份（企业营业年份）作为权重构造的赫芬达尔指数。出口份额由出口采购除以行业销售额得到。国有份额是指企业的国有资产占其总资产的比例。这两个份额在年度部门层面进行加总。Index_ subsidy、Index_ tax 和 Index_ interest 是虚拟变量，如果企业获得了补贴、税收减免或其利率低于平均贷款利率即对应的虚拟变量赋值为 1。外国直接投资部门和关税措施都包括在内，但没有在表中列出。

*** 在 1% 的水平显著。

** 在 5% 的水平显著。

* 在 10% 的水平显著。

另一种增强竞争的方法是推动新企业和年轻的企业进入市场。为了强调新进入的重要性，我们重做了赫芬达尔指数，用企业年龄的倒数对补贴、利息和税收减免的配置进行加权。这意味着最年轻的企业被有效地给予了最大的权重。这些结果列在表 5 的第 4 列。

表 5 的结果表明，在中国，针对年轻而不是大公司的产业政策显著提升了全要素生产率。① 对补贴来说，赫芬达尔指数的系数增加 3 倍。系数的估值是 0.10，表明赫芬达尔指数每增加一个标准差，企业的全要素生产率将提高 3 个百分点。定向支持更年轻的企业的一个原因是年轻的企业一般具有较高的全要素生产率（使用 OP 方法或有企业固定效应的 OLS 方法来测算）。[14]

用全要素生产率测算流程创新的一个潜在缺陷是，产出是由部门层面的平减指数与企业层面的收入计算得出的。这个基于收入（估算）的全要素生产率可能具有误导性，因为它也许反映了企业特有的质量或加价变化。一个解决方法是使用企业特有的价格平减指数，它显示了不同企业之间的价格差异（由于市场支配力的差异或质量上的差别）。我们可以从中国的产业普查数据中获得 1998—2003 年的企业特有的价格平减指数。因此，我们根据这个较短的时间序列重做了表 5 的结果，使用企业特有的价格平减指数来计算产出和全要素生产率。采用企业特有的价格平减指数来计算全要素生产率的结果列于表 6 中。

表 6　竞争性产业政策与企业生产率：稳健性检验分别采用企业层面价格平减指数测算的全要素生产率和采用 OP 方法测算的全要素生产率

变量	采用企业层面价格平减指数测算		在 OP 测算第一阶段加入政策变量	
	TFP_OLSFE (1)	TFP_OP (2)	TFP_OLSFE (3)	TFP_OP (4)
CompHerf_subsidy	0.0325** (0.0150)	0.0560** (0.0228)	0.0306*** (0.00857)	0.0427*** (0.0109)
CompHerf_tax	0.0497 (0.0387)	0.126** (0.0568)	0.0857*** (0.0234)	0.111*** (0.0285)

① 这和 Acemoglu et al（2013）的分析是一致的。

续表

变量	采用企业层面价格平减指数测算		在 OP 测算第一阶段加入政策变量	
	TFP_ OLSFE (1)	TFP_ OP (2)	TFP_ OLSFE (3)	TFP_ OP (4)
CompHerf_ interest	0. 0341 (0. 0299)	0. 0920 ** (0. 0437)	0. 0573 *** (0. 0172)	0. 0876 *** (0. 0230)
勒纳指数	17. 42 *** (5. 885)	21. 61 ** (8. 681)	10. 19 ** (4. 554)	10. 09 ** (4. 179)
勒纳指数的平方	-9. 200 *** (3. 283)	-11. 22 ** (4. 793)	-5. 902 ** (2. 499)	-5. 474 ** (2. 317)
Exportshave_ sector	0. 506 (0. 423)	0. 354 (0. 610)	0. 350 ** (0. 146)	0. 606 *** (0. 205)
国有份额	0. 0119 (0. 00929)	0. 0147 (0. 0108)	0. 00319 (0. 00503)	0. 00107 (0. 00411)
Index_ subsidy	0. 0110 *** (0. 00325)	0. 0101 ** (0. 00383)	0. 0104 *** (0. 00191)	0. 0107 *** (0. 00184)
Index_ tax	0. 0143 *** (0. 00206)	0. 0143 *** (0. 00218)	0. 0204 *** (0. 00108)	0. 0219 *** (0. 000902)
Index_ interest	-0. 0109 *** (0. 00248)	-0. 0162 *** (0. 00322)	-0. 0120 *** (0. 00173)	-0. 0161 *** (0. 00185)
观测值	182248	182248	746304	962076
R^2	0. 082	0. 129	0. 207	0. 191

注：括号中为标准差。前两列回归是基于 1998—2003 年一直存活企业的子样本。之所以采用该子样本，是为了便于我们使用企业层面的价格平减指数对 TFP 进行测算，企业层面的价格平减指数是采用当期产出值除以产出不变价值。因变量是 TFP（第 1 列和第 3 列的固定效应采用 OLS 估计；第 2 列和第 4 列采用 OP 方法估计）。每个回归包括企业固定效应和年份虚拟变量。CompHerf_ subsidy、CompHerf_ tax 和 CompHerf_ interest 是补贴、税收和利率政策的赫芬达尔指数，通过年度城市工业企业数据计算获得。出口份额由出口采购除以行业销售额得到。国有份额是指企业的国有资产占其总资产的比例。这两个份额在年度部门层面进行加总。Index_ subsidy、Index_ tax 和 Index_ interest 是虚拟变量，如果企业获得了补贴、税收减免或其利率低于平均贷款利率即对应的虚拟变量赋值为 1。其他控制变量包括横向和纵向 FDI 份额以及投入品和产出品的关税，但其系数没有在此表中列示。第 3 列和第 4 列包括上述 OP 估计第一阶段中对投入要素系数估计使用的政策变量。

*** 在 1% 的水平显著。

** 在 5% 的水平显著。

* 在 10% 的水平显著。

这些先前年份的样本量相当小，只有全样本的1/4。然而，结果是相当稳健的。关于补贴的赫芬达尔指数的系数是使用OP程序计算的，它从表5的0.03增加到了0.06，增加了1倍。税收减免和低息贷款分散性的系数也显著增加。这些证据显示使用更小的样本和企业特有的价格显著增大了影响。

另一个潜在的问题是，当政策在第一阶段被忽略时，用OP方法可能使全要素生产率估算产生偏差。最近关于生产率的文献表明，把第一阶段的政策排除在外可能导致OP在第一阶段的估值出现偏差，因为它估计的是投入共享系数。为了验证这种可能性，我们通过在第一阶段中加入所有关键政策重做了分析，结果显示在表6中的最后两列。赫芬达尔指数项的系数均保持显著，甚至比表4给出的原始设定的数值更大。表6中的证据表明，对于多种不同的模型设定和子样本，我们的结果都稳健地显示了政策分散性对生产率的正向影响。

3.4 产业政策在企业内部和跨企业再配置的效应

近年来，应用生产率领域的研究者已经把他们的注意力从关注同一个企业行为变化的决定因素转移到研究企业间市场份额的重新配置和对总体生产率的影响。这种研究焦点的转移可以追溯到奥利和佩克斯（1996），他们提出了一个简单的方法来区分企业内部的和企业之间的再配置。霍派哈恩（Hopenhayn，1992）、梅里茨（Melitz，2003）和其他人的研究激发了研究者们对企业内部与企业之间再配置的兴趣，他们假定企业的生产率是由外生因素决定的。因此，产业生产率的大部分增长并不是通过企业内部的学习而是通过市场份额的跨企业再配置实现的。①

表4至表6探讨的是各类不同的产业政策在企业间的配置对企业内部生产率增长的影响。在表7中，我们探讨政策向更有生产效率的企业再配置。这就需要一个产业层面的全要素生产率指标。我们重新计算了在城市—产

① 这方面的实证研究要滞后于理论贡献。其中第一个应用Olley and Pakes（1996）的分解法的是Pavcnik（2003），他发现，再配置对产业层面的生产率增长的贡献达2/3，而企业自身学习带来的增长仅占1/3。对于印度而言，结果则相反：Harrison、Martin and Nataraj（2013）发现，产业层面的大部分生产率增长源于企业内部，几乎和市场份额的重新配置无关。Sivadasan（2010）的研究也佐证了关于印度的这个结果。

业一年份层面的全要素生产率指标，并对这些加总的再配置项运用表 4 中相同的模型设定。其结果显示在表 7 中。现在，我们关注的不再是产业政策是否鼓励同一家企业随时间推移进行更多的创新，而是产业政策是否鼓励市场份额向更有生产率的企业再配置。我们可以认为这是在研究生产率增长的外延边际（extensive margin）而不是集约边际（intensive margin）。集约边际关注的是同一家企业随时间推移而产生的企业业绩改善。

表 7　产业政策的竞争性和再配置

变量	TFP_OLSFE (1)	TFP_OP (2)	TFP_OLSFE (3)	TFP_OP (4)	TFP_OLSFE (5)	TFP_OP (6)
CompHerf_subsidy	−0.0116*** (0.00207)	−0.0108*** (0.00194)				
CompHerf_tax	0.0283*** (0.00576)	0.0173*** (0.00494)				
CompHerf_interest	0.0528*** (0.00431)	0.0496*** (0.00426)				
Comp_Herfsubsidy_weightsize			−0.00199 (0.00598)	0.00223 (0.00571)		
CompHerf_tax_weightsize			0.0175** (0.00806)	0.00853 (0.00764)		
CompHerf_interest_weightsize			0.0667*** (0.00712)	0.0617*** (0.00659)		
CompHerf_subsidy_weightage				0.0668*** (0.00776)	0.0536*** (0.00728)	
CompHerf_tax_weightage				0.0892*** (0.00590)	0.0743*** (0.00648)	
CompHerf_interest_weightage				0.100*** (0.00573)	0.0880*** (0.00665)	
勒纳指数	1.202*** (0.305)	1.082*** (0.273)	1.226*** (0.319)	1.095*** (0.282)	1.121*** (0.310)	1.008*** (0.275)

续表

变量	TFP_OLSFE (1)	TFP_OP (2)	TFP_OLSFE (3)	TFP_OP (4)	TFP_OLSFE (5)	TFP_OP (6)
勒纳指数的平方	−0.807***	0.720***	−0.819***	−0.725***	−0.759***	−0.676***
	(0.187)	(0.167)	(0.195)	(0.171)	(0.189)	(1.167)
Exportshoew_seetor	0.0156	0.00170	0.0127	0.00173	0.0195	0.00620
	(0.113)	(0.106)	(0.115)	(0.106)	(0.112)	(0.104)
国有份额	−0.0775	0.0168	−0.0596	0.0317	−0.0792	0.0157
	(0.0962)	(0.0956)	(0.0991)	(0.0977)	(0.0993)	(0.0980)
Index_subsidy	0.000158	−0.00416	0.00754*	0.00432	0.0286***	0.0202***
	(0.00387)	(0.00353)	(0.00410)	(0.00378)	(0.00507)	(0.00469)
Index_tax	−0.00263	−0.00148	−0.00264	−0.00201	−0.00355	−0.00279
	(0.00234)	(0.00203)	(0.00242)	(0.00215)	(0.00234)	(0.00207)
Index_interest	0.00671**	0.00637**	0.0125***	0.0118***	0.0157***	0.0145***
	(0.00288)	(0.00279)	(0.00296)	(0.00284)	(0.00297)	(0.00288)
常量	−2.539***	−2.417***	−2.622***	−2.494***	−2.696***	−2.553***
	(0.199)	(0.231)	(0.198)	(0.230)	(0.200)	(0.234)
测量值	64455	64455	64455	64455	64455	64455
R^2	0.080	0.068	0.069	0.060	0.093	0.079

注：括号中为标准差。因变量是 TFP 在企业间再配置的指标（第 1 列、第 3 列和第 5 列采用的是有企业固定效应的 OLS 估计；第 2 列、第 4 列和第 6 列采用 OP 方法估计）。CompHerf_ subsidy，CompHerf_ tax 和 CompHerf_ interest 是城市—产生—年份层面的补贴、税收和利率政策的赫芬达尔指数。第 1—2 列采用非加权的赫芬达尔指数，第 3—4 列是以企业规模（雇员数）为权重的赫芬达尔指数，第 5—6 列是采用 1 /企业年龄（自企业开业算起的企业年龄）为权重的赫芬达尔指数。每个回归包括企业固定效应和年份虚拟变量。出口份额由出口采购除以行业销售额得到。国有份额是指企业的国有资产占其总资产的比例。这两个份额在年度—部门层面进行加总。Index_ subsidy、Index_ tax 和 Index_ interest 分别被定义为在年度城市产业中获得的补贴、税收减免或低于平均利率的份额。所有设定包括部门层面的外国直接投资的控制变量。

*** 在 1% 的水平显著。

** 在 5% 的水平显著。

* 在 10% 的水平显著。

表 7 的前两列显示的是产业—城市层面的企业生产再配置和政策措施之间的关系。第 1 列显示的是用有企业固定效应的 OLS 方法来计算全要素生产率时得

出的各项指数；第 2 列报告的是用 OP 方法得出的估值。统计结果表明，由于政策重新配置到更有效率的企业，虽然更分散的低息贷款和税收减免和更大的生产率改善之间有显著的正相关，但未加权的补贴结果是负的。和我们先前的结果综合来看，我们可以得出如下结论：虽然低利率政策并没能有效地促进企业内部的创新，但它们的确鼓励了真实市场份额再配置到更有创新能力的企业。低利率政策和更分散的税收优惠促进了外延边际的生产率增长。同样，补贴不适用于这个论断，它更多地作用在集约边际，带来了企业内部生产率的提高。

表 7 接下来的四列显示了我们用企业规模和年龄的倒数对产业政策进行加权的结果。这些结果表明补贴的影响从负转向正，这说明如果补贴是面向年轻或更大的企业就可以在鼓励再配置型的全要素生产率增长中发挥积极作用。① 与前面的结果相一致，对全要素生产率最大的影响出现在产业政策面向年轻企业的时候。表 7 的最后两列显示，当补贴、税收减免和低息贷款都集中在年轻企业时，市场份额的再配置会显著提高全要素生产率。

4. 结论

在本文中，我们论证了部门性的国家扶持政策能够促进生产率的增长，尤其是在政府扶持面向竞争程度更高的部门，并且政策覆盖面相对较广而不只集中在该部门内的一个或少数几个企业时。

本文使用了包含所有大中型企业在内的中国国家统计局 1999—2007 年数据库，表明在竞争性部门（勒纳指数作为竞争程度的测度指标）实施的产业政策（补贴或税收减免），旨在维持或促进竞争的产业政策（比如诱导企业进入或者鼓励新企业发展），可以更显著地促进生产率或生产率的增长。

如果把研究重点放在企业内部行为的集约边际上，在更广泛的企业中实施这些政策措施，企业层面的生产率就会提高。如果产业政策能够被配置到更有

---

① 这里存在一个问题，在中国，全要素生产率增长在多大程度上来源于企业平均生产率的提高而非市场份额的再配置。本文对中国全要素生产率的分析显示，在产业层面的全要素生产率增长中，只有 5% 是源于市场份额再配置，见附录表 A2 的数据。市场份额再配置的较小作用低估了着重分析单个企业层面生产率变化的重要性，而这一层面一直是我们分析的重点。虽然市场份额再配置的作用在样本期间有所增加，但和美国这样的国家相比，其作用还是非常小。Loren Brandt 及其合著者也强调了中国企业层面的生产率（增长）对产业层面的生产率增长起着重要作用。

竞争性的（通常是更年轻的）企业中，那么企业的生产率会以更快的速度提高，甚至会达到上述政策效果的2倍甚至3倍。

本文的研究也表明，在初始竞争更为激烈的部门实施产业政策，能够促进企业提高生产率。当补贴和税收减免作为产业政策的工具时，此结论成立。而当以（低息）贷款和关税作为政策工具时，此结论则不成立。①

这反过来也说明，产业政策讨论的重点问题应该是如何设计和实施产业政策，以使它们更有利于竞争，进而促进增长。本文的分析表明，在实施产业政策时，如果运用恰当的选择标准和良好的指导原则，就能更好地发挥促进增长和激励创新的作用。

然而，仍然悬而未决的问题是：当国家要实施产业支持政策时，如何才能确保出于部门利益的游说活动范围降至最小？可行的解决方案之一就是：国家对某一部门采用扶持型产业政策时，应以覆盖范围较大、更有利于竞争的方式实施。这样，由于覆盖范围较大、竞争更加激烈，企业通过游说而获得的利润下降，从而致使企业游说的激励下降。换句话说，政治经济学方面的考虑应该着眼于强化竞争和产业支持政策的效果之间的相互作用。对产业政策的最优结构进行综合分析还有待展开。

另一个可能出现的问题是，在有显著规模经济的情况下，如何有效实施本文的方法。本文在中国国内市场的背景下对我们的理论框架进行检验，中国国内市场足够大，足以允许生产商在大多数工业部门里实现规模经济。如果分析对象是一个较小的经济体，一个更有意义的问题就是如何在鼓励企业更专业和更具竞争力的同时，还使企业能收获规模经济的好处。在此情况下，可以推动企业参与国际市场来促进市场竞争。所以像韩国这样较小的经济体仍然能够通过政府支持，迫使企业在国际市场上参与竞争以获得竞争带来的好处，也就不足为奇了。另一个有待进一步探讨的研究课题就是在报酬递增的情形下如何实施产业政策。

（中南大学商学院　李晓萍　中国社科院工经所　江飞涛　译）

因篇幅所限，附录和参考文献略，特向作者和读者致歉，需要者可向《比较》编辑室索取：bijiao@ citicpub. com。

---

① 在中国，低息贷款和关税与政策所面向的制造性企业的生产率低下是相关的。毫不奇怪的是，在更具竞争性的行业采用更高的关税或者更多的低息贷款并不会改善企业的生产率。本文的分析是：在有关产业政策的争论中，支持或者反对使用关税作为产业政策工具的争论毫无意义。

产业政策和发展

政治经济学视角

詹姆斯·罗宾逊

1. 概要

本文将讨论产业政策对经济发展的作用，包含五个主要论点。第一，从理论视角来看，有充分理由相信产业政策可以在促进发展方面发挥重要作用。第二，显然能找到某些案例，证明产业政策确实发挥了这样的作用。第三，针对所有这些案例，也都能找到其他反例，表明产业政策失败了，甚至阻碍了发展（当然这种反事实论证是很复杂的）。第四，成功案例与失败案例之间的区别在于政策的政治角力上。产业政策能取得成功，是因为实施政策的当权者自己希望工业化能顺利完成，或者是因为政治体制所产生的激励迫使他们这样行动。

从上述四个论点推论出的第五个论点是，经济学家和国际组织必须改变他们对产业政策的思考方式。为真正促进一个社会的工业化，我们需要实证性理论来描述实现社会的特定政策选项所需的政治均衡。要提供扶持产业发展的政

---

* James A. Robinson，芝加哥大学哈里斯公共政策学院（Harris School of Public Policy）校聘教授，曾任哈佛大学政府 Wilbur A. Cowett 讲席教授。本文为提交给世界银行 2009 年 6 月 22—24 在首尔举行的“ABCDE 会议”的文章。

策建议，我们必须对这样的政治均衡有清晰的理解，并试图加以改变，或者在其生成的环境下开展工作。这是一条完全不同于以往的认识产业政策的思路。

不幸的是，从目前来看我们对于产业政策仅有很好的规范性理论，实证性理论还相当缺乏。例如，中国台湾地区为什么能采纳并成功实施产业政策，而加纳却造成了灾难性的结果，对此，我们很难给出充分的解释。我们的研究应该关注构建这样的理论，否则按传统方式倡导用产业政策去解决贫困国家的问题，必然是属于盲目自信。

在深入介绍产业政策的后果和我的看法之前，有必要对产业政策的含义做出某些界定。我认为，产业政策的含义是政府有意识地促进工业发展。当然对此可以有多种办法，许多内容都可以视为“产业政策”，从关税和外贸政策（保护），到税收优惠、各种补贴、出口加工区，以及国有制等。斯大林在1930年代促进苏联工业化的办法，与朴正熙在1960年代对韩国的政策完全不同。另外，所有这些政策都可能是在无意识地促进工业发展，而非有意为之。在苏联和韩国并没有此类情形，因为两国政府在当时都明确致力于工业化发展。然而在其他案例中，政府是否在有意识地推动工业化，我们并不清楚。一个例子是英国议会在1701年通过的《棉布法案》（Calico Acts）及其在1721年的修正案，这些法律对英国从印度进口的棉纺织产品征收极高的关税，甚至禁止穿着以印度纺织品（棉布）制作的服装。事实上，直到1774年穿着全棉服装才成为合法的事情，而那时英国自身已经建立起了极具活力的纺织工业。对上述措施的传统解释是，18世纪的英国政府是按照错误的重商主义理论来制定政策。因此，改变现状需要思想观念上的革命，包括亚当·斯密和大卫·李嘉图等人的理论，推动这些法案在1774年最终被废除。而对上述措施更为实证性的解释则是，英国的羊毛和亚麻产业在当时饱受印度纺织品的竞争，因而推动实施了保护法案（Mokyr，1999，第50—51页）。两种理论解释都没有提到，《棉布法案》与英国的工业化之间有任何联系。

不过，《棉布法案》加上1623年的《垄断条例》（Statue of Monopolies，该条例使英国企业难以建立国内垄断），让起初缺乏竞争力的英国棉纺织业得以在没有外国竞争的环境下发展起来。尽管我们不知道离开保护会是什么情形，但很显然《棉布法案》提升了棉纺织业的投资回报率，并且极大地促进了对该产业的投资，进而引发了英国工业革命。

那么《棉布法案》算不算一项“产业政策”？根据对该法案背景的上述两

种理论的任意一种，都不能将其理解为产业政策，英国的工业化应该是无意识政策导致的副产品。当然这两种理论也都没有给 1688 年光荣革命之后的经济政策提供满意的解释。有学者令人信服地指出（Pincus，2009），辉格党联盟领导的光荣革命有着极为明确的扶持制造商或者说工业化的目标，为此，他们创立了英格兰银行，通过运河与收费公路促进了交通运输部门的发展，改造了税收体制，调整了商业政策。《棉布法案》其实是这一系列政策中的组成部分，而这批政策或许是世界上最为成功、影响最深远的产业政策之一，堪称“产业政策之母”。

在发展经济学的研究中，对产业政策的作用有多种研究方法，1940—1950 年代的早期研究把经济发展同工业化联系起来，认为由于存在各种市场失灵，贫困国家不能自然而然进入起飞，因此需要政府发挥重要作用，利用产业政策来促进工业化。学术界代表人物有罗森斯坦 - 罗丹（Paul Rosenstein-Rodan）、缪尔达尔（Karl Gunnar Myrdal Myrdahl）、纳克斯（Ragne Nurkse）和赫希曼（Albert Hirschman）等人。其中一派尤为重要的观点强调动态比较优势，建议在一段时期内封闭国内经济，以培育出有国际竞争力的工业部门，倡导者为汉斯·辛格（Hans Singer）和劳尔·普雷维什（Raúl Prebisch）。

上述理念成为发展经济学的主流之一，直到 1970 年代后期和 1980 年代才受到其他学者们的持续批判。安妮·克鲁格等人（Anne Kruger，1993；Deepak Lal，1983；Peter Bauer 的著作）认为，产业政策并未发挥作用也不能发挥作用，因为政府失灵总是比市场失灵更为严重。我们不能指望利用产业政策或者其他任何政策干预来解决发展问题，而应注重创建自由市场和守夜人性质的政府。这些研究文献恰当地列举了某些发展中国家极为失败的产业政策案例，可是关注点失之偏颇。此外，政府失灵总是比市场失灵更为严重的理论，似乎主要是出于意识形态的考虑，而非基于理论和实证推导。

所以，此类观点尽管对 1980 年代的发展组织产生了极大影响，但从长期来看必然难以服众。其中最为激烈的反驳意见来自对“东亚奇迹”的一系列重要观点（包括 Johnson，1982；Amsden，1989；Wade，1990；World Bank，1993）。这些研究都把成功的产业政策视为日本、韩国和中国台湾在“二战”后取得巨大发展成就的核心因素。与其他许多研究类似，它们立足于公共选择理论，或多或少地认为市场失灵总是比政府失灵严重，而产业政策是促进经济增长的强大工具。对东亚国家历史经验的这套理论，很大程度上左右了世界银行在 1992 年发表的著名报告。

上述研究中所分析的成功案例令人印象深刻，然而失败的政策案例同样如此。这表明两种极端看法都存在缺陷。产业政策有时能发挥作用，有时却不能，其差别在哪里？一个明显差别在于，不同案例中采纳的产业政策类型相去悬殊。例如拉丁美洲采纳的是进口替代的工业化政策，把本国市场封闭在国际竞争之外。而韩国和中国台湾的模式则是通过激励设计来鼓励出口产业的发展，当然本地市场也确实受到了保护。

为什么各国选择了不同策略来促进工业发展？与《棉布法案》的案例一样，许多学者本能地把这种政策选择差异归结为不同思想观念的影响。例如克鲁格（1993）认为拉丁美洲国家采纳进口替代策略，是因为受到错误的经济学理论引导。与拉丁美洲相比，东亚各国的政治家们兴许有更高明或者更幸运的经济顾问。然后，产业政策的内容和结果的不同，是由各国的政策制定者及其经济学家们的观念和意识形态差异所致。例如，斯大林采纳的特定工业化模式来自其社会主义意识形态，毛里求斯建立了成功的出口加工区是由于诺贝尔经济学奖得主詹姆斯·米德爵士（James Meade）说服了执政的工党。

对政策选择差异的另一种解释来自罗德里克（Rodrik，2007），他的基本观点是产业政策具有极大的潜力，但不存在通用模式。要成功促进发展，产业政策必须根据各国的特定环境和制度加以调整，或者用他和其他人引入的术语来讲，必须对“硬约束”（binding constraints）做出灵活反应（Hausmann、Rodrik and Velasco，2007）。按照这个观点，不同国家采纳相同的政策可能出现截然不同的结果，这是因为它们有着很不同的市场失灵环境。为什么某些国家能根据其市场失灵环境采纳适合的政策，而其他某些国家不能呢？主要原因在于没有弄清楚“硬约束”是什么。韩国的成功要么是因为非常幸运，要么是有更高明的、深入理解本国问题的经济学家。而加纳的产业政策失败，是因为某些理论家——如阿瑟·刘易斯爵士（Lewis，1953）——推荐恩克鲁玛（Kwame Nkrumah）政府采纳了并不适合该国实情的产业政策。

本文将以完全不同的思路来检视产业政策历史经验。我承认现实中存在许多市场失灵，新兴的工业部门会产生重要的外部效应，产业政策有可能成为促进经济增长和发展的强大工具。我相信，这正是 1980 年代后期的修正派学者们所研究的韩国、中国台湾和其他案例的实际情形。综合历史证据来看，尽管还没有决定性的经济计量学结论，但这些学者关于产业政策产生了有力的因果作用的观点仍是正确的。同时我也认为产业政策完全可能失败，正如1960年代的加纳以及1940年代之后的拉丁美洲国家那样。不过，成败案例之间的差别并不在于日本或韩国更为幸运、更为高明，或者有着更出色的经济顾问，而是因为这些国家有着不同的政治均衡环境。

我认为，为正确认识产业政策，我们必须首先建立此类政策的实证性理论。有关产业政策的经济学研究文献一直回避提出有均衡结果的实证理论，这点非常令人吃惊。以艾伦（Allen，2003）对苏联工业化的重新评估为例，他的整个论点是说斯大林的工业化政策对初始制度欠缺的落后国家其实是最优选择。但他并没有讨论，为什么斯大林政府会采纳有效促进发展的政策［其实有很多证据表明，从斯大林体制追求的许多标准来看，其效率并不很高，参见格里高利和哈里森（Gregory and Harrison，2005）］。解释政策选择的这类规范理论通常假设政治家们是为了社会最优目标进行政策选择，但对1920—1930年代的苏联来说，这是很难让人相信的。此类研究方法的另一个惊人案例是关于1990年代转轨经济国家的政策改革，俄罗斯的改革极为糟糕，而中国的双轨制则较为成功。有研究者认为中国的改革策略比俄罗斯更为明智（Lau、Qian and Roland，2000）。当然，并没有人认为1950年代的“大跃进”更为明智。施莱弗等人（Shleifer and Treisman，2000）确实尝试过用均衡理论来分析俄罗斯的政策改革，他们认为在当时的约束条件下是有效选择。其实历史表明，中国与苏联选择的道路不同并非因为中国人更高明（Shirk，1993；Naughton，2007）。中国的政策改革是均衡结果，苏联的改革也是。两国的转轨政策不同，是因为它们虽然都曾是共产党的集权式体制，但社会上的实际政治均衡格局却差异悬殊。例如，中央政府和执政党的权威很不一样。加纳在1960年代实施产业政策的问题并非在于这些政策不明智、不适合或者不需要，而是因为在当时的政治环境下根本就没有机会真正实现国家的工业化。

为了从均衡结果的视角去研究政策选择，建立产业政策的实证性理论，我们需要借助政治经济学的办法。采纳不同的产业政策及其结果的成败，与思想观念或经济学家们的关系并没有那么大（当然在特殊条件下也可能很重要），更多取决于具体社会的政治均衡特征：哪些利益团体能被动员，关系到怎样的利益，处于怎样的政治体制环境等。因此，政策比较研究可以成为比较政治学的应用。这是一种很不同于以往的分析，我们还远没有完善的框架来解释政策选择和结果的差异，但我们必须开始朝正确的方向前进，才能逐步将其完善。

政治经济学的研究思路注重给产业政策提供实证性质的解释。从这一角度看，较为传统意义上的产业政策是否还有意义？我认为答案是否定的。经济学家们不可能指望落后国家采纳更睿智的政策，或者出现更英明的领袖，从而解决欠发展的问题。他们已经花费了数十年时间来推广好的政策建议，但问题在于这些建议并未得到采纳，正如其他先进技术也同样没有被落后国家采纳。在我看来，以产业政策来促进工业化是一个国家政治选择的内生结果。不管理论的结果如何，在利益和制度没有理顺的情况下，工业发展是难以推动的。希望促进工业发展的外来经济学家或者国际机构必须考虑到这点，它意味着下面两条。首先，应该试图朝着更有利于工业化的方向改变政治均衡的特性，例如增强能从中获益的群体的政治影响力。这个想法看似激进，但实际上世界银行对增强穷人权力的政策很少有保留意见（如注重增强问责和改进公共服务等）。其次，应该维持政治均衡的稳定，力求找到与当权者激励相容的方式来实施产业发展的政策。

本文的论述结构如下。第二节介绍有关产业政策的规范性理论。第三节分析哪些证据能说明产业政策的有效性。第四节着重分析产业政策的成败主要取决于各国政治经济环境的差异。第五节勾勒关于产业政策的实证性政治经济学理论。第六节探讨这一理论可以如何应用于对产业政策的反思。第七节是总结。

2. 规范性产业政策理论

支持采取产业政策的福利经济学理论相当直接易懂。市场不完善（market imperfection）、外部性和收益递增等现象很可能出现，表明有多种类型的产业政策能增进社会福利，甚至是创建现代制造业的必要条件。此类政策的最优形式取决于市场不完善的性质，如果由于资本市场不完善，某些产业的规模小于社会最优水平，这并不能给保护新兴产业提供规范性的理由，而是应该把政策重点放在消除特定的市场失灵方面。当然我们不能忘记次优理论，也就是说在有着多种市场失灵的经济中，去除其中一种市场失灵有可能使整体福利水平下降，而非改善（Lancaster and Lipsey，1956）。如果某个产业能带来正的外部性，那么福利经济学表明可以采取直接补贴这一最简单的产业政策形式。在此情形下，补贴成为经典的庇古式干预。在开放经济模型中，如果某个产业能带来正的外部性，而国际市场价格导致本国的产业规模从社会福利角度看过小，那么，关税就是最优的干预政策（Matsuyama，1992）。

然而大量研究显示，即使我们确认市场失灵很严重，实际的政策选择却很少符合规范经济理论的建议，例如在可以选择高效政策工具时，采纳的却是低效的政策工具（Coate and Morris，1995；Acemoglu and Robinson，2001）。本文暂不涉及这个话题，而只是强调，经济学理论的确充分证明，至少某些产业政策可以在增进福利水平和经济增长上发挥重要作用。下一节则将指出，确实有这方面的实际案例。但很明显，此类理论并没有给我们观察到的许多产业政策提供规范基础，如苏联在 1928 年后采纳的政策。只是在某些极为特殊的条件下，政府所面临的政策选择才符合规范性理论的说法。

3. 产业政策的历史经验

下面将简要介绍一系列成功和失败的产业政策案例。我的主要观点不是说产业政策总是不好或者总是好，而是认为各种经验表明：产业政策有着促进经济发展的巨大潜力，但只有在政治环境合适的情况下，这样的潜力才能发挥。下面的案例是为了描述我将更系统地解释的分析视角。

倡导产业政策的人所钟爱的榜样是实现东亚奇迹的各经济体。本文概要中已经提到，如今对这个领域有大量的研究文献。在韦德（Wade，1990）的书中，第 4 章到第 6 章详细介绍了中国台湾的案例，其中许多有趣的故事是关于台湾当局如何从 1950 年代以来为促进工业发展进行系统性的经济干预，比较著名的是台湾当局的经济设计师尹仲容（K. Y. Yin）如何根据美国顾问怀特工程公司（J. G. White Engineering Corporation）的报告，判断出塑料是应该发展的工业部门。他接下来通过银行记录，认准当地商人王永庆是有资源完成此事的人选，然后劝说对方着手开创企业（Wade，1990，第 80 页）。1957 年，第一家塑料工厂在当局监督下完工，移交给王永庆。此后领导台塑集团发展的王永庆成为当地的企业家楷模之一。韦德列举了许多通过当局干预来提升产业发展的规模和质量的案例，例如在台北公开销毁了 2 万只灯泡，以打击劣质产品（Wade，1990，第 81 页）。在私人产业得到发展的同时，台湾地区的公共部门也深深卷入了工业化浪潮，到 1980 年代，有多达 60% 的研发支出来自公共部门（Wade，1990，第 99 页）。产业政策研究院（Industrial Policy Research Institute）从 1973 年开始扮演了关键角色。特别是减少了对于美国的技术依赖，在 8 个领域发起了“‘国家’战略行动”。

公共部门在 1965 年创立了一个出口加工区，并利用信贷等许多支持工具来促进出口（Wade，1990，第 139—148 页），而且与韩国一样，兴建了一家大型的钢铁综合企业。

韦德书中的图 1（Wade，1990，第 111 页）总结了台湾当局在不同产业发挥关键引导作用的主要发展时期。某些措施并不十分成功，例如，与日本或韩国不同，台湾地区虽然也有过持续努力，却没能发展出有国际竞争力的汽车工业。而在半导体等其他领域，干预却得到了非常出色的结果。

台湾当局成功促进工业发展的案例令人吃惊，极有说服力，很好地证明了产业政策的价值。但不幸的是，也有大量失败的产业政策案例，其中某些典型来自撒哈拉以南的非洲国家。许多非洲国家在独立之后采纳了各类产业政策，如加纳和津巴布韦等国制订了五年计划和宏大的发展目标。与台湾地区一样，这些计划往往是由公共部门牵头。但糟糕的是，没有任何一个撒哈拉以南的非洲国家培育出了有国际竞争力的工业。在通常情况下，尽管实现了快速的资本积累，这些产业的效率却极其低下，全要素生产率令人沮丧。

对非洲国家的产业政策失败的最详细研究是基里克（Killick，1978）对加纳经济发展的开创性著作。对任何主张用产业政策来解决非洲现实问题的人来说，这都应该是必读书籍。该书非常详细地介绍了 1960 年代早期以来的多个产业政策案例，并逐一揭示了这些政策的低效无能。作者指出，成本收益核算被忽视，低效的投资项目被采纳。一个例子是关于一家牲畜制品综合工厂（Killick，1978，第 231 页），“制鞋工厂……需要与北方的肉类工厂建立联系，把毛皮通过 500 英里远的运输送到南方的一家制革厂（现已废弃），然后又走 200 英里，把皮革运回位于中部地区的库马西的制鞋厂。因为主要的鞋类市场是在阿克拉都市区，这些成品鞋子还得再运输 200 英里，返回南方”。

基里克有些低调地评论说，这家企业的活力被错误选址给破坏了（第 231 页）。另一个惊人的例子是兴建一家水果罐头厂“以加工芒果，人们认为芒果在本地没有市场，而该工厂的产能据说超出了国际市场总和的数倍”（Killick，1978，第 229 页）。加纳政府对该工厂的报告大加引用：“A 项目工厂将建立在布隆阿哈福省的文奇市，每年加工 7000 吨芒果和 5300 吨西红柿。如果该地区的平均产量为每年每英亩 5 吨芒果和 5 吨西红柿，那么应该有 1400 英亩土地种植芒果，1060 英亩土地种植西红柿，以供应给该工厂。问题在于，该地区现有的芒果供应仅仅来自散落在灌木丛中的很少几棵果树，西红柿也没有商业化种植，因此这些作物的生产必须从零开始。芒果从种植到结果需要5—7年。于是，如何获得充足的种植物资和组织原材料生产，很快成为该项目要解决的主要问题”（Killick，1978，第233页）。

基里克的尖刻评论是，“很难想象还有比对该项目规划的经济效率更加糟糕的分析了”，而这样的报告是在该工厂开工建设一整年之前做出的。恩克鲁玛统治时期的问题不是工业投资不足，人们普遍认为该国的资本存量在1960—1965年间增长了80%（Killick，1978，第69页）。公共部门的投资占其中的60%，占非住房投资的80%（Killick，1978，第170页）。问题在于这些投资的配置方式。

我们很容易从撒哈拉以南非洲国家找到更多的类似案例。虽然拉丁美洲的情形或许没那么糟糕，甚至还有少数成功案例（特别是巴西），但普遍情况依然是拉丁美洲国家政府对工业发展的刺激政策并不成功。大多数政府保护和产业补贴并未扶植起有国际竞争力的企业，而是出现了缺乏竞争力、为受保护的国内市场提供劣质产品的垄断企业或寡头企业。

4. 决定产业政策成败的政治经济学

成功和失败的产业政策案例的区别何在？为什么在台湾地区能发挥作用，而加纳则不行？虽然产业政策在各国的实施方式肯定有区别（如对内思路和对外思路），但我相信这些案例的主要差异在政治方面。毕竟，《棉布法案》似乎是一项成功的进口替代政策，人们也可以说，台湾地区在1950年代执行的早期进口替代政策很关键，给某些后来的优秀企业创造了起飞良机。因此拉丁美洲乃至加纳（至少在设想中）所尝试的政策本来是可以发挥作用的，实际上没能如此是由于这些国家的政治环境所致。

为体会这个观点，我们再来看非洲的例子。有学者分析了赞比亚利用工业发展公司（Industrial Development Corporation）来促进工业化的失败案例（Tangri，1999，第30页），指出原因在于“该公司在具体操作业务中听命于各种政治上的指示，包括投资的类型和选址等。项目的开展是基于政治考虑，例如曼萨电池厂的可行性分析就认为该项目是不合算的。还有，钦格拉的中国玉米加工厂在开工时也没有任何可行性分析，完全是出于政治决策，导致已经完成规划和评估的基特维玉米加工厂项目被放弃。项目选址也受到政治指令的干扰，工业发展公司的下属企业利文斯顿汽车组装厂、卡皮里玻璃制品厂和曼萨电池厂，都是为了在主要都市区以外提供就业。这些工厂和其他类似项目由于各种原因陷入困境，部分原因正是因为它们位于内地，与主要市场相距遥远。在卡拉路西和内加内加的农村地区，投资数百万美元的制砖厂修建起来，但把这些砖头长途贩运到建筑工地使其成本陡增，建筑企业转而使用混凝土块来替代。由于需求下降，内加内加的制砖厂被迫在 1979 年关闭，卡拉路西的工厂也陷入严重亏损”。

以上对赞比亚产业政策的分析表明，赞比亚与日本的区别在于，其政策、项目和选址的决策是根据政治标准，而非经济因素。

同赞比亚一样，加纳的资源错配决策背后的动机显然也是政治上的。有学者认为许多项目根本没有可行性研究和竞争投标就启动了，新企业被当成党政官员的私人领地来分配，以便他们给自己的亲属、朋友和支持者们提供好处（Rimmer，1969，第 195 页）。还有人总结说："加纳的政治家们在经济和社会项目的总体规划和实施上，地位总是高于公务员和规划师。"（Omaboe，1966，第 460—461 页）

相比之下，所有研究东亚奇迹的文献都强调，那里的经济主管部门如何能制定理性的经济政策，而不用采纳服务于政治的项目或政策工具。

5. 实证性的产业政策理论

综上所述，产业政策可能发挥作用，也可能遭遇失败。区别在于实施政策的机构的目标和行动，而这些是由政治体制决定的。与其他因素相比，如约束边界和思想观念的差异相比，政治因素对产业政策成败的影响似乎要大得多。要真正解释产业政策的不同结果，我们必须深入剖析这些政治因素。台湾地区和加纳的哪些政治因素导致了不同的结果？为什么它们的政治均衡差异如此之大，可以决定产业政策实施的成败？对于这些问题，已经有学者做出了重要的研究，包括韦德等人（Wade，1990；Haggard，1990；Evans，1995）。

作为我的思路的讨论背景，这里简要介绍一下内生政策理论［更详细的内容可以参考 Acemoglu、Johnson and Robinson（2005b）］。经济政策（以及同样是集体选择结果的更普遍的经济制度）对经济增长有重要作用，因为这些政策和制度影响着社会上的主要经济参与者的激励，特别是对物质资本、人力资本及技术的投资，还有生产的组织。经济政策非但决定着总体的经济增长潜力，而且会影响未来的资源分配。换句话说，它们非但影响总收入的规模，还关系到收入如何在社会不同群体和个人之间进行分配。

经济政策是内生决定的，来自社会的集体决策。显然无法保证社会上所有个人和群体都赞成同样的政策组合，因为如上文所述，不同政策会导致不同的收入分配结果，因此在经济决策的选择上存在利益之争。在此情形下，社会上的政治权力格局将决定选择何种经济制度，有更大政治权力的群体将确保推行自己赞成的经济政策组合。

同时，社会上的政治权力格局也是内生决定的。根据我和阿西莫格鲁（2006）的理论，我把政治权力分为两个部分：法定权力（制度）和实际权力。法定政治权力代表社会的政治制度所赋予的各种权力，政治制度决定了政治生活中主要参与者的约束条件和激励机制。

政治制度中包括政府的组织形式，例如，民主制还是独裁制，对政客和政治精英的约束程度等。然而，还存在超出政治制度规定的政治权力。某些人群即使没有被政治制度（如宪法的规定）赋予权力，但仍然可能掌握政治权力，他们可以起义，拿起武器，雇用士兵，与军队结盟，或者采用有经济破坏力但基本上和平的抗议来向社会宣扬自己的主张。我把此类政治权力视为实际政治权力，它有两方面的来源。首先，这种权力取决于相关人群解决自身集体行动问题的能力，也就是在其个体成员可能搭便车的情况下，如何确保大家团结行动。其次，这种权力取决于相关人群掌握的经济资源，它影响着这些人利用或滥用现有政治制度的能力，以及招募和借助武装以对抗其他人群的能力。

社会中的实际政治权力和法定政治权力的组合，决定了各个人群的真实权力以及利益格局，进而决定了选择怎样的经济政策。这种观点强调说，今天的掌权者所做的决策不但是为了目前的收益最大化，还致力于长期维护其政治权力。这些目标之间往往存在冲突，而原因可能很简单，例如某些经济政策尽管能增加现有政治精英群体的收入，但同时会让反对派的收入增加更多，这样将影响未来的实际政治权力分配。贝茨（Bates，1981）在一篇开创性研究中也指出，好的经济政策可能不是好的政治选择，例如，虽然提供公共品能增加政治精英群体的收入，但利用再分配手段来扶持支持者、打压反对者，可能更有利于维护现有的统治。

如果产业发展是政治均衡的内生产物，那么在何种条件下政治均衡将有助于推动产业发展？如果促进产业发展能提高经济效率，可以形成帕累托改进，那么在任何政治制度下，任何类型的政治领导人都有动力采纳。例如，惠特曼（Wittman，1989）就认为在民主制度下，政治竞争总能产生有效率的政策。不过该观点遭到了阿西莫格鲁（Acemoglu，2003）的有力反驳，而且他举出的案例并不属于上文提到的大多数非民主国家的情况。使台湾地区采纳成功的产业政策的也不是因为政治竞争，因为当时那里还基本上属于一党独裁。当然如果工业化带来了经济发展和财富增长，即使独裁政府也会给予支持。但正如上文所述，这种看法的问题在于，工业化几乎肯定会破坏现有的政治权力格局，台湾地区和韩国的历史就是明证。

这些观点意味着，只能间接受益的人不太可能去推动工业化。然而此判断能否成立显然需要结合具体环境。例如，韩国和台湾地区都经历过日本统治的殖民历史，在工业化方面有过比较多的经验。当它们在 1960 年代促进工业发展时，那里有企业家资源和操作经验。中国香港和新加坡则都有漫长的商业资本主义历史。另外韩国和台湾地区有着深厚的官僚政治传统，在政策的制定和监督上发挥着重要作用。虽然说这样的操作必须得到政治家们的允许，但这种能力的存在显然能影响政策的成败，从而改变政治家们的激励。最后，这些地方还有较为丰富的人力资本。这些条件表明，促进产业发展的政策有很大机会成功，其他国家如果有同样条件也会鼓励政府采纳类似的政策。

除帮助产业政策发挥巨大作用的上述因素外，还有其他因素可以缓和经济发展带来的政治不稳定。日本和韩国都是长期巩固、独立的政治实体，台湾地区在 1949 年后与中国大陆存在对立，但在语言文化上仍血脉相连。中国香港和新加坡也存在类似的情况。另外，所有这些社会都处于高度均平状态，部分原因在于农业改革。较低的不平等程度，加上团结稳固的社会形态，使得当政的政治精英能推行快速工业化，而不至于面临剧烈的权力挑战（Acemoglu and Robinson，2006）。

如果间接利益不足以推动产业发展，那么回到光荣革命的例子，成功的工业化政策可能需要能直接从工业化中受益的群体掌握政治权力。这正是平卡斯（Pincus，2009）对英国辉格党联盟的看法，他认为辉格党的许多政治领袖有自己的工厂和新兴企业，他们支持能提升自己资产价值的政策。

这种看法虽然有理，但并不全面。正如亚当·斯密所述，这是因为对商人来说垄断是最有吸引力的事情之一。光荣革命的关键之处在于它是在 1623 年的《垄断条例》通过后发生的，该法案导致很难在英国国内建立垄断。因此，受到《棉布法案》保护的羊毛和亚麻纺织业不能阻止国内棉纺织业的兴起。还有，获得政权的辉格党政客们在1688年革命后也不能建立自己的国内垄断企业。

阿根廷的工业化历史可以为上述观点提供很好的佐证。我们需要认识到，阿根廷和其他拉美国家的政策转向促进工业化，是新的政治联盟结成后的内生反应，也是为了向自己人提供收入再分配，维护其统治。在1930年代的拉丁美洲，外贸条件发生了巨大变化，导致资源分配向相对价格提升的城市和工业部门倾斜。这一冲击加上许多国家的民主参与度的扩大，使城市和工业人群的势力大为增强，随之兴起了进口替代的发展模式。

过了一段时间后，政策反应开始出现，其背景正是变化中的经济和政治版图所催生的新兴政治运动和党派。在巴西，其标志是格图里奥·巴尔加斯（Getúlio Vargas）的崛起和新国家体制（Estado Novo）在1937年的建立。秘鲁则是德拉托雷（Víctor Haya de la Torre）领导的阿普拉党（APRA）的兴起。还有拉扎罗·卡德纳斯（Lázaro Cárdenas）在1934—1940年担任墨西哥总统，及阿根廷的胡安·贝隆（Juan Perón）于1943年后的兴起。

虽然这些新兴政治势力促进了工业发展，但对于此类政策的理解，还是应关注到它们对于新的执政者有直接的好处。有学者（Gerchunoff，1989）这样总结阿根廷实施的贝隆主义经济政策，“并不存在特定的和统一的贝隆主义经济政策，更不用说长期发展规划，尽管官方文件中谈到了规划，但首要（甚至唯一）目标却是……能够保证新的分配模式的经济秩序”。产业政策是存在的，因为这符合那些制定经济政策的群体的利益，这些政策的形式虽然不像1960年代的加纳那么糟糕，却并不符合社会效益的目标，显然也没有给促进快速工业化创造必要的激励机制。其他学者也赞成上述判断，认为“贝隆主义政策反映出，政府并不那么关心工业化，而是注重增加民众和新兴企业家的实际消费、就业和经济安全的民族主义与民粹主义政策，为实现这些目标，甚至不惜牺牲资本积累和经济的转型能力”（Díaz Alejandro，1970，第126页）。还有，“主要问题在于，从经济效率角度来看的最优政策（如自由贸易）会导致收入分配有利于数量最为丰富的生产要素（如土地）所有者，也就是说会强化传统精英群体的地位……但长期效率和受欢迎的收入分配只能靠完善的财政体制来协调，这不是很容易做到的”（Díaz Alejandro，1970，第65页）。

通过光荣革命与贝隆革命的对比，我们看到后者欠缺《垄断条例》。上述讨论还指出了东亚经济体与拉丁美洲或非洲的一个重大环境差异，东亚各经济体都不存在反对工业化或者受城市剥夺的强大乡村利益集团。新加坡和中国香港没有什么农村腹地，日本、韩国和中国台湾则通过农业改革剥夺了农村精英群体的传统权力。

为什么英国制定了《垄断条例》，而阿根廷没有？这个差别与不同国家的制度发展历史有很深的渊源。拉丁美洲国家在1930—1940年代的政策选择是殖民地时代以来制度形成过程的路径依赖的结果（Engerman and Sokoloff，1997；Acemoglu、Johnson and Robinson，2001）。殖民地社会所建立的经济制度是为了从当地人和奴隶那里产生和榨取租金，以社会发展为代价，为极少数精英群体服务，给这些国家造成了严重的不平等。

拉丁美洲在1930年代所形成的政治联盟及其采纳的政策，与关注租金产生和攫取制度史存在高度的路径依赖关系。历史上形成了垄断和高度仆从性质的政治策略，成为以前的寡头体制的延续。英国的制度形成路径与之大不相同，中世纪后期到现代初期的一系列冲击和结构变化又使社会权力平衡急剧改变，不但让各种利益群体获得了更大权力，而且形成了一系列实际和法定的权力制衡机制，从而产生了《垄断条例》等政策措施（Acemoglu、Johnson and Robinson，2005a；Pincus，2009）。

东亚国家成功促进工业发展同样是历史发展路径的结果。前文已强调了某些结构因素影响了产业政策对政治精英群体的成本和收益，此处还要增加一个因素。韩国和中国台湾都曾经是日本的殖民地，在国防现代化上受到了日本的深入影响，这是后者自明治维新以来为避免自己成为西方殖民地所高度重视的。孙中山和1949年后来到台湾的国民党人同样关注这个目标。韩国和中国台湾脆弱的国际地位，及其与朝鲜和中国大陆的激烈竞争，也强烈地促使其领导者鼓励工业发展。这些因素使他们不可回避地要发展强大的工业部门。

7. 对产业政策的新研究方法

以上对历史经验的诠释表明，失败的产业政策乃至各种糟糕政策都是错位的政治激励的后果。因此，成功促进工业化要求改变政治均衡格局，以便使掌握政治权力的群体与社会实现激励相容。这可以通过改变政治制度来实现，或者通过社会权力平衡的内生变化来实现。东亚国家成功推行产业政策的历史就表明这一地区在历史上出现了特殊的政治均衡格局，与拉丁美洲或撒哈拉以南非洲国家迥然不同。

发展路径的历史根源以及产业政策的内生特性，使它们难以因为简单的政策建议而改变，因为我们尚不清楚如何把中国台湾或韩国的政治均衡复制到其他地区。本文的分析已明确指出，这些国家的历史经验与很多独特的因素有关。促进工业发展的产业政策要求我们深入理解社会的政治均衡、经济参与者及其利益关系、政治制度、实际与法定的政治权力格局，以及这些因素组成的综合图景。在做到这点之后，可以有多种途径来促进工业发展。例如，增强在工业发展上有既得利益的群体的力量；通过改变政治制度来引入更激烈的政治竞争，以产生更有社会效率的政策；撬动政治均衡的另一种办法是在内部发挥作用，给现有的政治精英群体创造调整政策的激励等。这里不能详细阐述新的产业政策框架应该是怎样的，只是希望清楚地说明，为什么我们需要采用这种新的思路。

8. 结论

本文试图提出一个直观的论点，我们有充分理由从经济学理论中得出结论：产业政策可以是社会所需要的，并有可能促进经济增长和发展。某些重要的案例能支持这个说法，若干国家的产业政策确实发挥了有益作用，当然也有若干国家遭到失败。本文进而指出，成败原因在于采纳产业政策的不同国家的政治环境。与任何对社会有益的政策一样，产业政策未必是政治均衡的结果，即使能推出产业政策，也未必能采取理想的形式。例如，某些国家的政策更多关注收入再分配或政治权力巩固，而非促进经济增长。所以，那么多非洲国家在1960年代的产业政策遭遇失败，以及其他经济政策也普遍非常糟糕，都是出于同样的原因，即各种政策的目标是为了维护政治权力，与促进经济增长往往存在冲突。这些非洲国家以及程度较轻的拉丁美洲国家同东亚国家的区别在于，它们的政治均衡格局完全不同，东亚的地缘政治和历史环境非常独特。最后，我认为如果这种政治经济学视角成立，那就需要从新的思路来看待产业政策。仅仅提出好的经济政策是不够的，我们必须考虑这些好建议如何能被掌握政治权力的群体自愿采纳。

（余江　译）

参考文献

Acemoglu, Daron (2003) "Why Not a Political Coase Theorem? Social Conflict, Commitment and Politics," *Journal of Comparative Economics*, 31, 620-652.

Acemoglu, Daron, Simon Johnson and James A. Robinson (2001) "The Colonial Origins of Comparative Development: An Empirical Investigation," *American Economic Review*, 91, 1369-1401.

Acemoglu, Daron, Simon Johnson and James A. Robinson (2005a) "The Rise of Europe: Atlantic Trade, Institutional Change, and Economic Growth," *American Economic Review* 95, 546-79.

Acemoglu, Daron, Simon Johnson and James A. Robinson (2005b) "Institutions as a Fundamental Cause of Development," in Philippe Aghion and Steven Durlauf eds. *The Handbook of Economic Growth*, Amsterdam: North-Holland.

Acemoglu, Daron and James A. Robinson (2001) "Inefficient Redistribution," *American Political Science Review*, 95, 649-62.

Acemoglu, Daron and James A. Robinson (2006) *Economic Origins of Dictatorship and Democracy*, New York: Cambridge University Press.

Allen, Robert C. (2003) *Farm to Factory: A Reinterpretation of the Soviet Industrial Revolution*, Princeton: Princeton University Press.

Amsden, Alice H. (1989) *Asia's next Giant: South Korea and Late Industrialization*, New York: Oxford University Press.

Bates, Robert H. (1981) *Markets and States in Tropical Africa*, Berkeley: University of California Press.

Coate, Stephen T. and Stephen E. Morris (1995) "On the Design of Transfers to Special Interests," *Journal of Political Economy*, 103, 1210-1235.

Díaz Alejandro, Carlos F. (1970) *Essays on the Economic History of the Argentine Republic*, New Haven: Yale University Press.

Evans, Peter B. (1995) *Embedded Autonomy*, Princeton: Princeton University Press.

Gerchunoff, Pablo (1989) "Peronist Economic Policies, 1946-1955," in Rudiger Dornbusch and Guido di Tella eds. *The Political Economy of Argentina*, 1946-1983, Pittsburg: University of Pittsburg Press.

Gregory, Paul R. and Mark Harrison (2005) "Allocation under Dictatorship: Research in Stalin's Archives," *Journal of Economic Literature*, 43, 721-61.

Haggard, Stephan (1990) *Pathways from the Periphery: The Politics of Growth in the Newly Industrializing Countries*, Ithaca: Cornell University Press.

Hausman, Ricardo, Dani Rodrik and Andres Velasco (2007) "Growth Diagnostics," Chapter 3 in Dani Rodrik's *One Economics, Many Recipes*, Princeton: Princeton University Press.

Johnson, Chalmers A. (1982) *MITI and the Japanese Miracle: The Growth of Industrial Policy 1925-1975*, Stanford: Stanford University Press.

Killick, Tony (1978) *Development Economics in Action; A Study of Economic Policies in Ghana*, London: Heinemann.

Krueger, Anne O. (1993) *Political Economy of Policy Reform in Developing Countires*, Cambridge: MIT Press.

Lal, Deepak (1983) *The Poverty of Development Economics*, London: Institute of Economic Affairs.

Lau, Lawrence J., Yingyi Qian and Gérard Roland (2000) "Reform without Losers: An Interpretation of China's Dual Track Approach to Transition," *Journal of Political Economy*, 108, 121-143.

Lewis, W. Arthur (1953) *Report on Industrialization of the Gold Coast*, Accra: Government Printing Department.

Matsuyama, Kiminori (1992) "Agricultural Productivity, Comparative Advantage, and Economic Growth," *Journal of Economic Theory*, 58, 317-334.

Meade, James E. (1961) *The Economic and Social Structure of Mauritius: Report to the Governor of Mauritius*, London: Methuen.

Mokyr, Joel (1999) "Introduction" in Joel Mokyr ed. *The British Industrial Revolution: An Economic Perspective*, 2nd Edition, Boulder: Westview Press.

Naughton, Barry (2007) *The Chinese Economy: Transitions and Growth*, Cambridge: MIT Press.

Omaboe, E. N. (1966) "The Public Sector" in Walter Birmingham, I. Neustadt and E. N. Omaboe eds. *A Study of Contemporary Ghana: Volume I The Economy of Ghana*, London: Allen and Unwin.

Pincus, Steven C. A. (2009) 1688: *The First Modern Revolution*, New Haven: Yale University Press.

Rimmer, Douglas (1969) "The Abstraction from Politics," *Journal of Development Studies*, 5, 190-204.

Rodrik, Dani (2007) *One Economics, Many Recipes*, Princeton: Princeton University Press.

Shirk, Susan L. (1993) *The Political Logic of Economic Reform in China*, Berkeley: University of California Press.

Shleifer, Andrei and DanielTreisman (2000) *Without a Map: Political Tactics and Economic Reform in Russia*, Cambridge: MIT Press.

Tangri, Roger (1999) *The Politics of Patronage in Africa*, Oxford: James Currey.

Wade, Robert H. (1990) *Governing the Market: Economic Theory and the Role of Government in East Asian Industrialization*, Princeton: Princeton University Press.

Wiitman, Donald (1989) "Why Democracies are Efficient," *Journal of Political Economy*, 97, 1395-1424.

World Bank (1993) *The East Asian Miracle: Economic Growth and Public Policy*, New York: Oxford University Press.

特稿

Special Feature

Comparative

过早去工业化

丹尼·罗德里克

1. 引言

现代世界从很多方面看都是工业化的产物。工业革命使欧洲和美国第一次实现了持续的生产率增长，进而导致世界经济分化出富国和穷国。而工业化再次让相对较少的非西方经济体得以追赶并与西方国家趋同：日本开始于19世纪末，韩国、台湾地区和其他少数经济体始于1960年代之后。至于仍然深陷贫困的国家，譬如撒哈拉以南非洲和南亚各国，多数观察家和政策制定者都认为，未来的经济希望仍寄托在培育新的制造业这一重要环节上。

全球大多数发达经济体很早就已进入后工业化发展阶段。这些经济体几十年来一直在去工业化，这个趋势在制造业就业占比中尤为显著。就业去工业化长期以来是富裕国家关注的一个问题，在公开讨论中，它往往涉及岗位的流失、不平等的加剧和创新潜力的下降。① 从产出方面看，去工业化现象其实并

---

* Dani Rodrik，哈佛大学肯尼迪政府学院教授。作者感谢 Elias Sanchez-Eppler、Russell Morton 和 Juan Obach 提供的专业研究协助，Robert Lawrence 和 Arvind Subramanian 的有益探讨，David Romer 的评论，以及 Jesus Felipe 分享他的数据库。四位审阅人提出了极富建设性的意见，敦促我做出改进。原文发表于 Journal of Economic Growth，DoI 10. 1007151887-015-9122-3。感谢作者授权我们翻译并发表该文。

① 大部分的研发和专利来源于制造业。例如，在欧洲，接近2/3的企业研发支出来自制造业，即使该部门仅占总就业和增加值的14%—15%（Veugelers，2013，第8页）。

不显著也没有一致的表征，由于大家经常使用当前（而非固定）价格衡量的增加值指标，这一现象已被遮盖。

在美国，制造业在总就业中的占比自1950年代以来一直稳步下降，从大约1/4滑到今天的不及1/10。与此同时，制造业增加值（MVA）占GDP的比例按固定价格计算始终保持不变，由此证明这一领域的劳动生产率出现了快速增长。在另一极的英国，去工业化过程更加迅速和彻底。制造业就业占比从1970年代的1/3跌落到现在的略高于10%，而实际制造业增加值（以2005年价格计）从占GDP的约1/4减至低于15%。① 如果考虑收入和人口的变化，则整个发达世界算是相当出色地保持了实际制造业产出，正如我稍后将要阐述的。

当前去工业化一词主要是指发达经济体的经历。而在本文中，我将聚焦过去30年里一个不太受关注的趋势，即发生在中低等收入国家的更令人惊讶和费解的去工业化模式。除某些特例外（主要限于亚洲），发展中国家经历了制造业就业占比和实际增加值的双双下滑，特别是自1980年代以来。大多数情况下，这些国家在1950年代和1960年代都建立了适度规模的制造业产业，背后有防护墙和进口替代政策。这些产业从那时起就一直显著萎缩。撒哈拉以南非洲的低收入经济体几乎和拉丁美洲的中等收入经济体一样，遭受了这些趋势的影响——虽然前一组经济体并没有多少制造业。

制造业的发展进程通常遵循一条倒U型路径。尽管发展中国家也出现了这种模式，但是拐点来得更早而且是在当前相对较低的收入水平上。在大多数这些国家，当制造业开始收缩（或正在收缩）的时候，其收入水平只是发达经济体去工业化时的一小部分。② 发展中国家还未曾经历适当的工业化进程，就已经向服务经济转型。我将此称为“过早去工业化”。③

从两层意义上看，中低等收入经济体的制造业萎缩可以说是为时过早了。第一层是纯粹的描述性意义，这些经济体进入去工业化的时间比历史上的范例要早得多。正如我要在第6节中指出的，后发工业化国家（late industrializer）无力发展大型制造业，并且相对于早期的工业化国家，它们都是在非常低的收

① 这些数字来自Timmer et al（2014），这是我在文中使用数据的主要来源。

② 也参见Amirapu and Subramanian（2015），其中叙述了印度各州发生的过早去工业化。

③ 这一术语好像是Dasgupta and Singh（2006）首次使用，尽管Kaldor（1966）更早谈论了英国早期的去工业化现象。非常感谢Andre Nassif提供Kaldor的参考文献。

入水平就已开始去工业化。

在第二层意义上，说它为时过早，是因为提早去工业化可能会对经济增长造成不利影响。制造业活动具备的某些特征能够让它们在增长过程中发挥作用。首先，制造业往往是一个技术上的动态部门。实际上，正如我（2013）之前所论证的，不同于其他经济领域，正规制造业的劳动生产率出现了无条件趋同。其次，制造业传统上一直吸收大量的非技能劳动力，这使它有别于矿业、金融业这类其他高生产率部门。最后，制造业属于可贸易部门，这意味着它无需囿于低收入消费者构成的国内市场需求。即使其他经济部门在技术上停滞不前，它也能扩大规模和吸纳到工人。综上所述，这些特征使制造业成为发展经济体实现追赶的完美扶梯（quintessential escalator，Rodrik，2014）。因此，过早去工业化就相当于移除了以往促成快速增长的主要通道。本文的重点是叙述在这些背景下发生的去工业化趋势，而非检验它们的规范性后果。

我专门花了点时间思考这些趋势的根本成因。在第 7 节我提出了一个简单的理论框架，以帮助阐明本文的关键实证结果。不同类别的国家间的两个重要差异需要特别解释。第一，发达国家已经成功避免了产出的去工业化，这有异于大部分发展中国家。第二，在发展中国家里，亚洲国家没有经历产出或就业的去工业化（请注意，这些模式都是考虑了收入和人口趋势后的结果）。我不打算用某个完整的因果关系来解释这些模式。不过模型暗示，技术与贸易冲击的共同作用能够解释观测到的差异。总之，生产率的提高似乎对发达经济体产生了重要影响，而全球化则在发展中国家的工业化—去工业化模式中扮演了更重要的角色。

就业去工业化的传统解释侧重于技术进步速度的差异（Lawrence and Edwards，2013）。通常情况下，制造业的生产率增长要比其他经济部门快。其结果是，只要制造业与其他行业之间的替代弹性小于 1（$\sigma<1$），制造业就业占比就会减少。然而，正如我在第 7 节探讨的，在相同的假设下，制造业的产出比例将朝相反方向变动。为了得出就业和产出的去工业化结果，我们需要做出补充假设：制造业的贸易差额为负，或者长期需求开始转离制造业（第 7 节会给出计算过程）。

由于发达国家更显著的问题是就业而非产出去工业化，那么从技术方面入手可以很合理地解释它们的模式。此外，有证据表明，非技能劳动力节约型的技术进步，导致大部分劳动力从制造业转移出去（见第 5 节）。

然而对于发展中国家，这种技术观点并不适用。至关重要的是，上述机制依赖国内相对价格的调整。制造业技术进步差异会压低制造业的相对价格。如

果 $\sigma < 1$，这一下降将大到足够确保在新的均衡下，制造业对劳动力的需求下降。发展中国家的最大区别在于，它们在世界制造市场上是小罗罗，只能是价格接受者。受到这个限制，当相对价格完全由全球（而不是国内）供需情况决定时，国内制造业更快速的生产率增长实际引发的是就业和产出的工业化，而非去工业化（一如第 7 节的模型所示）。因此，发展中国家去工业化的罪魁祸首必定隐匿在别处。

显而易见的替代答案是贸易和全球化。以下是一种可信的说法。随着发展中国家打开贸易的闸门，它们的制造业遭受了双重冲击。制造业没有比较优势的国家成为制造业净进口国，从此逆转了漫长的进口替代过程。① 另外，由于发展中国家不得不接受源自发达经济体的相对价格趋势，因而也从发达国家“进口了”去工业化。发达国家制造业相对价格的下降，挤压了所有其他地方的制造业，包括那些还未经历多少技术进步的国家。这种解释契合发展中国家制造业就业和产出占比都急剧减少的现象（尤其是没有制造业比较优势的国家）。它也有助于说明，拥有制造业比较优势的亚洲国家在相同的趋势中躲过了一劫。

概括而言，技术进步无疑是发达国家就业去工业化背后的一大因素，然而在发展中国家，贸易和全球化很可能起了相对较大的作用。

本文的结构如下。在第 2 节里，我讨论数据、各种去工业化测量指标以及工业化和收入之间的倒 U 型关系。第 3 节、第 4 节主要描述随着时间的推移不同类别国家间的去工业化格局。第 5 节按不同的劳动类型探索就业去工业化现象。在第 6 节我将更加严谨地阐述过早去工业化的概念。而在第 7 节，我开发了一个可以用于解释各种实证结果的分析框架。第 8 节为结论。

2. 制造业的倒 U 型曲线：数据、测量指标与趋势

首先，我要给出最近几十年全球制造业活动变化的一些指标（表 1）。数据来自联合国，覆盖了全球，不过只能追溯到 1970 年。表的上半部分显示全球制造业产出的分布，下半部分显示主要地区的制造业增加值在 GDP 中的占比。有两个关键结论十分突出。第一，制造业已经出现重大迁移，从世界较富裕地区（美国和欧洲）转向亚洲，特别是中国。第二，制造业增加值占 GDP

---

① 这一点呼应了研究“荷兰病”的大量文献的关注焦点：具有初级产品比较优势的发展中国家在开放贸易时制造业将遭受冲击。见 Corden（1984）、van Wijnbergen（1984）、Sachs and Warner（1999）。

比重在不同的地区发生了不同的变化，而且并不总是可以预先推演。一些低收入地区（撒哈拉以南非洲和拉丁美洲）已经开始去工业化，而有些高收入地区（美国）则避免了这种命运。

表 1　全球制造业活动指标（以 2005 年不变美元计）

	世界	美国	西欧	拉丁美洲和加勒比海地区	亚洲（不含中国）	中国	撒哈拉以南非洲	其他
占全球制造业增加值（MVA）的比重								
1970	1.00	0.26	0.24	0.06	0.15	0.00	0.01	0.27
1980	1.00	0.22	0.21	0.08	0.18	0.01	0.01	0.29
1990	1.00	0.21	0.19	0.06	0.24	0.02	0.01	0.26
2000	1.00	0.24	0.16	0.07	0.24	0.06	0.01	0.22
2010	1.00	0.20	0.13	0.06	0.26	0.16	0.01	0.18
2013	1.00	0.19	0.13	0.06	0.26	0.18	0.01	0.17
制造业增加值占 GDP 的比重								
1970	0.17	0.13	0.22	0.20	0.16	0.09	0.14	
1980	0.16	0.12	0.20	0.20	0.16	0.16	0.15	
1990	0.16	0.12	0.19	0.19	0.19	0.18	0.15	
2000	0.17	0.13	0.18	0.19	0.19	0.29	0.13	
2010	0.18	0.13	0.18	0.17	0.21	0.36	0.11	
2013	0.18	0.13	0.18	0.16	0.20	0.36	0.11	

注：联合国的数据中不包括 2005 年之前的中国制造业数据。制造业根据总的“采矿业、制造业、公用事业（ISIC C-E）”分组。我通过反推这一总量中的制造业比例估算中国的制造业产值。

资料来源：联合国的计算，http：//unstats. un. org/unsd/snaama/selbasicFast. asp

相关文献提供了各式各样工业化/去工业化的测量指标。一些研究集中于制造业就业占比（占总就业人口比例），另一些则使用制造业产出占比（制造业增加值占 GDP 比例）。制造业增加值占比反过来可以根据不变或当前价格计算。不同的测算方法产生了不同的趋势和结果。出于完整性的考虑，文中我会使用所有这三种测量指标，把它们表示为 *manemp*（制造业就业占比），*nommva*（按当前价格计算的制造业增加值占比）和 *realmva*（按不变价格计算的制造业增加值占比）。在后面的章节里，我将重点关注 *manemp* 和 *realmva* 的实际量值，因为 *nommva* 将数量和价格的变动合并到了一起，而在尝试理解结构变化模式及其影响因素时最好将这些变动区别开来。

我的基本结果基于格罗宁根增长与发展中心发布的数据（GGDC，Timmer et al.，2014）。这些数据的时间跨度为1940年代末/1950年代初至21世纪早期，覆盖了42个发达国家和发展中国家。拉丁美洲、亚洲和撒哈拉以南非洲的主要经济体与发达经济体都包括在内，一并进行比较（有关数据集的详细信息请参见附录）。不变价格序列数据是以2005年的价格计算的。① 至于稳健性检验和进一步的分析，我将补充两个其他来源的数据。世界投入产出数据库的社会经济账户（Timmer，2012）按三种技能类别划分了40个经济体的部门就业（主要为发达经济体）。另外，亚洲开发银行的研究人员最近运用来自国际劳工组织、联合国和世界银行的各种数据源，对更多国家的制造业就业与产出序列数据做了汇总，尽管这些数据最早是从1970年开始的（Felipe and Rhee，2014）。② 我准备把这些不同来源的制造业数据，与麦迪森（Maddison，2009）有关收入和人口的数据结合在一起，并根据世界银行世界发展指标对这些数据进行了更新。收入数据以1990年的国际美元计。

图1显示了工业化的三项指标与人均收入之间的模拟关系。该图基于一个

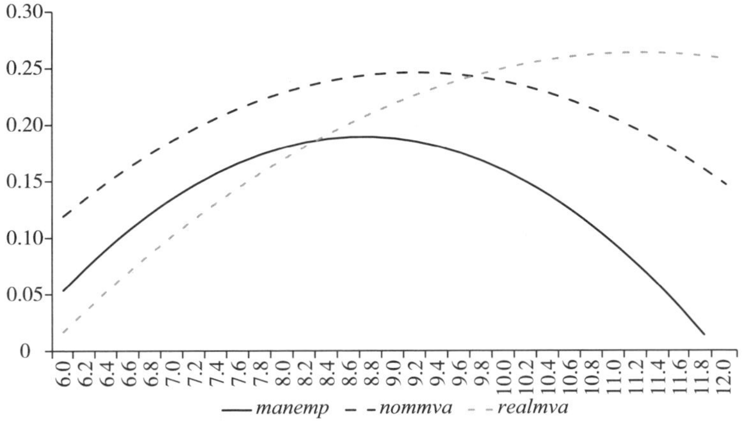

图1　作为收入函数的模拟制造业占比（占人均GDP比重，以1990年国际美元计）

---

① 联邦德国是唯一的例外，因为该地区没有1991年后的数据，而不变价格序列数据是以1991年价格计的。由于我所有的回归都包括了国家固定效应，所以基准年的这一差异将纳入该地区的固定效应。

② 非常感谢 Jesus Felipe 为我提供了这些数据。

二次估计式（quadratic estimation），使用国家固定效应，同时控制了人口规模和时期虚拟变量（详细的说明参见第3节）。曲线是根据样本中某个拥有中位数人口（2700万）的“代表性”国家。时期和国家效应都做了平均化处理，以获取所覆盖样本和完整时间跨度的典型关系。该图背后的估计结果如表2的（1）—（3）列所示。二次项对于所有这三个制造业指标都是统计上高度显著的。制造业占比往往随着发展过程先上升然后逐渐下降。

表2　基线回归

	普通样本			最大样本		
	manemp	***nommva***	***realmva***	***manemp***	***nommva***	***realmva***
ln（人口）	0.115* (0.021)	0.142* (0.029)	−0.113* (0.028)	0.122* (0.021)	0.192* (0.027)	−0.039 (0.025)
ln（人口）^{2}	−0.000 (0.001)	−0.002* (0.001)	0.005* (0.001)	−0.001 (0.001)	−0.004* (0.001)	0.003* (0.001)
ln（人均GDP）	0.321* (0.027)	0.230* (0.031)	0.204* (0.025)	0.316* (0.026)	0.266* (0.031)	0.262* (0.027)
ln（人均GDP）^{2}	0.018* (0.002)	−0.013* (0.002)	−0.009* (0.001)	−0.018* (0.002)	−0.014* (0.002)	−0.012* (0.002)
1960s	−0.029* (0.005)	−0.011*** (0.006)	−0.008 (0.005)	−0.018* (0.004)	−0.010*** (0.006)	−0.028* (0.007)
1970s	−0.044* (0.006)	−0.021* (0.007)	−0.004 (0.006)	−0.033* (0.005)	−0.014** (0.007)	−0.026* (0.008)
1980s	−0.066* (0.007)	−0.033* (0.008)	−0.011*** (0.007)	−0.054* (0.006)	−0.028* (0.008)	−0.034* (0.009)
1990s	−0.086* (0.009)	−0.052* (0.009)	−0.017** (0.008)	−0.074* (0.008)	−0.049* (0.009)	−0.040* (0.010)
2000s+	−0.117* (0.010)	−0.085* (0.010)	−0.035* (0.009)	−0.105* (0.009)	−0.085* (0.010)	−0.059* (0.011)
国家固定效应	是	是	是	是	是	是
国家数量	42	42	42	42	42	42
观测值	1995	1995	1995	2209	2128	2302

注：括号内为稳健标准差。统计显著性水平为：*99%；**95%；***90%。

但是，拐点差异显著。特别是，*manemp* 达到峰值的时间比 *realmva* 早得多。当人均收入超过大约6000美元（以1990年美元计），并达到近20%的最大估计值后，制造业就业占比开始下落。按不变价格计算的制造业产出峰值在发展过程中很晚才出现。实际上，产出开始下降的估计收入水平比数据集内观察到的都要高（以1990年美元计超过70000美元）。① 我们将在第6节里看到，1990年后的数据显示，在收入水平还没到1990年以前一半的时候，这一下降便早早来临了。（注意，就产出而言，峰值占比本身并无多大意义，因为它们取决于将当前价格转换为不变价格所选定的基准年。）

文献主要聚焦于对制造业占比逐渐下降的两种可能解释（Ngai and Pissarides，2004；Buera and Joseph，2009；Foellmi and Zweimuller，2008；Lawrence and Edwards，2013；Nickell et al.，2008）。一种是需求侧的，主要解释是消费偏好从商品转向服务。这本身不会造成峰值出现时间的差异，因为纯粹的需求转变会对制造业数量（产出和就业）形成类似的影响。第二种解释是技术面的，主要观点是制造业的生产率增长比其他经济部门快。只要替代弹性小于1，就会导致制造业就业占比下滑，但制造业产出占比并不会下滑。我们需要综合供给侧和需求侧的原因，以解释制造业比例的下降以及之后产出相对于就业的反转。

令事情更加复杂的是，技术和需求冲击的影响关键取决于经济体是否开放贸易（Matsuyama，2009）。我要暂时搁置这些问题，等到第7节再把技术、需求、贸易与去工业化联系起来，并给出相应的分析结果。

如图1所示，*nommva* 也比 *realmva* 更早到达峰值，尽管没有 *manemp* 那么早。这种差异的出现，与发展过程中相对价格的变化不无关系。随着国家越来越富裕，制造业的相对价格往往会下降，趋向于抑制按当前价格计算的制造业增加值占比。图2显示了样本中四个国家的模式。自1960年代初以来，美国制造业的相对价格已经下降了一半以上。英国的下滑幅度略小。而在飞速增长的韩国，制造业相对价格迅猛下降了250%。与此同时，墨西哥的相对价格却几乎保持不变。

---

① 这些差异具有统计上的显著性。制造业占比达到峰值的对数收入的置信区间为95%，采用增量方法计算如下：*manemp* [8.45，8.97]；*nommva* [8.79，9.58]，以及 *realmva* [10.16，12.27]。*manemp*（和 *nommva*）的置信区间不与 *realmva* 的重叠。*manemp* 和 *nommva* 序列很容易通过 Lind and Mehlum（2010）用于检验人均GDP对数是否存在倒U型关系的测试，而 *realmva* 无法通过是由于极值出现在所观察的收入范围之外。

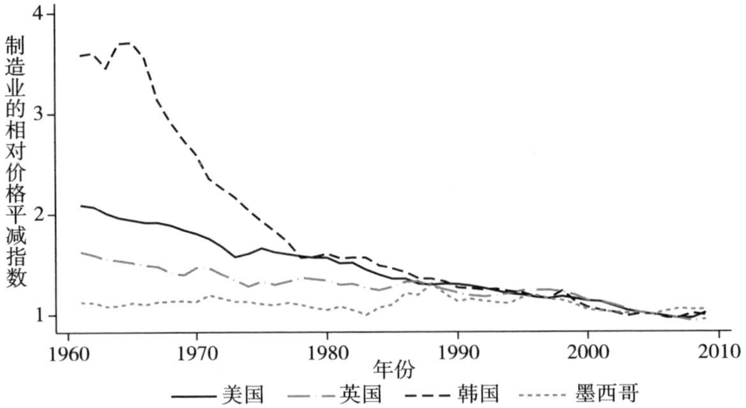

图 2 相对价格趋势

这些趋势也大体与制造业驼峰的技术面解释相一致。制造业生产率的更快速增长，通过标准的供需渠道降低了制成品的相对价格。这反过来又导致 *nommva* 比 *realmva* 更早达到峰值（如图 1 所示）。

3. 随着时间推移的去工业化

图 1 表明，去工业化是国家发展的共同命运。我的兴趣是检查近期去工业化是否更加迅速。为此，我使用一个基本设定，控制了人口和收入趋势的影响［包含人口对数（*pop*）和人均 GDP（*y*）的二次项）］以及国家固定效应（D_i）。基线回归如下所示：

$$manshare_{it} = \beta_0 + \beta_1 \ln pop_{it} + \beta_2(\ln pop_{it})^2 + \beta_3 \ln y_{it} + \beta_4(\ln y_{it})^2 + \sum_i \gamma_i D_i + \sum_T \varphi_T PER_T + \epsilon_{it}$$

manshare 表示三个去工业化指标中的一个。我可以通过国家固定效应考虑任何国家的特性（地理、资源禀赋、历史），为不同国家的制造业创建不同的基线条件。我的主要关注点在于随时间改变的趋势，通过时期虚拟变量（PER_T）［T = 1960 年代，1970 年代，1980 年代，1990 年代，以及 2000 年代（覆盖了从 2000 年到样本的最后一年，也即 2012 年）］刻画这些趋势。这些虚拟变量的估计系数（φ_T）可以让我们评估相对于排除在外的 1960 年以前，各个时期制造业承受的共同冲击的影响。

表 2 显示了制造业三项指标 *manemp*、*nommva* 和 *reamva* 的两个版本的基线

结果。第（1）列到第（3）列限于普通样本，以便所得结果对全部指标都有可比性。第（4）列到第（6）列采用最大可能的样本。普通样本有 1995 个观测值，其他的有 2128—2302 个观测值。

在这两种设定中，*manemp* 和 *nonmva* 的结果非常相似。不论哪种情况，我们都发现随着时间的推移出现了显著的下降趋势，而 *manemp* 的下降幅度比 *nonmva* 更大。使用普通样本的估计值，样本中的国家 2000 年后的 *manemp* 平均水平比 1950 年代低 11. 7 个百分点，比 1960 年代低 8. 8 个百分点（0. 117 - 0. 029）。相应的 *nommva* 分别减少 8. 5 和 7. 4 个百分点。

realmva 的下降幅度较小，而且在普通样本中只有 1990 年后的时期显著。根据我们是使用普通样本还是最大样本，相对于 1960 年以前时期，2000 年后的负面冲击为 3. 5—5. 9 个百分点。

图 3a 到图 3c 提供了一种直观的结果。该图描绘了时期虚拟变量的估计系数（在 95% 的置信区间内）。控制收入和人口趋势后，数据仍然显示制造业占比

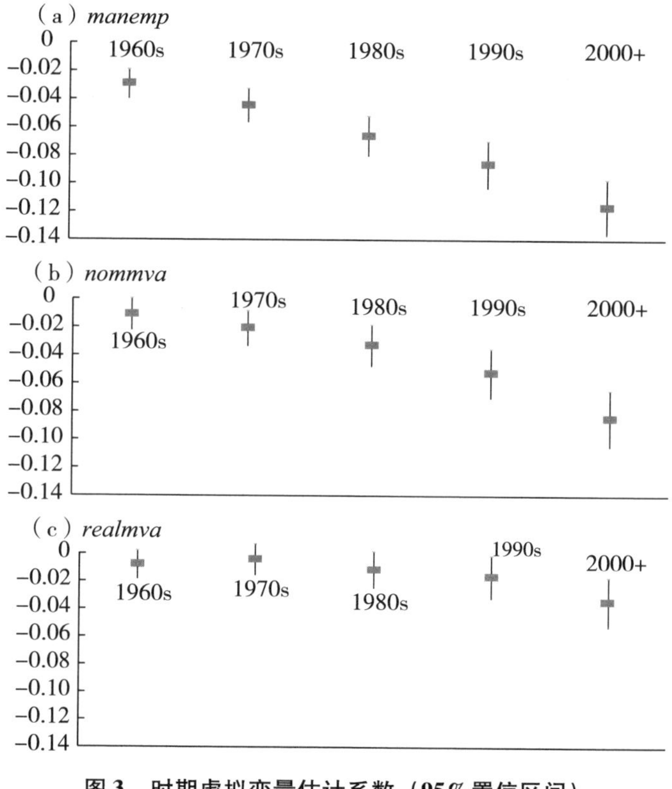

图 3　时期虚拟变量估计系数（95%置信区间）

随着时间稳步下降。就业的下降最为剧烈；实际制造业增加值占比的跌势虽然没有那么强劲，但在1990年后仍然明显。制造业就业和活动可以说已经大规模消失了。

表2的样本均衡覆盖了发达国家和发展中国家，但国家的数量只有42个。为确保结果也能表征其他国家的趋势，我转向亚洲开发银行的数据库，它包括了更多的国家（提供了87个国家的 *manemp* 数据以及124个国家的 *nommva* 和 *realmva* 数据）。这一数据库的缺陷是，覆盖范围是从1970年开始（Felipe and Rhee，2014）。所以我的时期虚拟变量仅取1980年代、1990年代和2000年代，而排除了1970年代。需要说明的是，亚洲开发银行的数据库提供了两个版本的制造业增加值数据，一个使用联合国的数据，另一个使用世界银行的数据。回归结果列于表3，和之前的结果十分相似。

表3　替代数据集

	manemp	***nommva***		***realmva***	
	ADB/ILO	**ADB/UN**	**ADB/WB**	**ADB/UN**	**ADB/WB**
ln（人口）	0.196* (0.043)	0.194* (0.026)	0.260* (0.031)	0.008 (0.019)	−0.044 (0.029)
ln（人口）^{2}	−0.004* (0.001)	−0.004* (0.001)	−0.007* (0.001)	0.001 (0.001)	0.002** (0.001)
ln（人均GDP）	0.693* (0.052)	0.238* (0.016)	0.146* (0.019)	0.060* (0.015)	0.057* (0.017)
ln（人均GDP）^{2}	−0.039* (0.003)	−0.013* (0.001)	−0.008* (0.001)	−0.002** (0.001)	−0.002*** (0.001)
1980s	−0.023* (0.002)	−0.011* (0.002)	−0.002 (0.002)	−0.006* (0.001)	0.000 (0.002)
1990s	−0.043* (0.004)	−0.029* (0.002)	−0.010* (0.003)	−0.016* (0.002)	−0.003 (0.003)
2000s +	−0.065* (0.005)	−0.052* (0.003)	−0.030* (0.004)	−0.024* (0.003)	−0.009** (0.003)
国家固定效应	是	是	是	是	是
国家数量	87	124	119	124	112
观测值	1947	4378	3691	5070	3312

注：括号内为稳健标准差。统计显著性水平为：*99%；**95%；***90%。
ADB：亚洲开发银行；ILO：国际劳工组织；UN：联合国；WB：世界银行。

同样，随着时间的推移，下行趋势最强的是 *manemp*，与 1970 年代相比下降了 6.5 个百分点［和表 2 中 7.3 个百分点（0.117 - 0.044）非常吻合］。*nommva* 相对于 1970 年代下降幅度为 3.0 或 5.2 个百分点，取决于使用哪个数据序列。最后，*realmva* 下降了 0.9—2.4 个百分点。

4. 不同国家组的去工业化

我们可以观察不同国家组的去工业化模式，从而了解这些趋势的成因。表 4、表 5 和表 6 分别对 *manemp*、*nommva* 和 *realmva* 做了观测。每张表为下列各组国家进行基线回归：（a）发达国家；（b）拉美国家；（c）亚洲国家；（d）撒哈拉以南非洲国家；（e）除毛里求斯外的撒哈拉以南非洲国家。请注意，由于没有 1950 年代撒哈拉以南非洲国家的数据，因此该地区的时期虚拟变量是从 1970 年代开始。另外，我们的全球样本中有两个国家（埃及和摩洛哥）不属于任何组群，所以不包含在这些组别的估计中。①

表 4　国家组，*manemp*

	全部国家	发达国家	拉美国家	亚洲国家	撒哈拉以南非洲	撒哈拉以南非洲（毛里求斯除外）
ln（人口）	0.122 * (0.021)	-0.652 * (0.122)	0.191 * (0.032)	0.789 * (0.102)	0.199 * (0.019)	0.178 * (0.014)
ln（人口）^{2}	-0.001 (0.001)	0.017 * (0.003)	-0.003 * (0.001)	-0.025 * (0.003)	-0.005 * (0.001)	-0.004 * (0.000)
ln（人均 GDP）	0.316 * (0.026)	1.070 * (0.088)	0.902 * (0.071)	0.912 * (0.071)	0.190 * (0.024)	0.148 * (0.018)
ln（人均 GDP）^{2}	-0.018 * (0.002)	-0.057 * (0.005)	-0.052 * (0.004)	-0.051 * (0.004)	-0.014 * (0.002)	-0.011 * (0.001)
1960s	-0.018 * (0.004)	-0.004 (0.004)	-0.027 * (0.004)	-0.003 (0.013)	n. a.	n. a.

① 另一种更有效的评估形式是，在一个单一的全球回归分析里引入 X 组时期虚拟变量。然而，表 4 到表 6 的结果显示，各组人口和收入方面的估计系数存在相当大的差异。因此，允许这些系数发生变化而可能降低集合的基数似乎值得。既然特定组别回归中的时期虚拟变量的系数估计大都是严格的，因此效率上的损失就不会造成很大的实际差异。

续表

	全部国家	发达国家	拉美国家	亚洲国家	撒哈拉以南非洲	撒哈拉以南非洲(毛里求斯除外)
1970s	-0.033* (0.005)	-0.021* (0.006)	-0.050* (0.006)	0.016 (0.016)	0.002 (0.004)	-0.003 (0.003)
1980s	-0.054* (0.006)	-0.052* (0.007)	-0.079* (0.008)	0.022 (0.019)	0.004 (0.007)	-0.021* (0.005)
1990s	-0.074* (0.008)	-0.072* (0.009)	-0.096* (0.010)	0.013 (0.022)	0.007 (0.012)	-0.033* (0.007)
2000s +	-0.105* (0.009)	-0.096* (0.010)	-0.131* (0.012)	0.004 (0.026)	0.007 (0.014)	-0.035* (0.008)
国家固定效应	是	是	是	是	是	是
国家数量	42	10	9	11	11	10
观测值	2209	575	545	519	524	481

表 5　国家组，*nommva*

	全部国家	发达国家	拉美国家	亚洲国家	撒哈拉以南非洲	撒哈拉以南非洲(毛里求斯除外)
ln(人口)	0.192* (0.027)	0.752** (0.309)	0.223* (0.046)	1.009* (0.081)	0.552* (0.049)	0.519* (0.045)
ln(人口)^2	-0.004* (0.001)	-0.016** (0.008)	-0.007* (0.001)	-0.029* (0.002)	-0.017* (0.001)	-0.014* (0.001)
ln(人均 GDP)	0.266* (0.031)	1.024* (0.139)	0.308*** (0.157)	0.877* (0.054)	0.047 (0.061)	0.027 (0.056)
ln(人均 GDP)^2	-0.014* (0.002)	-0.059* (0.008)	-0.016*** (0.009)	-0.050* (0.003)	-0.007 (0.005)	-0.006 (0.004)
1960s	-0.010*** (0.006)	-0.003 (0.007)	-0.001 (0.008)	0.008 (0.007)	n. a.	n. a.
1970s	-0.014** (0.007)	-0.035* (0.010)	-0.006 (0.010)	0.032* (0.010)	0.030* (0.005)	0.017* (0.005)

续表

	全部国家	发达国家	拉美国家	亚洲国家	撒哈拉以南非洲	撒哈拉以南非洲（毛里求斯除外）
1980s	-0.028* (0.008)	-0.054* (0.011)	-0.002 (0.014)	0.036* (0.014)	0.029* (0.008)	-0.008 (0.009)
1990s	-0.049* (0.009)	-0.062* (0.013)	-0.010 (0.018)	0.033*** (0.018)	0.010 (0.010)	-0.050* (0.013)
2000s +	-0.085* (0.010)	-0.079* (0.015)	-0.039** (0.020)	0.032 (0.022)	-0.004 (0.012)	-0.079* (0.016)
国家固定效应	是	是	是	是	是	是
国家数量	42	10	9	11	11	10
观测值	2128	451	498	576	565	512

表 6　国家组，*realmva*

	全部国家	发达国家	拉美国家	亚洲国家	撒哈拉以南非洲	撒哈拉以南非洲（毛里求斯除外）
ln（人口）	-0.039 (0.025)	-4.564* (0.776)	0.263* (0.027)	0.251* (0.084)	0.062** (0.029)	0.053*** (0.031)
ln（人口）^{2}	0.003* (0.001)	0.113* (0.019)	-0.004* (0.001)	-0.011* (0.003)	-0.001 (0.001)	-0.000 (0.001)
ln（人均 GDP）	0.262* (0.027)	0.778* (0.129)	-0.135** (0.059)	0.737* (0.040)	0.123* (0.025)	0.106* (0.024)
ln（人均 GDP）^{2}	-0.012* (0.002)	-0.036* (0.008)	0.006*** (0.003)	-0.038* (0.003)	-0.009* (0.002)	-0.008* (0.002)
1960s	-0.028* (0.007)	-0.021*** (0.011)	-0.011* (0.004)	0.011*** (0.006)	n. a.	n. a.
1970s	-0.026* (0.008)	0.007 (0.015)	-0.017* (0.006)	0.027* (0.010)	0.017* (0.005)	0.012* (0.004)
1980s	-0.034* (0.009)	0.006 (0.018)	-0.052* (0.007)	0.034** (0.013)	0.015** (0.006)	-0.004 (0.006)

续表

	全部国家	发达国家	拉美国家	亚洲国家	撒哈拉以南非洲	撒哈拉以南非洲（毛里求斯除外）
1990s	-0.040* (0.010)	0.013 (0.023)	-0.078* (0.008)	0.041** (0.017)	0.011 (0.009)	-0.022* (0.008)
2000s +	-0.059* (0.011)	0.021 (0.027)	-0.101* (0.010)	0.044** (0.020)	-0.003 (0.011)	-0.042* (0.010)
国家固定效应	是	是	是	是	是	是
国家数量	42	10	9	11	11	10
观测值	2302	592	556	577	530	487

结果显示，存在重要的地区差异。首先，尽管发达国家的 *manemp* 和 *nommva* 出现大幅下降，可它们的 *realmva* 却很好。近几十年来，发达国家 *realmva* 的时期虚拟变量的估计系数实际上为正值（但统计上不显著），见表6。相较之下，拉丁美洲和非洲（排除毛里求斯）的估计系数显著为负。需要说明的是，这并不意味着富裕国家未曾遭遇实际制造业产出占比的下降。这仅仅说明，它们的经历可以从收入和人口趋势上得到充分解释，甚至可以解释晚近几十年（产出）去工业化的原因。

亚洲的研究结果更是惊人。亚洲是最近一段时期虚拟变量中 *manemp* 没有呈负值的唯一地区（如果撒哈拉以南非洲国家的样本不包括毛里求斯）。而最近时期 *realmva* 的估计实际上是统计上显著为正的。这些结果表明，亚洲的制造业就业不仅逆全球趋势而行，还成功保持了按照其收入和人口预期的更为强劲的制造业绩效。

表现最差的是拉丁美洲，该地区最近时期的 *manemp* 和 *realmva* 都出现了显著的下降。而 *nommva* 的下降并不显著，表明那里的制造业相对价格并没有像其他地区那样大幅下降。最后，撒哈拉以南非洲地区的估计主要取决于样本是否包括强大的制造业出口国毛里求斯。如果不包括毛里求斯，撒哈拉以南非洲国家就是工业化所有三项指标的大输家。依照1970年代 *realmva* 的突出表现来看，近几十年里它们的产出去工业化尤其剧烈（表6中的1970年代虚拟变量的显著正系数捕捉了这一变化）。由于撒哈拉以南非洲国家仍然非常贫困，且被广泛视为出口导向的劳动密集型制造业的下一个前沿，这些结果相当令人震惊。

对亚洲的相关研究以及包含毛里求斯后非洲情况发生的改变都表明，这些结果的变动与比较优势的模式有关，尤其与国家在全球制造业贸易中的表现好坏有关。为了验证这一观点，我将样本国家分为两组：（a）制造业出口国和（b）非制造业出口国。我使用两个基于贸易构成的标准来区分样本：如果制造业出口占比超过 75%，则为制造业出口国；如果制造业出口比例低于进口比例，则为非制造业出口国。

如表 7 所示，结果明显支持比较优势假说。不论使用哪个标准，制造业出口国中制造业就业下降幅度都比较小。反之，非制造业出口国的 *realmva* 遭遇了显著为负的时期效应；对制造业出口国而言，系数符号变为正，偶尔在统计上显著。使用亚洲开发银行的数据进行回归（涵盖更多的国家），得出了类似的结果（表 8）。这两组样本的 *manemp* 的时期效应没有明显差别，但是 *realmva* 的结果显示了更强的不对称性。

总而言之，去工业化的地理格局似乎与全球化休戚相关。我们的研究结果明显反映了最近几十年全球制造业活动向东亚（尤其是中国）的大幅转移，而拉美国家和撒哈拉以南非洲国家则是发展中地区的输家（见表 1）。具有较强制造业比较优势的国家均已设法避免了实际制造业增加值占比的下滑，制造业就业岗位的损失也不太严重。耐人寻味的是，从产出端来看，全球化和亚洲出口国崛起带来的冲击已经由其他发展中国家承担，而不是发达经济体。最让人惊讶的是，拉丁美洲制造业遭受的不利就业影响甚至比发达国家更大。

5. 按技能分组的就业去工业化

以上结果表明，去工业化现象最清晰最显著的表现在就业层面。最近几十年里，只有那些具有强大制造业比较优势的国家避免了制造业就业（占总就业比例）的持续滑落。查看世界投入产出数据库社会经济账户（WIOD，Timmer，2012）可以深入探索就业侧遭遇的影响。这些数据详细分析了三类工人（低技能、中等技能和高技能）的制造业就业情况；时间跨度为 1995—2009 年，包含 40 个国家，不过覆盖范围严重偏向欧洲（国家列表参见附录）。

我运用的回归方法与前面的大致相同，但有两点差异。其一，因变量是制造业的某类技能工人占经济总就业人口的比例。其二，由于数据从 1995 年开始，所以我使用的是年份虚拟变量而不是年代虚拟变量（和前面一样，这里

表 7 按制造业专业化分类的结果

	非制造业出口国				制造业出口国			
	制造业出口 <75%		制造业出口比例 < 制造业进口比例		制造业出口 >75%		制造业出口比例 > 制造业进口比例	
	manemp	***realmva***	***manemp***	***realmva***	***manemp***	***realmva***	***manemp***	***realmva***
ln(人口)	0.202* (0.025)	0.146* (0.031)	0.174* (0.028)	0.130* (0.031)	0.326* (0.035)	0.034 (0.034)	0.444* (0.025)	0.184* (0.033)
ln(人口)^2	-0.003* (0.001)	-0.001*** (0.001)	-0.002** (0.001)	-0.001 (0.001)	-0.009* (0.001)	-0.002** (0.001)	-0.014* (0.001)	-0.007* (0.001)
ln(人均 GDP)	0.172* (0.021)	0.314* (0.051)	0.161* (0.022)	0.314* (0.051)	0.704* (0.043)	0.645* (0.021)	0.772* (0.042)	0.627* (0.025)
ln(人均 GDP)^2	-0.010* (0.001)	-0.018* (0.003)	-0.009* (0.001)	-0.017* (0.003)	-0.039* (0.003)	-0.033* (0.001)	-0.042* (0.003)	-0.032* (0.002)
1960s	-0.032* (0.004)	-0.055* (0.011)	-0.028* (0.004)	-0.057* (0.011)	-0.004 (0.006)	0.004 (0.003)	-0.002 (0.005)	0.007*** (0.004)
1970s	-0.057* (0.005)	-0.070* (0.013)	-0.054* (0.005)	-0.073* (0.013)	-0.004 (0.008)	0.024* (0.005)	-0.002 (0.008)	0.030* (0.005)

1980s	−0.080* (0.006)	−0.087* (0.015)	−0.078* (0.006)	−0.091* (0.015)	−0.025* (0.009)	0.014** (0.007)	−0.020** (0.009)	0.022* (0.007)
1990s	−0.093* (0.007)	−0.097* (0.016)	−0.093* (0.008)	−0.101* (0.017)	−0.057* (0.011)	0.013 (0.008)	−0.050* (0.011)	0.019** (0.009)
2000s +	−0.120* (0.009)	−0.123* (0.018)	−0.123* (0.009)	−0.128* (0.019)	−0.089* (0.013)	0.012 (0.010)	−0.079* (0.013)	0.014 (0.011)
国家固定效应	是	是	是	是	是	是	是	是
国家数量	26	26	26	26	16	16	16	16
观测值	1366	1426	1378	1425	843	876	831	877

表 8　按制造业专业化分类的结果（亚洲开发银行/国际劳工组织/世界银行数据）

	非制造业出口国				制造业出口国			
	制造业出口 <75%		制造业出口比例 < 制造业进口比例		制造业出口 >75%		制造业出口比例 > 制造业进口比例	
	manemp	***realmva***	***manemp***	***realmva***	***manemp***	***realmva***	***manemp***	***realmva***
ln（人口）	0.130* (0.049)	−0.094** (0.040)	0.130* (0.046)	−0.131* (0.050)	−0.036 (0.130)	0.132** (0.053)	0.022 (0.1135)	0.116* (0.043)
ln（人口）^{2}	−0.002 (0.002)	0.004* (0.001)	−0.002 (0.002)	0.006* (0.002)	0.001 (0.004)	−0.005* (0.002)	−0.001 (0.003)	−0.004* (0.001)
ln（人均 GDP）	0.525* (0.056)	0.065* (0.017)	0.528* (0.061)	0.078* (0.018)	0.825* (0.008)	0.173* (0.032)	0.817* (0.069)	0.102* (0.031)
ln（人均 GDP）^{2}	−0.030* (0.003)	−0.003* (0.001)	−0.030* (0.003)	−0.004* (0.001)	−0.045* (0.005)	−0.008* (0.002)	−0.045* (0.004)	−0.003 (0.002)
1980s	−0.028* (0.003)	−0.008* (0.002)	−0.028* (0.003)	−0.007* (0.003)	−0.018* (0.003)	0.018* (0.003)	−0.019* (0.003)	0.010* (0.003)
1990s	−0.042* (0.004)	−0.016* (0.003)	−0.042* (0.004)	−0.013* (0.003)	−0.049* (0.005)	0.023* (0.005)	−0.049* (0.004)	0.009** (0.004)
2000s +	−0.066* (0.006)	−0.028* (0.004)	−0.066* (0.006)	−0.026* (0.0049)	−0.069* (0.007)	0.034* (0.006)	−0.071* (0.006)	0.015* (0.006)
国家固定效应	是	是	是	是	是	是	是	是
国家数量	55	80	52	73	32	32	35	39
观测值	1058	2411	1028	2238	889	901	919	1074

也有完整的国家固定效应）。我们得到三个回归，分别对应每种技能类型。

图 4 描绘了年份虚拟变量的估计系数。所得结果令人大跌眼镜，随着时间的推移，就业机会的减少几乎全部出现在低技能工人领域。制造业的低技能就业比例在 1995—2009 年间下落了 4 个百分点，极具统计显著性。相比之下，中等技能就业的下降微不足道，而制造业中高技能就业比例在同一时期甚至稍有提升。图 4 清晰地表明，低技能工人承担了近期贸易和技术变化对制造业产生的大部分冲击。

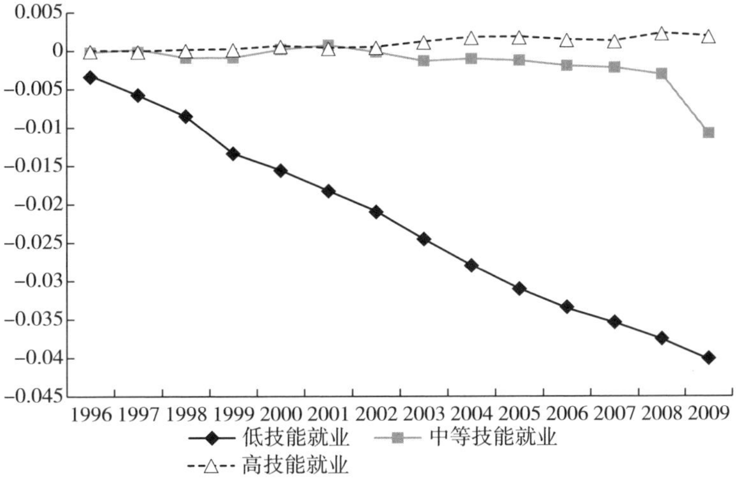

图 4　不同技能类型就业的年份虚拟变量的估计系数

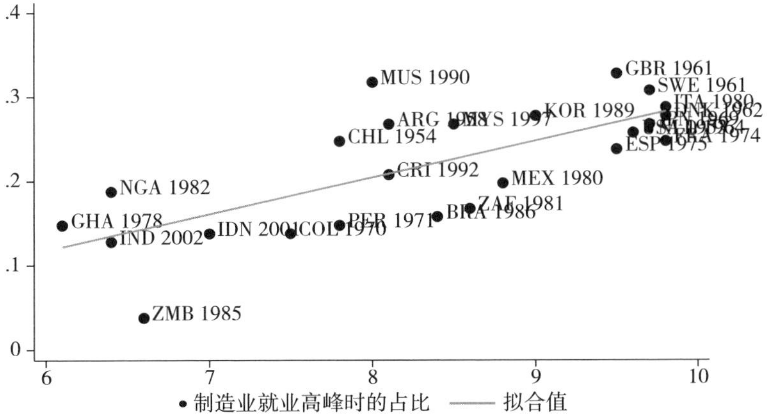

图 5　制造业就业高峰时的收入（对数）

6. 过早去工业化

我们目前的研究结果表明，后发工业化国家所能达到的工业化峰值（以 *manemp* 和 *realmva* 来衡量）大大低于早期工业化国家。我们用 $manemp^*$ 和 $realmva^*$ 表示峰值水平。有证据揭示，它们会在较低的收入水平上达到这些峰值；以 y^* 表示工业化达到峰值时的收入水平。我们的基线回归反映了制造业驼峰随着时间向下移位，但是并未发现曲线有移近原点的可能性。

图 5 显示，近期的工业化国家 $manemp^*$ 和 y^* 其实都比较低。该图呈现了工业化就业达到峰值时的 *manemp* 和 *y* 水平。（我通过单独观察各个国家并直观识别 *manemp* 开始下降的年份来确定转折年。）比较图 5 两端的两组国家。英国、瑞典、意大利等西欧国家在人均收入约为 14000 美元（以 1990 年美元计）时攀上工业化巅峰。印度和许多撒哈拉以南非洲国家达到它们的制造业就业占比峰值时，收入水平仅 700 美元。①

图 5 是一种启发式的探讨（heuristic exercise），经不起统计检验。为了更系统地检验工业化倒 U 型曲线如何随时间而变化，我的回归分析省略了 1990 年代以后的时期虚拟变量、收入和收入的平方项以及交叉项。以 1990 年作为断点有些武断。但它保证了两边都有足够的观测值，而且作为全球化加速的一道时间分界线也是有效时点。结果如表 9 所示。对于 *manemp* 和 *realmva*，两个交叉项的估计系数在统计上均高度显著。此外，这些系数的符号证实了图 5 显示的模式。

根据表 9 的估计结果，图 6 和图 7 绘制了 1990 年前后相对于收入的模拟工业化水平。我们可以看到驼峰形曲线在后期如何移近原点，在就业层面尤为突出。② 运用相同的结果，我们可计算每个子时段的 $manemp^*$ 和 $realmva^*$，以及对应的 y^*。这些结果全部显示在表 10 中，并表现出显著的差异。该表还说明，采用增量法计算的 y^* 估计值的置信区间为 95%。*manemp* 的这些范围并不重叠，表明 1990 年前后的区别具有统计上的显著性。*realmva* 的置信区间还要更宽，这使我们无法在产出方面得出强有力的结论。

---

① 类似的图表，参见 Felipe and Rhee（2014）。

② Amirapu and Subramanian（2015）提供了类似的图表，使用的是《世界发展指标》的工业就业数据。

表 9　1990 年后含交叉项的回归

	manemp	*realmava*
ln（人口）	0.166*（0.019）	−0.016（0.025）
ln（人口）^{2}	−0.005*（0.001）	0.001（0.001）
ln（人均 GDP）	0.326*（0.018）	0.273*（0.029）
ln（人均 GDP）^{2}	−0.018*（0.001）	−0.013*（0.002）
ln（1990 年后 X 时期人均 GDP）	0.031*（0.002）	0.015*（0.002）
ln（1990 年后 X 时期人均 GDP）^{2}	−0.004*（0.000）	−0.002*（0.000）
国家固定效应	是	是
国家数量	42	42
观测值	2209	2302

注：括号里为稳健标准差，统计显著性水平为：＊99%；＊＊95%；＊＊＊90%。

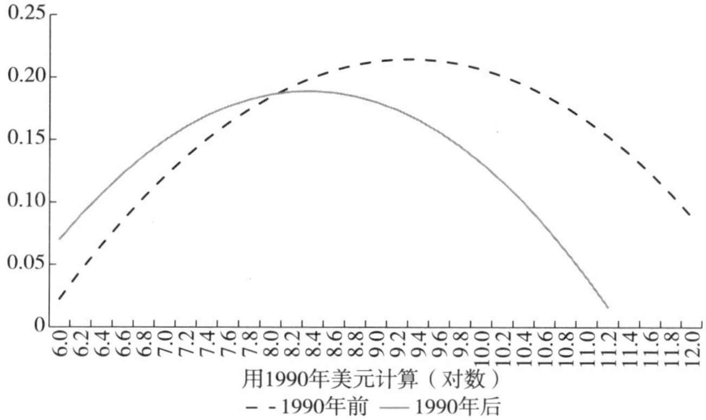

图 6　模拟的制造业就业占比

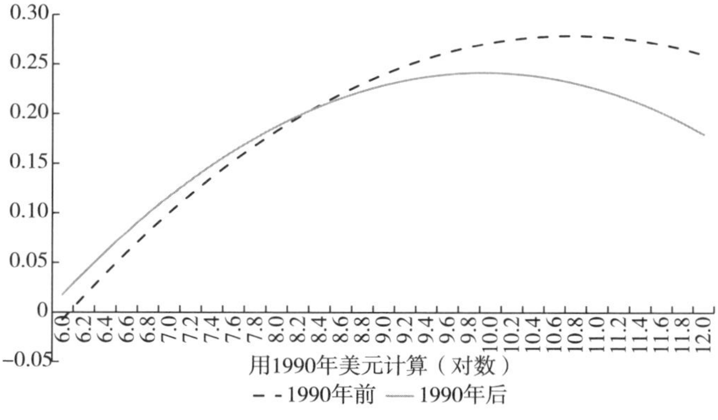

图 7　模拟的制造业产出占比（以不变价格计算的制造业增加值占比）

表 10 最高工业化水平（1990 年前和后）

	manemp		*realmva*	
	1990 年前	1990 年后	1990 年前	1990 年后
最大比例	21.5%	18.9%	27.9%	24.1%
达到的收入水平（人均 GDP，1990 年国际元）	11048	4273	47099	20537
95% 置信区间	[8785,14017]	[3831,4735]	[19667, 112081]	[12429, 34061]

资料来源：作者的计算；详见正文

概括地说，1990 年以来，各国达到制造业就业和产出占比峰值时的收入水平，是 1990 年以前就达到峰值时的 40% 左右。就业遭受的影响极具统计显著性。至于对产出的影响，平均而言几乎同等巨大，在不同的国家组群中差异很大。所以，很难对 *realmva* 得出千篇一律的结论，因为 1990 年前后的趋势在统计上有显著的差异。

7. 一些统计分析

为了探查需求、技术和贸易如何影响制造业的规模，我考虑用一个简单的两部门模型。关于制造业倒 U 型模式的决定因素，之前的文献已有大量研究。如前所述，我的重点不在于此，而是关注制造业比例随着时间向下移动背后的力量。这个模型十分简单，在我看来并无新意。基本上它总结了现有文献的结果。框架的主要优势在于，它审视不同冲击对工业化就业和产出测量指标造成的影响。[有关结构性变化更完整的正规论述，参见 Matsuyama（1992，2009），Ngai and Pissarides（2004），Buera and Joseph（2009），Foellmi and Zweimuller（2008）以及 Nickell et al（2008）。]①

假设把经济划分为制造业（*m*）和非制造业（*n*），劳动力恒定为 1。制造业就业占比（*manemp*）记为 α。这两个部门的生产函数展现了劳动边际收益递减，表示如下：

① 关于收益递增和产业关联的工业化模型，也可参见 Rodriguez-Clare（1996）、Venables（1996）和 Rodrik（1996）。

$$q_m^s = \theta_m \alpha^{\beta_m} \quad (1)$$

$$q_n^s = \theta_n (1 - \alpha)^{\beta_n} \quad (2)$$

其中 q_m^s 和 q_n^s 分别是制造业部门和非制造业部门的供给量，参数 θ_m 和 θ_n 代表这两个部门的生产率，β_m 和 β_n 为技术常数，取值为 0—1。第 5 节的结果给出强烈提示：技术偏离了非技能劳动力。但此处我关注的是制造业整体劳动力需求的变化，并非不同技能类别间的替代。制造业整体劳动力需求的变动由参数 θ_m 表示。

需求侧变化率的表示十分方便，可以在变量的上方加“帽”显示比例的变化（$\hat{y} = dy/y$）

$$\hat{q}_m^d - \hat{q}_n^d = -\sigma(\hat{p}_m - \hat{p}_n) \quad (3)$$

其中 σ 是两种商品之间的消费替代弹性。两个商品市场出清方程为：

$$q_m^d + x = q_m^s \quad (4)$$

$$q_n^d = q_n^s \quad (5)$$

其中 x 代表制造品的净出口。（为简单起见，我假设非制造品达到贸易平衡。）劳动力充分就业并在两个部门之间移动。由此我们得出最后的方程，即劳动力市场均衡方程：

$$\beta_m p_m \theta_m \alpha^{\beta_m - 1} = \beta_n p_n \theta_n (1 - \alpha)^{\beta_n - 1} \quad (6)$$

这个方程显示了两个部门的劳动力的边际产品价值。

因为我们只能确定相对价格，所以不妨把非制造品视为计价单位，p_n 固定为 1。剩下 7 个内生变量：α，q_n^d，q_n^s，q_m^d，q_m^s，p_m 和 x。我们需要一个额外的全球市场出清方程来同时确定 p_m 和 x。这反过来又需要给世界其他地区建模。在这里，我要走捷径提出两个极端假设。一种情况是，价格由国内市场的发展内生决定，而净贸易量则是外生的。第二种情况是，经济体足够小，只能是国际市场价格的接受者（因此 x 具有内生性，p_m 是参数）。① 这两种表征方法是为了分别反映发达国家和发展中国家的现状。

先考虑发达经济体的情况。对制造业就业占比进行比较静态分析，我们得到：

① 我假定制造品是唯一的可贸易品。在现实中，许多服务也是可贸易品，而且跨国贸易的比例随时间在增加。尽管服务业占国内经济主导地位，它们还占不到全球贸易量的 1/4。关于服务业贸易构成的测量等其他问题，见 WTO（2010）。

$$d\alpha = \psi\left[\left(\frac{\sigma-\lambda}{\sigma}\right)\hat{\theta}_m - \left(\frac{\sigma-1}{\sigma}\right)\hat{\theta}_n + \frac{1}{\sigma}\frac{dx}{q_m^d}\right] \tag{7}$$

其中 $\psi = \left[\frac{1}{\alpha}(1-\beta_m) + \frac{1}{1-\alpha}(1-\beta_n) + \frac{1}{\sigma}\left(\frac{\lambda}{\alpha}\beta_m + \frac{1}{1-\alpha}\beta_n\right)\right]^{-1} > 0$

$$\lambda = \frac{q_m^s}{q_m^d}$$

较低的制造业贸易盈余或更大的贸易赤字（$dx<0$）导致较小的制造业就业占比，这不足为奇。需注意的是，x 的减少形式上类似于对制造业造成了不利的需求冲击，比如需求长期转向服务业和其他非制造业。在这两种情况下，制造业均出现萎缩。

另一方面，技术进步（$\hat{\theta}_m$，$\hat{\theta}_n$）与 α 之间的关系，主要取决于制造业和非制造业的需求替代弹性的大小。姑且假设制造业的净贸易量很小因此 $\lambda \approx 1$。那么，如果需求缺乏弹性（$\sigma<1$），则 α 随着制造业技术进步（$\hat{\theta}_m$）而降低，随着非制造业技术进步（$\hat{\theta}_n$）而提高。通常情况下，制造业全要素生产率的增长更加迅速，从而引发就业去工业化。直观地说，技术进步引起的制造业相对价格下降并没有刺激对制造业足够多的额外需求，最终导致了制造业就业紧缩。当需求富有弹性（$\sigma>1$）时，上述结果正好相反。也有学者（Ngai and Pissarides，2004）得出了相同的结果。①

不过，制造业技术进步的影响还通过制造业的供需比例 λ 来介导。这是早期文献未曾强调的内容，它们通常假定经济是封闭的。假定一国是制造品净进口大国（$\lambda \ll 1$）。从方程（7）可以看到，只要 $\sigma-\lambda>0$，那么与 $\hat{\theta}_m$ 相乘的系数就是正值。即便在 $\sigma<1$，即制造业需求缺乏弹性时，也可能出现这种情况。所以我们得到一个相反的结果：制造品的需求缺乏弹性以及制造业的快速技术进步引起（就业的）去工业化。

这一结论背后的直观解释如下。国内供给量占总消费的份额越低，国内制造业的全要素生产率对相对价格的影响越小。当制造业经历了快速的生产率增长，相对价格的下降幅度就会减轻（相较于国内供给量占国内消费量更大比例的国家）。因此，达到均衡时的国内产出和就业比例就更大。在极端情况下，当技术进步对国内相对价格不起作用时，制造业就业会随着制造业全要素

---

① Baumol and Bowen（1965）以及 Baumol（1967）都是研究服务业与制造业相对生产率增长带来的后果的经典作品。

生产率的增长而增加。我们另一个基准案例表明，接受世界市场相对价格的小型开放经济体的情况确实如此。

然而，在我们转向这个案例之前，还应看看制造业的产出比例以及它如何受贸易和技术的影响。用 α_q 表示制造业的实际增加值占比（*realmva*）：

$$\alpha_q = \frac{q_m^s}{q_m^s + q_n^s}$$

现在我们可以把产出去工业化（$d\alpha_q$）和就业去工业化（$d\alpha$）联系起来表示如下：

$$d\alpha_q = \alpha_q(1 - \alpha_q)\left[\hat{\theta}_m - \hat{\theta}_n + \left(\frac{1}{\alpha}\beta_m + \frac{1}{1-\alpha}\beta_n\right)d\alpha\right] \tag{8}$$

这表明，当冲击主要来自贸易或需求时（并且 $\hat{\theta}_m = \hat{\theta}_n = 0$），工业化的两个衡量指标总是朝着相同的方向变动。但是，如果就业去工业化源于制造业全要素生产率增长更快（$\hat{\theta}_m - \hat{\theta}_n > 0$），那么制造业产出占比的变动可能极其轻微，甚至会增加。

为了更详细地观察这一现象，考虑如下情况：经济完全没有贸易，因而 $\lambda = 1$。在这种情况下，制造业产出占比事实上必定上升。我们可以很容易从需求侧关系式（3）中得出这一点。制造业与其他部门生产率增长的差异压低了制造业的相对价格，这意味着 $\hat{q}_m^d = \hat{q}_m^s > \hat{q}_n^d = \hat{q}_n^s$，因此 $d\alpha_q > 0$。或者，将（7）代入（8）式求解，得出：

$$d\alpha_q = \alpha_q(1 - \alpha_q)\left\{\frac{\left(\frac{\sigma}{\sigma - 1}\right)}{\left(\frac{\sigma}{\sigma - 1}\right) - [(1 - \alpha)\beta_m + \alpha\beta_n]}\right\}(\hat{\theta}_m - \hat{\theta}_n)$$

由于 $\sigma < 1$ 时大括号内的项为正值，所以 α_q 必然朝着与制造业生产率增长差异相同的方向变动。这表明，在贸易仅扮演小角色的经济体内，制造业技术的快速进步将导致就业去工业化，而不是产出去工业化。

现在我们来探讨小型开放经济体案例。在这种情况下，我们视价格发生参数化改变，并且 x 具有内生性。进行比较静态分析后得出：

$$d\alpha = \left[\frac{1}{\alpha}(1 - \beta_m) + \frac{1}{1 - \alpha}(1 - \beta_n)\right]^{-1}[\hat{p}_m + \hat{\theta}_m - \hat{\theta}_n] \tag{9}$$

此刻制造业的技术进步对 α 产生明确的正面影响。非制造业的技术进步则起到明确的负面效果。制造业相对价格上升的作用如同制造业的技术进步。而且，结果并不依赖 σ 或其大小，因为贸易能使经济体的供给侧与需求侧脱钩。由于同样的原因，负面的国内需求冲击不会引发小型开放经济体的去工业化；国内生产商可以在世界市场销售多余的产出。正如松山（Matsuyama，2009）之前强调的，生产率增长与工业化之间的关系，很大程度上取决于我们把价格视为由国内决定还是由全球经济决定。①

这最后一组结果，对于解读已经快速去工业化的发展中国家的经历十分重要。这些国家往往仅占全球制造业市场的很小份额，因此可以把它们当作价格接受者。方程（9）揭露，这些国家的就业去工业化不可能是国内制造业全要素生产率快速增长差异所致。这种类型的技术进步将促进工业化而不是相反。在这一点上，发展中国家和发达国家截然不同，有大量证据表明，发达国家的国内技术进步是就业去工业化的首要原因。

然而作为价格接受者，这些发展中国家可能从国外"进口"了去工业化。在1980年代后半期和1990年代初，拉丁美洲大多数国家开展了贸易自由化，把自己转变为开放经济体。撒哈拉以南非洲不少国家也在差不多同一时间放开了贸易。如方程（9）所示，制造业相对价格的下降（$\hat{p}_m < 0$）——这是其他地方的技术进步、中国的崛起、国内贸易自由化或这三者共同作用的结果——将带来类似国内制造业技术退步所产生的影响。即使制造业的全要素生产率增长更快（相对于非制造业），这些国家仍会发觉自己正在经历就业去工业化。

换句话说，发展中国家的就业工业化需要的并不仅仅是制造业全要素生产率的更快增长（相对于国内其他部门）。它还需要制造业和非制造业之间的生产率增长差异必须超过世界市场上制造品相对价格的下降。我们的实证结果显示，只有极少数发展中国家持续完成了这一高难动作。

我们根据经济封闭的不同假设和冲击的性质建构了分析结果，总结在表11中。

---

① Matsuyama（2009）指出，在经济全球一体化的情况下解释跨国结果必须小心谨慎。特别是，更快的生产率增长无须与各国制造业的更快速滑坡密切相关，即便生产率变化是全球制造业衰退的原因。另可参见 Uy et al（2013），文中根据需求的各种假设，开发了一个有关生产率和贸易成本冲击的模型，并用它来解释韩国的结构变化模式。其作者发现，非位似需求（non-homothetic demand）、制造业更快速的生产率增长以及制造业贸易成本的下降，都可以正确阐释结构性变化，但不包括1990年后发生的制造业衰退。

表 11　贸易、技术和需求对工业化不同指标的影响

A. "封闭"经济体（$\sigma < 1$）

影响	技术冲击：$\hat{\theta}_m - \hat{\theta}_n > 0$	贸易冲击：$dx < 0$	制造业遭遇的不利国内需求冲击
manemp（$d\alpha$）	–	–	–
realmva（$d\alpha_q$）	+	–	–

B. 小型开放经济体

影响	技术冲击：$\hat{\theta}_m - \hat{\theta}_n > 0$	外部价格冲击：$\hat{p}_m < 0$	制造业遭遇的不利国内需求冲击
manemp（$d\alpha$）	+	–	0
realmva（$d\alpha_q$）	+	–	0

这些都是其他条件不变情况下的结果，此时各个国家可以单独处理。当众多国家同时经受技术（或需求）冲击（需要我们明确引入世界市场的贸易额和相对价格）时，我们必须谨慎解释。考虑发达国家和发展中国家都发生制造业技术进步的情况。只要按不变价格计，制造品的（全球）供给超过非制造品供给，所有国家的结果就都是 $\hat{p}_m < 0$。制造业技术进步较少的国家，将遭遇制造业产出的下降，即使其制造业生产率已经提高。当全球的制造业全要素生产率大都出现增长时，只有那些全要素生产率增长更快的国家才能避免去工业化。因此，拉丁美洲和非洲作为开放经济体若要经历工业化，必须有比世界其他国家更迅速的制造业全要素生产率增长，但这显然没有发生。

最后，我们还可以运用这个框架，解释开放经济体的资源租金及相关的"荷兰病"问题。许多拉丁美洲和非洲国家都经历了资源发现和商品价格上涨带来的初级产品部门的蓬勃发展。在该模型中，资源繁荣就相当于非制造业部门的生产率增长和/或价格提升（均相对于制造业部门而言）。小型开放经济体因此受到的影响可以从表 11B 部分的前两列看出：经济体发生了就业和产出的双重去工业化。实际上，资源繁荣放大了贸易对具有初级产品比较优势的国家造成的去工业化效应。①

① 援助资金流入的作用近似于资源繁荣，抬高了非贸易品的价格，并降低了制造品的相对价格。有关撒哈拉以南非洲和拉丁美洲的这些问题的探讨，分别参见 Rajan and Subramanian（2011）以及 Palma（2014）。

8. 结束语：意义和结果

要了解本文所阐述的全球制造业转型，可以将全球经济类比为一个封闭经济，它由三类地区构成：已经工业化的高收入地区、具有强大制造业比较（或领先）优势的低收入地区，以及没有这类优势的低收入地区。① 该经济体面临的是双重冲击：（低技能）劳动力节约型技术进步和各地区间运输/交易成本的下降。于是我们会观察到下列模式：（i）高收入地区的制造业就业急剧萎缩，对制造业产出（按不变价格计）的影响取决于技术（正面）冲击和贸易（负面）冲击之间的大小；（ii）在具有制造业比较（或领先）优势的低收入地区，产出和（可能）就业率会有所增加；（iii）其他低收入地区的产出和就业率双双滑落。这些结果捕捉到的趋势，我们可以分别从发达经济体、亚洲制造品出口国和其他发展中经济体观察到。

低中等收入国家应该如何防范“过早”去工业化？前一节将生产率增长视为外生因素，并以此来考察它对不同经济结构下的工业化的影响。但是，还存在从工业化到整体经济生产率的逆向因果关系，尤其在发展中国家。在低收入经济体中，劳动力从农村转移至生产率通常更高的城市工厂，从而形成生产率增长的一个重要泉源。工业化促进经济增长既因为这种再配置效应，也因为中长期制造业往往会经历相对强劲的生产率增长。实际上，有组织的正式制造业似乎表现出了无条件趋同，因此成为有力的增长引擎（Rodrik，2013，2014）。② 从这个角度看，过早去工业化对发展中国家并非好事。它踢走了低

① 非常感谢一位匿名评审提出的封闭型经济的类比。

② Young（2013 年 11 月及近期）提出一些重要问题，涉及跨部门生产率的差距和制造业与非制造业生产率增长的差距，认为造成这些差距的原因可能是基于不可观察到的工人技能选择效应。某种程度上制造业生产率更高是因为雇佣更多有能力的工人，失去了它的“专门性”。特别是，制造业吸收的更多劳动力不会提高整个经济的生产率，因为被引入制造业的边际工人将属于生产率较低的类型。然而，即使选择效应的确存在，也并不清楚它们是否可以解释为什么离前沿更远的制造业经历了更快的劳动生产率增长（如我在 2013 的文章中所述）。最近 Franck and Galor（2015）的一篇论文指出，早期工业化可能对一个国家产生不利的长期影响：这些作者发现，法国较早采用工业技术的地区，其收入和人力资本水平最终都较低。但是，尚不确定这样的结果对于跨国增长模式有什么影响。法国属于后工业化国家，而跨区域的研究结果以工业化为条件，并在国家范围内出现趋同。

收入国家经济快速上升的“梯子”。①

发展中国家已普遍出现了上述结果。在拉丁美洲，随着制造业的缩水，非正规部门渐渐增多，整个经济的生产率都受到了波及。在非洲，城市移民涌入规模很小的服务行业而非制造业，尽管中国的投资不断增长，但暂时还没有迹象表明工业有显著复苏。我和麦克米兰（McMillan and Rodrik，2011）分析了发展中经济体各行业的就业模式，发现拉丁美洲和非洲的劳动力一直朝着错误的方向发展——进入低生产率的服务业，远离诸如制造业等高生产率的部门。所以，这些国家近几十年来的结构变化导致的结果是增长下降，完全不同于1950—1975年间结构变化对增长有强有力的积极贡献的时期（也参见de Vries et al，2013；McMillan et al，2014）。②

从1990年代中期开始，发展中国家始终不乏增长。但除了亚洲和一小批制造品出口国以外，有证据（引用于前一段）表明，这种增长并非由传统的工业化机制所驱动。很多增长似乎缘自资本流入、外部转移支付或大宗商品价格上涨，因而人们对其可持续性抱持怀疑。③

缺乏可观的制造业，这些经济体就不得不开辟新的增长途径。一种可能性是服务业主导的经济增长。许多服务业如信息技术和金融等，都是高生产率和可贸易的，大可担当起制造业一直扮演的“扶梯”角色。然而，这些服务行业通常属于技能密集型，无法像制造业那样吸收低收入和中等收入经济体充裕的低技能劳动力。其他大部分服务业都有两个缺点，要么在技术上不是很有活力；要么是不可贸易的，这意味着它们迅速扩张的能力受制于国内其他经济部

---

① 对本文所讨论的趋势进行全面的福利评估时，除了过早去工业化导致的生产率提高，还须考虑其他影响。对于制造品净进口的发展中国家而言，发达国家技术进步引起的全球相对价格下降，代表了贸易条件改善和（静态的）福利增加。（至于制造品净出口的发展中国家，则造成相应的贸易条件恶化。）制造业价格下降也可能降低发展中国家的资本品的成本，从而刺激投资。对于在那些因信贷市场或其他原因使私人投资处于次优状态的国家，这将是额外的福利收益来源。理论上，可以使用此处和我2013年文章的结果，给代表性国家的这类影响分别附加一些数量级。不过，这并非本文的讨论范畴，所以还是留待将来研究。

② 随着制造业从亚洲移向低工资国家，这些趋势或将发生逆转。事实证据（比如中国在埃塞俄比亚和卢旺达等国的制造业投资的兴起）以及McMillan et al（2014）提供的一些更系统的佐证表明，撒哈拉以南非洲的制造业可能会有各种形式的重建。但事实上我们几乎看不到制造业曲线出现过双驼峰，所以这种可能性值得怀疑。

③ 例如在非洲，参见African Center for Economic Transformation（2014），文中强调，如果想维持近期的增长率，需要实现生产多样化和结构转型。

门的收入（和生产率）。

以上所述并不是说发展中国家只能停滞不前。正如我在2014年的文章中论述的，通过改善经济的基本面——更好的制度，人力资本、技能和知识的不断积累，是有可能实现适度增长的。尽管制造业衰退，发达国家还是能以每年1.5%—2%的速度增长。但要赶上前沿国家需要更高的增长率。除了极少数资源丰富的经济体，发展中国家向发达国家持续快速的经济趋同始终需要工业化。①

过早去工业化的政治后果更显微妙，但可能也更加重要。从历史上看，工业化在西欧和北美地区打造现代民主政治国家中发挥了基础性作用。工人运动（工业化的产物），导致了人们要求扩大选举权并最终创建了福利国家。正是精英和有组织劳工之间的讨价还价促成了民主的发展（Acemoglu and Robinson，2009）。在当今的发展中国家，劳工组织的薄弱很可能催生不同的政治发展路径，未必有利于实现自由民主。尤其是，身份或民族分裂取代阶层分裂成为政治领域的核心议题，也许会繁衍出“选举的”或“非自由的”民主国家。我和穆坎德（Mukand and Rodrik，2015）提出的一个正式模型正好反映了这个观点。

这些思考必然带有推测性。然而，不管具体结果如何，过早去工业化都表明，今天的发展中国家的未来将不同于今天的发达社会的过去——无论是经济方面还是政治方面。

（颜超凡　译）

---

① 我在2014年的文章中指出，绝大多数至少体验过30年4.5%或更高增长率的国家，都经历了快速的工业化。这大致由两类经济体组成：一部分是1950年代和1960年代欧洲的外围国家（如西班牙、葡萄牙、以色列），一部分是1960年代以来的东亚经济体（如韩国、中国台湾、马来西亚）。例外的是一些资源丰富的小国（如博茨瓦纳、阿曼、赤道几内亚），当中不少国家最终发生了倒退。在那篇论文里，我提出一个框架以区分增长的两种渠道，其相互重叠但明显不同：依赖整体经济技能和制度能力积累的“基本面”渠道，和倚重工业化的“结构转型”渠道。我认为，借助于前者可能会有缓慢温和的增长，但快速的经济趋同需要后者。

附录　GGDC10部门数据库中的国家和变量范围

国家代码	国家	当前价格的增加值	不变价格的增加值	部门就业
撒哈拉以南非洲				
BWA	博茨瓦纳	1964—2010	1964—2010	1964—2010
ETH	埃塞俄比亚	1961—2010	1961—2010	1961—2010
GHA	加纳	1960—2010	1960—2010	1960—2010
KEN	肯尼亚	1960—2010	1964—2010	1969—2010
MWI	马拉维	1960—2010	1966—2010	1966—2010
MUS	毛里求斯	1960—2010	1970—2010	1970—2010
NGA	尼日利亚	1960—2010	1960—2010	1960—2011
NGA（alt）	尼日利亚（2014年GDP修订）	2010—2013	2010—2013（2010年不变价格）	
SEN	塞内加尔	1960—2010	1970—2010	1970—2010
ZAF	南非	1960—2010	1960—2010	1960—2010
TZA	坦桑尼亚	1960—2010	1960—2010	1960—2010
ZMB	赞比亚	1960—2010	1965—2010	1965—2010
北非				
EGY	埃及	1960—2013	1960—2012	1960—2012
MOR	摩洛哥	1970—2012	1960—2012	1960—2012
亚洲				
CHN	中国	1952—2011	1952—2010	1952—2011
HKG	中国香港	1970—2011	1974—2011	1974—2011
IND	印度	1950—2012	1950—2012	1960—2010
IDN	印度尼西亚	1966—2012	1960—2012	1961—2012
JPN	日本	1953—2011	1953—2011	1953—2012
KOR	韩国	1953—2011	1953—2011	1963—2011
MYS	马来西亚	1970—2011	1970—2011	1975—2011
PHL	菲律宾	1971—2012	1971—2012	1971—2012
SGP	新加坡	1970—2012	1960—2012	1970—2011
TWN	中国台湾	1951—2012	1961—2012	1963—2012
THA	泰国	1951—2011	1951—2011	1960—2011

续表

国家代码	国家	当前价格的增加值	不变价格的增加值	部门就业
拉丁美洲				
ARG	阿根廷	1950—2011	1950—2011	1950—2011
BOL	玻利维亚	1958—2011	1950—2011	1950—2010
BRA	巴西	1990—2011	1950—2011	1950—2011
CHL	智利	1950—2011	1950—2011	1950—2012
COL	哥伦比亚	1950—2011	1950—2011	1950—2010
CRI	哥斯达黎加	1950—2011	1950—2011	1950—2011
MEX	墨西哥	1950—2011	1950—2011	1950—2012
PER	秘鲁	1950—2011	1950—2011	1960—2011
VEN	委内瑞拉	1960—2012	1950—2012	1950—2011
北美洲				
USA	美国	1947—2010	1947—2010	1950—2010
欧洲				
DEW	联邦德国	1968—1991	1950—1991（1991 年不变价格）	1950—1991
DNK	丹麦	1970—2011	1947—2009	1948—2011
ESP	西班牙	1970—2011	1947—2009	1950—2011
FRA	法国	1970—2011	1950—2009	1950—2011
GBR	英国	1960—2011	1949—2009	1948—2011
ITA	意大利	1970—2011	1951—2009	1951—2011
NLD	荷兰	1970—2011	1949—2009	1950—2011
SWE	瑞典	1970—2011	1950—2009	1950—2011

资料来源：Timmer et al（2014），参见 http://www.rug.nl/research/ggdc/data/10-sector-database

世界投入产出数据库（WIOD）社会经济账户包含的国家（和地区）

奥地利、德国、荷兰、比利时、加拿大、中国、希腊、波兰、美国、印度、保加利亚、匈牙利、葡萄牙、日本、塞浦路斯、爱尔兰、罗马尼亚、韩国、捷克共和国、意大利、斯洛伐克共和国、澳大利亚、丹麦、斯洛文尼亚、拉脱维亚、巴西、中国台湾、爱沙尼亚、立陶宛、西班牙、墨西哥、芬兰、卢森堡、瑞典、印度尼西亚、法国、马耳他、英国、俄罗斯。

资料来源：Timmer（2012），最新更新请访问 http://www.wiod.org/protected3/data/update_sep12/SEA%20Sources_June2014.pdf

参考文献

Acemoglu, D., & Robinson, J. (2009). *Economic origins of dictatorship and democracy.* Cambridge: Cambridge University Press.

African Center for Economic Transformation. (2014). *Africa Transformation Report*, 2014. Accra, Ghana.

Amirapu, A., & Subramanian, A. (2015). *Manufacturing or services? An indian illustration of a development dilemma.* Washington, DC: Center for Global Development and Peterson Institute.

Baumol, W. J. (1967). Macroeconomics of unbalanced growth: The anatomy of urban crisis. *The American Economic Review*, 57 (3), 415-426.

Baumol, W. J., & Bowen, W. G. (1965). On the performing arts: The anatomy of their economic problems. *The American Economic Review*, 55 (1/2), 495-502.

Buera, F. J., & Kaboski, J. P. (2009). Can traditional theories of structural change fit the data? *Journal of the European Economic Association*, 7 (2-3), 469-477.

Corden, W. M. (1984). Booming sector and Dutch disease economics: Survey and consolidation. *Oxford Economic Papers*, *New Series*, 36 (3), 359-380.

Dasgupta, S., & Singh, A. (2006). Manufacturing, services and premature deindustrialization in developing countries: A Kaldorian analysis. UNU-WIDER, United Nations University Research Paper, No. 2006/49.

de Vries, K., Timmer, M. P., & de Vries, G. J. (2013). Structural transformation in Africa: Static gains, dynamic losses, GGDC research memorandum GD-136. Groningen Growth and Development Centre, University of Groningen.

Felipe, J., Mehta, A., & Rhee, C. (2014). Manufacturing matters... but it's the jobs that count. Asian Development Bank Economics Working Paper Series, No. 420.

Foellmi, R., & Zweimuller, J. (2008). Structural change. Engel's consumption cycles and Kaldor's facts of economic growth. *Journal of Monetary Economics*, 55, 1317-1328.

Franck, R., & Galor, O. (2015). Is industrialization conducive to long-run prosperity? Brown University, unpublished paper.

Kaldor, N. (1966). *Causes of the slow rate of economic growth of the United Kingdom: An inaugural lecture.* Cambridge (England): Cambridge University Press.

Lawrence, R. Z., & Edwards, L. (2013). US Employment deindustrialization: Insights from history and the international experience. Peterson Institute for International Economics, Policy Brief No. PB13-27.

Lind, J. T., & Mehlum, H. (2010). With or without u? The appropriate test for a U-shaped relationship. *Oxford-Bulletin of Economics and Statistics*, 72 (1), 109-118.

Maddison, A. (2009). Statistics on World Population, GDP and Per Capita GDP, 1-2008 AD. Available at http://www.ggdc.net/maddison/oriindex.htm.

Matsuyama, K. (1992). Agricultural productivity, comparative advantage, and economic growth. *Journal of Economic Theory*, 58 (2), 317-334.

Matsuyama, K. (2009). Structural change in an interdependent world: A global view of manufacturing decline. *Journal of the European Economic Association*, 7 (2-3), 478-486.

McMillan, M. , & Rodrik, D. (2011). Globalization, structural change, and economic growth. In M. Bachetta & M. Jansen (Eds.), *Making globalization socially sustainable.* Geneva: International Labor Organization and World Trade Organization.

McMillan, M. , Rodrik, D. , & Verduzco-Gallo, Í. (2014). Globalization, structural change, and productivity growth, with an update on Africa. *World Development*, 63, 11-32.

Mukand, S. , & Rodrik D. (2015). The political economy of liberal democracy. Unpublished paper.

Ngai, L. R. , & Pissarides, C. A. (2004). Structural change in a multi-sector model of growth. Center for Economic Performance, London School of Economics.

Nickell, S. , Redding, S. , & Swaffield, J. (2008). The uneven pace of deindustrialization in the OECD. Center for Economic Performance, London School of Economics.

Palma, J. G. (2014). Industrialization, 'premature' deindustrialization and the Dutch disease. *Revista NECAT*, 3 (5), 7-23.

Rodríguez-Clare, A. (1996). The division of labor and economic development. *Journal of Development Economics*, 49 (1), 3-32.

Rodrik, D. (1996). Coordination failures and government policy: A model with applications to East Asia and Eastern Europe. *Journal of International Economics*, 40 (1-2), 1-22.

Rodrik, D. (2013). Unconditional convergence in manufacturing. *Quarterly Journal of Economics*, 128 (1), 165-204.

Rodrik, D. (2014). The past, present, and future of economic growth. In F. Allen, et al. , *Towards a better global economy: Policy Implications for Citizens Worldwide in the 21st Century.* Oxford: Oxford University Press.

Sachs, J. D. , & Warner, A. M. (1999). The big push, natural resource booms and growth. *Journal of Development Economics*, 59 (1), 43-76.

Timmer, Marcel P. , de Vries, G. J. , & de Vries, K. (2014). "Patterns of Structural Change in Developing Countries," Groningen Growth and Development Center Research Memorandum 149.

Timmer, M. P. (Ed.). (2014). The world input-output database (WIOD): Contents, sources and methods. WIOD Working Paper Number 10.

Uy, T. , Yi, K. -M. , & Zhang, J. (2013). Structural change in an open economy. *Journal of Monetary Economics*, 60 (6), 667-682.

van Wijnbergen, S. (1984). The 'dutch disease': A disease after all? . *The Economic Journal*, 94 (373), 41-55.

Venables, A. J. (1996). Trade policy, cumulative causation, and industrial development. *Journal of Development Economics*, 49 (1), 179-197.

Veugelers, R. (Ed.). (2013). *Manufacturing Europe's future.* Brussels: Bruegel.

World Trade Organization (2010). *Measuring trade in services.* Geneva: WTO.

Young, A. Structural transformation, the mismeasurement of productivity growth, and the cost disease of services. *American Economic Review*, forthcoming.

Young, A. (2013). Inequality, the urban-rural gap, and migration. *Quarterly Journal of Economics*, 128, 1727-1785.

法和经济学

Law and Economics

Comparative

就业保护法的经济学分析

J. H. 韦尔克尔克

1. 引言

当企业提出非自愿终止雇佣关系时，解雇就发生了。本文主要对解雇的法律规则进行经济学分析。

首先介绍法律框架。美国法律原则上仅对个体解雇进行限制，而其他国家的解雇法律对大规模裁员也施以严格的限制。学者经常使用“就业保护法”（employment protection law）（简称 EPL），或者不太准确地使用“就业保护立法”（employment protection legislation）来指称所有与解雇有关的法律限制。不过，详细界定本文具体讨论的不同“就业保护”类型是有益的。

对下面一系列相对概念的区分，将有助于澄清就业保护的渊源以及就业保护的效力。首先，我们应当区分具有法律约束力的限制以及被行业或者工作场所普遍接受的规范。对许多劳动者来说，相较于依赖数量繁多的法律依据来质疑雇主的解雇行为，规制企业内部劳动力市场的自我实施的规范可以提供更具可操作性的就业保障（Rock and Wachter，1996；Wachter，2004）。其次，我们需要区分个体雇佣权利与集体雇佣权利。不同国家对工会和集体谈判的重视程度有很大区别，即使在美国这样对集体谈判保护极差的国家，多数工作场所

* J. H. Verkerke，弗吉尼亚大学法学院教授，雇佣和劳动法研究中心主任。

在处理就业保护问题时首先也会参考集体协议。再次，我们应当考虑成文法（statute law）和普通法（common law）的区分。在欧洲，立法提供了大量的就业保护，但是在美国，州法院发展了一些重要的普通法就业保护，这些保护是对联邦、州以及地方成文法关于解雇限制的补充。

我们同时应当格外关注那些触发特定法律保护的条件。从最广义的角度看，要求雇主在雇员自愿辞职以及非自愿辞职的情况下都要支付解雇金（Lazear，1990）。但更普遍的情况是，就像失业保险体系通常规定的那样，只给非自愿辞职的劳动者支付解雇金。许多就业保护类型还排除了雇主有充足正当的商业理由时的解雇。正当商业理由的标准可能会非常严格。例如，在美国的失业保险体系中要求雇主提供员工“严重行为不当”的证据。该标准也允许雇主在劳动者有过失、不胜任工作或者工作绩效差的情况下解雇劳动者。不过，在美国，判定正当商业理由的标准普遍都比上述标准宽松，雇主可以因任何合法的商业理由解雇劳动者，这包括企业业务不佳或者是业务重组。

另外，客观和主观的正当理由标准也有区别。严格的客观标准会考虑理性行为人是否会如雇主一样行事。而纯粹主观的标准仅仅要求雇主的代理人是否真的认为他具有充分的解雇理由。最后，许多美国就业法律仅仅保护劳动者免受因特定理由（例如种族或者性别歧视）而被解雇。

虽然有关就业监管的法律文献审慎对待这些区别，但是相关的经济学文献经常忽视法律的不同或者忽略了本质不同的规则之间的重要差别。我们将会在下文看到，这种不精确性降低了政策的相关性和计量工作的完整性，而这些都旨在确定就业保护是如何影响劳动力市场的。

在这两个不同领域，文献研究的问题稍有不同。美国法律学者主要关注法院或者立法者是否应当创设新的法律保护规则以保护不正当的解雇行为。这一“正当理由争议”已经持续了几十年，甚至没有任何消停的征兆。相应的，法律领域的讨论主要在描述雇佣自由这一传统原则，解释近几十年来制定的大量法律以及普通法的例外原则。

经济学的相关文献主要研究就业保护领域比较宽泛的话题。首先，许多学者提出劳动法规如何影响就业、劳动参与率、失业、生产率以及其他相关的经济变量。尽管人们都同意提高解雇成本必然会同时抑制解雇和新的雇佣，但对其他所有变量的预测很大程度上取决于模型的结构和对关键参数的设定（Bentolila and Bertola，1990；Bertola，1992；Addison and Teixeira，2003）。其他学者试图解释为什么不受规制的市场可以产生次优的就业保护（Levine，1991；Schwab，1993；Kim，1997；Sunstein，2001）。尽管任何关于市场失灵的解释都是有可能的，但是对于可观测的行为，他们得出了相互矛盾的预测。

为了解决这种普遍的理论模糊性，实证经济学家试图衡量就业保护水平，并研究法律保护和重要经济结果的相互关系。这些研究可以分为以下两大类：一类是跨国比较研究，另一类是对美国州法律中不正当解雇变化的研究。这两种实证分析文献的研究方法都日益复杂，且发展出了更加稳健的评估方法。但是，我们将会看到，无法准确度量法律条款的严格性（stringency）严重制约了这些实证研究结果对公共政策的指导价值。

2. 法律框架

本部分粗略描述了美国解雇法律的重要特征及其与其他国家解雇法律的不同。同时，本部分还会介绍就业保护的最新变化及其发展趋势。

2.1 美国雇佣和劳动法

通常人们认为，美国的雇主可以在任何时候、没有任何提前通知、因任何原因或者没有原因的情况下解雇员工。当然这一观点有一定的道理。这一被称为“雇佣自由”的原则，表面上看来，使雇主的管理权最大化，而雇员质疑解雇的依据最小化。除蒙大拿州以外的任何州，雇佣自由原则都是被普遍视为终止无固定期限雇佣合同的默认条款。蒙大拿州的法院发展了极具干预色彩的不正当解雇原则。商业集团游说立法机构出台法律，以废除这一司法创新。随后该州的立法者出台了对雇主更有利的解雇法规，要求采用正当理由标准，这极大地限制了劳动者的诉求（Krueger，1991；Ewing et al，2005）。除了这一唯一的例外，美国法律看似主要保护雇主解雇的权利，并不保护失业劳动者的权利。

然而，上面关于美国雇佣法律状况的描述并不全面，而且极具误导性。与通常的理解不同，多数工作场所均受到法律保护，以使雇员免受不正当解雇的侵害。尽管 2007 年仅有 7.5% 的私人机构劳动者是工会成员，但是几乎所有的工会成员均受到集体谈判合同中要求正当理由解雇条款的保护，并且这些合同还覆盖 0.7% 的非工会会员（美国劳工部，劳工统计局，2008；Dau-Schmidt and Haley，2007）。尽管解雇工会成员的通常标准允许在雇员行为不当以及因市场需求疲软引起的裁员时解雇劳动者，但劳动仲裁员通常要求客观正当的解雇理由，同时有权要求雇主恢复被解雇人员的工作，并补发工资。在美国，更大一部分劳动者群体是联邦、州以及地方政府机关工作人员，他们受到公务员体系更严格的保护。在2007年，大约16%的工作场所享受公务员体制下的就业保护，这与工会中的正当理由标准提供的保护类似。同时，有证据表明，至少有15%的非工会私人机构的雇主在劳动合同中同意限制解雇的条款（Verkerke，1995）。此外，较小一部分劳动者签订了固定期限劳动合同，这些劳动合同在合同期限内为劳动者提供强有力的就业保护，当然这些劳动者面临合同到期后不能续约的风险。① 总之，大概36%的美国劳动者享有一定的法律权利来对抗不正当解雇。②

对美国雇佣法律的常规理解同时也忽视了一系列由联邦以及州颁布的法律规则，这些规则禁止以各种法规列举的理由为由解雇员工。仅在联邦法律下，禁止解雇的理由就包括：种族、肤色、性别、国籍、宗教、年龄、残疾、工会会员身份、工作场所中的集体行动、服兵役以及保留退休金的权利。联邦法律同时也可以根据十几种雇佣法律中的任何一种，来保护劳动者避免因提起诉讼或者协助调查而遭到雇主报复被解雇，同时联邦法律还对几种类型的揭发者提供有限的保护。一些州法律，甚至一些城市条例，扩大了禁止解雇理由的范围，增加了性取向、婚姻状况、政治派别、参与工作之外的合法活动以及体重等。司法判决基于其他方面被保护的特征，也将这些法律上禁止的事项适用于雇主骚扰。

最后，美国雇佣法目前纳入了州的普通法原则，这进一步限制了雇主解雇劳动者的权利。实证研究中主要研究三种类型的案例：（1）公共政策诉讼，（2）默示合同诉讼，（3）诚实信用诉讼。第一种类型是主张雇主因违反公共政策而解雇劳动者的侵权诉讼。典型的公共政策诉讼经常发生在雇主因雇员拒绝从事非法行为时，例如要求雇员做伪证时。这些案件的共同特点是，法院最有可能在雇主的行为对第三方具有重要影响时，认可这一诉讼理由。解雇必须

---

① 除了本文所提供的数据，有大约2%的劳动者与雇主签订了固定期限劳动合同且受到就业保护。参见 J. H. Verkerke，"What we know (and don't know) about how employment protection law affects employment"，转引自 Zenichi Shishido ed.，*Enterprise Law*：*Contracts*，*Markets and Laws in the U. S. and Japan*，Edward Elgar，2014。

② 本文原文的总计数据为34%，36%是加上了2%受固定期限劳动合同保护的劳动者。

对公众造成损害，而不仅仅是影响案件所涉及的雇员和雇主（Schwab，1996）。相反，默示合同诉讼是在雇主的言语或行为可能让理性的雇员认为他享有免受不正当解雇的权利时提起的。这种类型的案件主要是基于员工手册或者员工政策手册中规定的累进惩罚条例以及其中所列举的解雇理由。但是，在绝大多数法院，雇主可以运用清晰明确的免责声明来避免默示合同的责任（Verkerke，1995，1998）。最后，少数美国法院适用传统合同法上的诚实信用和公平交易原则来解释劳动关系。在这类案件中，最被法院广泛认可的是雇主利用解雇来逃避支付雇员的应得报酬。

我将会在下文中分析这种按照法律原则分类带来的问题，但是对美国雇佣法的介绍还需要对救济进行简单的讨论。起诉者主张不正当解雇违反了公共政策，就有最大的复职可能。他们可以根据侵权救济请求获得全部赔偿，包括针对经济损失和精神损失的补偿性损害赔偿，还包括为阻止疏忽大意或故意的不合法行为而做出的惩罚性赔偿。针对默示合同以及诚实信用诉讼的救济是非常有限的。在这类案件中，赔偿规则允许对可以预见的经济损失进行赔偿，例如欠发的工资，但排除了精神损害赔偿和惩罚性赔偿。在救济措施方面，联邦和州法律的规定同样有很大的差别。一些法律允许原告获得与公共政策案件相同的全部侵权损害赔偿。然而，有些法律则限制了允许获得损害赔偿的数额或上限。少数几部限制最多的法律规定了补发欠付工资的时限，这样，它们赋予雇员的损害赔偿甚至比在合同救济诉讼中获得的赔偿还要少。

许多法律允许法院要求雇主恢复雇员的工作岗位。但是，这样的判决可能会使该雇员处于带有敌意的工作环境中，而且给雇主提供了机会来记录该雇员的不良表现，以便获得再次辞退该员工的正当理由。因此，不正当解雇案件的当事人通常会进行和解，同时在和解时会忽略复职的条款。雇主会选择给予雇员金钱补偿，而且通常会就其提供给雇员下一任雇主的推荐信内容与雇员进行协商。作为回报，被解雇的劳动者通常会同意对和解条款保密、不诋毁雇主的名誉，以及放弃对雇主的任何法律诉讼请求权。在绝大多数解雇案件中，如果案件在诉讼的早期阶段未被法院驳回，这些案件通常会达成上述和解。因此，我们可以认为，美国雇佣法给解雇增加了一项税，而这项税收与公司从雇员身上获得的期望价值是等价的。

2.2 国际比较

对全球就业保护的全面考察超出了本文的研究范围，但是这里会重点强调美国与其他国家在法律制度方面的主要区别。

大致上讲，美国法律是在一个相对来说比较宽松的背景下规定了明确的法律限制。相反，其他大多数国家最初即对不正当解雇提供了全面的法律保护。之后，这些国家的法律体系限制了这些法律保护的适用，对于小雇主、近期雇佣的劳动者和固定期限合同设置了例外原则，这些例外原则增加了雇佣的灵活性，缓和了潜在的劳动力市场僵化。因此，大量的临时工、外来劳动者承受了雇佣调整的冲击，但在解雇时无法受到法律保护。尽管关于解雇的法律限制在美国以外的国家更加严格这一传统观念是正确的，但是，与当代学者试图说服普通读者的那样，解雇员工在美国的代价更高，在其他国家的代价更低。

现有文献对单个国家的就业保护进行了精彩的讨论。更多的文献集中于将法律规定进行分类从而对不同国家进行比较（World Bank，2007；Heckman and Pages-Serra，2000）。通常对解雇的限制包括要求就解雇提供正当理由并依据雇员的工龄支付解雇金的一般法律条款。关于解雇金的法律规定有时会区分具有正当解雇理由和不具有正当解雇理由的情况，并且后者需要支付更高的解雇金。解雇法规通常要求雇主在因经济原因解雇雇员时支付一定的费用，该费用与劳动者的工龄挂钩。各国程序性规则差别较大，但是大多数国家都设立专门的劳动仲裁法庭来审理与解雇有关的案子。在许多国家，工会的会员率远远超过美国，因此在这些国家，工会在代表被解雇员工维权方面发挥了很重要的作用。

尽管存在这些强有力的解雇条例，许多劳动者并不在受保护之列。不同国家的例外情况差别很大，但不受保护的劳动者主要是有固定期限合同的劳动者、临时工、试用期的劳动者、外来劳动者以及小公司雇员。尽管大多数国家在法律上对利用固定期限或者临时合同来规避解雇保护的行为施加限制，工作场所中仍有很大一部分雇员不受法律保护。这种灵活的安排在一定程度上缓解了严格的就业保护对经济的影响。

除此以外，通常来说，与美国相比，其他国家对不正当解雇诉讼的救济更不慷慨。专业的劳动仲裁法庭判决的补发工资和补偿性损害赔偿数额更小。正如艾斯特莱赫（Estreicher，1985）所言，“除了加拿大或者还有意大利，金钱赔偿虽然不是很多，但也是可预测的适度水准，当然，这是相对于美国陪审团判决的赔偿额而言的”。该作者同时观察到，在他研究的绝大多数法律辖区中，判决雇主恢复被解雇员工的工作岗位这一措施几乎没有现实意义。正如我们已经看到的，确保复职员工免受骚扰或者免受雇主为再次解雇寻找正当理由而实施的密切监控是非常困难的。

上述关于美国与其他国家的就业保护的简要比较，不仅揭示了制度及形式方面的显著区别，而且显示出实践方面的一些重要相似性。在美国，就业保护由不断增加的许多个人或相对特定的就业权利组成，缺乏独立的组织原则或者统一的管辖权。但是，违反这些禁止性法律规定的雇主必须支付相对较高的赔偿以及诉讼费用。与此相反，其他许多国家赋予劳动者对抗解雇的一般权利，但是这一表面上的普遍保护仅能提供非常有限的救济，而且有一大部分的工作场所不在保护范围之内。因此，总体上看，在美国与其他国家的比较中，就业保护法给雇主带来的负担比传统上理解的更加趋同。美国要求雇主在少数情况下承担高额的赔偿；而在其他大多数国家，多数解雇案件的预期结果是相对更为适度的赔偿。

2.3 趋势以及法律改革

法律改革的提案非常普遍。在美国，大部分学者都批判雇佣自由原则，并呼吁更严格的就业保护制度。尽管要求大规模改革的提议至今尚未取得成功，但是法院和立法者已经在近几十年创设了许多新的雇佣权利。与此相反，在其他国家，许多改革提案涉及减少对解雇的法律限制以降低解雇成本。这些国家的法律改革采取了几种截然不同的方式。但是，在多数案例中，改革的目标是促进就业以及降低高水平的结构性失业。经济学家通常认为结构性失业与劳动力市场的僵化有关。

例如，西班牙的改革免除了对小雇主的法律限制，使雇主更容易缔约解雇成本更低的合同。在 1990 年代初期，一波改革席卷了拉丁美洲的许多国家。赫克曼等人（Heckman and Pages-Serra，2000）对于这些发展进行了精彩的总结，并考察了这些改革对就业的影响。2006 年，澳大利亚联邦政府颁布了一项影响深远的法律——《工作选择法》（Freyens and Oslington，2007）。该法规定，解雇自由的原则适用于雇员数在 100 名以下的公司，允许所有公司因“公司运行原因”解雇员工，同时还规定，小企业的解雇条款在工会集体谈判中是“禁止话题”。尽管最近当选的工党政府许诺恢复部分被《工作选择法》取消的保护措施，但可以说，该法创设了一个比美国更为雇佣自由的法律体系。

当然，并非所有的改革都是成功的，有些改革甚至加强了就业保护的力度。2006 年，法国政府试图缓解对年轻劳动者首份工作遭解雇的法律保护，但未获成功。尽管此次改革的目标是改善那些长期遭受高失业率的群体的就业前景，该提案不仅引起了罢工以及国内动乱，还引起了国际上的广泛关注。有学者（Marinescu，2007）指出，英国修订后的法律将试用期由两年缩短为一年，这扩大了英国就业保护的覆盖范围。

相反，在德国以及欧洲的其他国家，政治家们讨论放宽对试用期的限制。而且，世界银行已成为持续鼓吹放宽解雇限制的倡导者。世界银行的“营商环境”项目评估了不同规定的严格性，主张更大的灵活性将会促进经济产出（World Bank，2007）。尽管有个别例外，但是近期的历史表明，在美国以外的国家，改革最可能的方向是逐步放松现有的就业保护。

不计其数的美国法学者呼吁将雇佣自由原则替换为要求提供正当理由才能解雇的一般性原则。尽管对大规模改革的呼声很高，美国的雇佣法律向增强就业保护方向迈进的步伐仍然非常缓慢。国会在 1964 年、1967 年、1990 年和 1991 年制定了重要的反歧视法律。尽管一些州在这些联邦法律制定之前就对就业歧视做了规定，而且这些规定在近几十年中得到了修订或者扩充。各州在普通法上的就业保护同样在缓慢地发展。大概自 1970 年代中期开始，越来越多的州法院开始认可上文提到的公共政策、默示合同以及诚实信用原则。随着雇佣自由原则的例外情况在全国蔓延，许多雇主在解雇员工时受到了新的限制。哈雷等人（Dau-Schmidt and Haley，2007）对这些法律的发展进行了总结。莫里斯（Morriss，1994，1995）研究了如何确定进行法律创新的时间。

3. 理论上的模糊性

传统经济理论告诫我们，对雇佣实施法律保护，例如最低工资或者工资税，将扭曲有效的劳动力市场均衡进而降低社会福利。因此，只有识别出市场失灵，政府才能纠正扭曲。法和经济学学者已经面对这个挑战，并提出了形形色色的理由来解释为何劳动力市场无法提供最优的就业保护水平。本部分将详细分析这些理论。我们会发现，经济理论对就业保护如何影响劳动力市场上可观测的效果以及社会福利的预测非常模糊，而这些都是我们意料之中的。经济学理论对最低工资的相关分析，可以参见迪金等人的分析（Simon Deakin and Frank Wilkinson）。

3.1 预期效果

在迄今为止引用率最高的一篇关于就业保护的经济学论文中，拉泽尔（Lazear，1990）提出了一个工资决定的简单静态模型。他考察了当政府要求雇主向每位在初始阶段雇佣而在随后任意阶段被解雇的劳动者支付数额为 Q 的解雇金时，会发生什么。为了确保有效的就业水平，拉泽尔认为，雇主必须在原本均衡状态下的工资 W^* 的基础上增加解雇金 Q。这一调整能够确保政府规制后的雇佣效率。在新的均衡状态下，劳动者确定会收到数额为 Q 的费用，或者是作为工资的一部分或者是作为解雇金。因此，当劳动者与雇主决定是否要接受工作或者是否雇佣某劳动者时，同时面对 W^* 的边际费用。正如拉泽尔所观察到的，相同的劳动者会发现，W^* 超过了他们的保留工资（reservation wage），同时，相同的雇主会发现劳动力的边际收入超过了初始均衡状态下的 W^*。

在上述规制后形成的新均衡状态下，一个更为困难的问题是，如何确保雇主在初始阶段愿意雇佣劳动者。在雇佣的任意阶段，遵守解雇金法律的公司面临的待支付工资总计比初始均衡工资高出 Q。拉泽尔非常聪明地解决了这一问题，他建议劳动者支付一定的预付费用以获得签订劳动合同的特权。该预付费用等于 Q 乘以在每个随后阶段被继续雇佣的概率的总合。由于该费用抵消了劳动者在随后阶段的预期工资，雇主此时也会愿意签订雇佣合同。拉泽尔发现，“在竞争性劳动力市场，任何关于解雇金的安排都可以通过缔约最优合同来抵消”（Lazear，1990）。

拉泽尔的上述结论被多次引用，甚至比我们之后将讨论的实证研究结果的引用还要多。但是，正如拉泽尔自己也承认的，这一科斯恒定性结果（Coasean invariance result）远没有到无懈可击的地步。如果劳动者不能预支未来的工资收入，他们也不会为了一份工作而预付费用。除此以外，劳动者获得的解雇金和公司支付的解雇金必须数目一致，并且该解雇金不受任何第三方或交叉补贴的影响。比如，目前根据过去经验来计算失业补偿金打破了这种必需的一致性，并导致了无效均衡。拉泽尔（1990）同时也认为，劳动者可能担心企业在拿到预付费用之后潜逃，同时宣布公司破产。最后，他模糊地暗示了可能适用的“其他策略性考虑”。

面对这些公认的问题，我们还必须承认，我们未能足够准确地描述双方在初始阶段已达成的雇佣合同条款。拉泽尔的研究非常清晰地表明，签订合同就意味着劳动者在被解雇时有权要求公司支付解雇金 Q。但是，除此之外，双方的责任是不清晰的。雇主有绝对的自由解雇劳动者吗？或者雇佣合同会要求雇主在解雇劳动者时证明该劳动者的边际生产率已经低于均衡工资？这些都是有效分析就业保护时必须面对的问题。

如果允许自由解雇员工，那么上述最常被引用的科斯谈判模型就不成立。企业可以在收取预付费用后，以支付解雇金 Q 的代价立即终止合同，这样他们可以获取最大化的回报。如果劳动者预测他无法通过随后工资收回最初缴纳的费用，他们就会拒绝支付预付费用，那么上述的假定均衡状态就会瓦解。但是，我们也应当考虑到如下事实：拉泽尔在计算劳动者需要支付的预付费用时，使用的是劳动者在下一阶段中继续被雇佣的（固定）概率。我们也许可以从该模型的这一特征推测到，被解雇的概率是由外生因素决定的，因此，雇主没有自由解雇的权利。但是，这一规则与真实雇佣合同之间并没有关联。继续雇佣的固定概率既不能描述欧洲解雇法律的一般性保护，也不能描述美国雇佣自由原则的特殊例外原则。这两种法律体系都允许雇主在支付 Q 的解雇金后解雇劳动者，这就排除了劳动者支付预付费用下的任何均衡状态。

具有双重讽刺意味的是，拉泽尔的论文因其提出的科斯恒定性结果而经常被引用。我们已经看到，他提出的可以抵消解雇金要求的特殊合同面临着实践与法律的双重障碍，这些障碍已经远远超过了传统科斯谈判中所讨论的交易成本障碍。事实上，拉泽尔自己也承认了其中的一些问题。他将恒定性结果视为一个理论上的理想状态。正如科斯与其非常著名的关于社会成本的论文（Coase, 1960），拉泽尔聚焦于分析“不那么完美”的世界。在这个世界中，解雇金具有真实的经济效应。

在就业保护方面，更现实的理论分析同样带来了模糊的预测。首先，我们应当扩大分析范围，引入其他形式的劳动法规，而不仅仅是分析解雇成本。正如我们已经看到的，立法与法院判决极大地限制了雇主解雇的决定。有些法律规定雇主在没有正当理由解雇劳动者时要承担责任，而有些则根据解雇时是否具有特定的不良动机来判断雇主是否需要承担责任。当然，其他的法律规定限制了临时以及固定期限合同的使用，以保护普通员工的权利。尽管有上述差别，我们可以将所有类型的法规均视为预期解雇成本的增加，这有利于我们的讨论。我们在下文将会发现，虽然法律的微妙之处对于实证测量法律变量带来了很多困难，但是解雇成本的概念对理论分析很有用。

法律上要求的就业保护对就业水平产生了两种相互矛盾的影响。最明显的是，法律强制性要求相当于对解雇征税，因此降低了离职率。但是，雇主预计到解雇成本的增加，也会因此减少雇佣。因此，就业受到的净影响是不确定的。如果对解雇与雇佣的限制增加了雇主的总劳动成本，那么我们应当预期到雇佣水平会下降（Hamermesh，1993）。但是，这一看似非常明显的结论还是要取决于对劳动力需求曲线的假设（Bertola，1992；Bentolila and Bertola，1990）。例如，当劳动力需求较高而劳动边际生产收益曲线相对扁平，且劳动力需求较低而上述曲线陡峭时，在整个商业周期中，平均就业水平随解雇成本的上升而下降。这一结论非常直观。在经济繁荣时，解雇成本的增加会阻止雇佣新员工，这是为了平衡工资和边际生产率。但是，在经济萧条时，陡峭的边际生产收益曲线意味着，解雇成本只会造成少数员工被解雇，而这是为了恢复劳动力市场均衡。在这些假定条件下，比起阻止员工被解雇，解雇成本上涨更多的是阻止雇佣新员工，这样平均就业水平就下降了。相反，如果我们对边际生产收益曲线的形状做出相反的假设，那么平均就业水平则会上升。

基于同样的道理，对解雇施加新的法律限制产生的影响取决于商业周期的不同阶段（Hamermesh，1993）。在经济扩张时期，比起对解雇的限制，解雇成本的增加更多的是影响雇佣新员工。因此，我们可以发现，此时就业水平的增加尚不如不受规制的状态。在经济萧条时，对解雇的严格限制，相较而言对阻碍雇佣新员工的影响较小。在这种情况下，相对于不受规制的状态，就业水平会上升。

对工资和效率的分析呈现出类似的复杂性与不确定性。如果劳动者认为就业保护的价值高于雇主提供上述保障所需的费用，那么工资就会降低，社会福利则会增加，而劳动者和雇主可以分享因此产生的社会剩余。但是，如果劳动者并未意识到雇主增强了工作保障或者他们不认为该保障具有价值，那么劳动力的供给将不会有任何变化，而雇主的劳动力成本将上升，该法律要求就会降低劳动力市场的效率。简而言之，我们唯一可以确定的理论预测是有效的就业保护会减少劳动力的流失。

3.2 市场失灵

预测就业保护如何影响就业水平和工资也许比较困难，但是大多数经济学家同时也在寻找更具说服力的市场失灵证据，来证明规制的正当性。那么是什么阻止了劳动者要求以及雇主提出最优的解雇合同条款？就此问题，学者们极具创造性地提出了不受规制的劳动力市场产生次优就业保护的诸多原因。

在法学学者以及未来的改革者当中，正当解雇理由保护的支持者经常提到雇主与劳动者之间的不平等谈判权。这一理论认为，雇主特别容易滥用其强大的谈判权。即使劳动者愿意降低工资以支付雇主因提供就业保护而增加的成本，雇主们也会拒绝提供就业保护。但是，从经济学的视角来看，这一理由本身与为何需要正当理由的保护并不相关。该理论不能解释为何雇主会选择通过次优合同来运用他们的谈判权，而不是选择用更低的工资要约来订立最优合同。因此，雇主不愿意提供可以最大化劳动者福利的工作保障条款，必然存在妨碍有效合同建立的其他障碍。

例如，我们假设大多数劳动者对解雇的法规或者其雇佣合同的特定条款一无所知。他们的法律无知可能会妨碍他们就最优就业保护水平与雇主展开谈判。事实上，金（Kim，1997）发现，许多劳动者错误地认为，除非他们有严重行为不当或者工厂关门歇业，法律都会保护他们不被解雇。这样的错误认识可能会妨碍劳动者要求工作保障条款，还可能使他们低估或忽视雇主提供的保护性条款（Sunstein，2001）。无论如何，这一问题至少证明了信息强制（information-forcing）默认规则的正当性。但是，如果劳动者的法律无知持续存在，那么立法者必须判断强制性的就业保护条款是否能提高效率（Verkerke，1995，1998，2003，2007）。

另外一个信息角度的论证主要研究企业在筛选潜在劳动者时面临的问题。在潜在雇主给求职者发出工作邀请之前，求职者比潜在雇主更了解自己的生产力。信息不对称造成了逆向选择的风险。合同中的工作保障只能大致区分正当解雇与不正当解雇，因此，能够为绩效低的劳动者提供工作保障。但是，由于担心吸引到过多的偷懒者，雇主可能不愿意提供任何的正当理由就业保护。因此，当逆向选择妨碍雇主提供最优的工作保护条款时，政府强制的就业保护是正当的（Levine，1991）。

道德风险以及逆向选择会阻碍工作保障条款的达成。贝尔图拉（Bertola，1992）对此进行了建模，并将就业保护视为对风险厌恶型劳动者的次优保护。他颇有自信地假设雇主是风险中立者，而劳动者是风险厌恶者。很显然，劳动者被解雇的后果可能会非常严重。但是，市场上失业保险的覆盖率还远远不够。因此，要求企业在解雇员工时向其支付一定的费用可以提供部分保障功能，从而提高劳动力市场的效率。

就业保护也可能供应不足，因为它具有公共品的特征。或许劳动者会放弃工作保障带来的利益，而希望在其他劳动者接受更低工资以换取更强的就业保护时搭便车。但是，关于公共品的论点取决于几个具有不同可信度的假设。首先，雇主为每个劳动者提供具有个性化的合同条款不具有操作性。与每个雇员协商合同毫无疑问成本高昂，但是，雇主可以很容易地提供标准化的工作保障条款，同时为不同的劳动者提供适当的补偿性工资差额。其次，雇主没有任何动机或机会去发现劳动者关于工作保障的偏好。但是企业在劳动力市场上为夺取潜在求职者而竞争，它们也一定会有足够的机会去尝试各种条款并仿效成功的聘用策略。最后，工作保障的消费必须是非竞争性的。然而，与这一假设相反的是，关于解雇的法律保护增加了每位被雇佣劳动者的预期成本。

最后，施瓦布（Schwab，1993）提出了完全不同的公共品的论点。他认为，对于职业生涯来说，法律执行增加了劳动者与雇主之间达成默示合同的价值。在效率工资和人力资本模型的基础上，施瓦布认为，在职业生涯晚期，雇主特别容易违背对劳动者的默示承诺，因为此时劳动者领取的工资超过他们的边际生产率。因此，法院适用“生命周期正当理由默认规则”，这可以保护那些处于职业生涯晚期的劳动者免遭解雇的风险。施瓦布同时提议保护那些新员工，因为这些员工可能承受了巨额的转换成本或放弃了其他工作的机会成本。对于新员工以及处于职业生涯晚期的劳动者提供正当理由保护可能会增强雇佣关系。但是，这一规则相对来说非常复杂，而且难以详细说明。因此，施瓦布提出，法院应当将其视为公共品的一种形式。但是，我（1995）曾质疑生命周期正当理由是否具有可操作性，并对施瓦布提出的典型案例遵循了他的就业保护模式的观点提出了异议。

4. 实证研究

我们已经看到，理论无法针对就业保护如何影响劳动力市场提供可靠的预测。而且，很多潜在的市场失灵足以说明规制干预的正当性。但是，法律强制的就业保护是促进还是阻碍效率很难知晓。因此，我们最大的希望是对这些影响进行实证研究，并确定可观察的经济行为模式是否可以用来阐明各种市场失灵的合理性。

4.1 国际比较视角

最早试图分析就业保护与重大经济效应之间关系的研究来自跨国比较研究。

4.1.1 早期研究

拉泽尔（1990）非常有影响地开拓了这一研究领域，他运用国际比较来研究就业保护是如何影响劳动力市场的。该论文通过度量法律规定的解雇金和解雇通知的变量，来研究解雇的成本。尽管表面看起来他提供了一组面板数据，但是大多数国家在样本阶段最多只修改了一次关于解雇通知和解雇金的规定。因此，正如拉泽尔承认的，他的论证结果主要来源于法律变量中横截面而非时间序列的变化。他认为，要求支付更丰厚的解雇金会增加失业率，降低就业水平、劳动参与率以及工作时间。在对失业变化与解雇金变化的相关性研究中，拉泽尔认为，在几个欧洲国家，解雇成本的增加是失业率增加的一个重要原因。

在上述论文发表之后，拉泽尔的论文引起了跨国研究的迅速发展，这些研究主要致力于探索各种理论与实践的推测。这些分析的结果五花八门。对这一领域的技术性研究有兴趣的读者可参见艾迪森等人（Addison and Teixeira，2003）的综述。下文是早期文献研究的重要论点。

在随后对拉泽尔的开创性论文的严格审查中，有学者发现，该论文在实证分析方面论证非常不充分。艾迪森等人（Addison and Grosso，1996）指出并更改了关于因变量和协变量的许多错误——例如，对意大利，使用每天而非每周的数据对工作时间变量进行编码，同时拉泽尔的论文错误地描述了法国、意大利、挪威和西班牙的解雇金水平。他们用修正后的数据估计确认了拉泽尔关于就业、劳动参与率以及失业率的结论，但是关于解雇金降低工作时间，他们得出了与拉泽尔相反的结论。他们运用修正后的数据进行研究后发现，提前比较长的时间发出解雇通知与较低的失业率、较长的工作时间、较高的就业和劳动参与率相关，这恰好与拉泽尔关于解雇通知的结论完全相反。更为重要的是，艾迪森等人修正后的估计显示，解雇金的变化对失业率的影响比拉泽尔声称的要小很多。艾迪森等人（2000）全面质疑了拉泽尔的研究，批判了拉泽尔在其论文中运用的计量经济学方法。他们研究了备选参数（alternate specifications），其中包括固定与随机效应。他们发现并且使用了几种不同的方法纠正了现存的序列相关残差（serially correlated residuals），考察了具有影响力的观察值的作用，并开展了其他的敏感性分析。最后，他们运用矩估计（moments estimator）的一般化方法分析了拉泽尔模型的动态版本。这些更加精确的估计始终未能确认拉泽尔的结论，即解雇金的增加对劳动力市场有不利影响。在完成自相关的校正之后，解雇金变量几乎从未显示出统计上的显著性，而且其在许多备选参数中都未显示出显著影响。

然而，没人能够从这些负面结果中得出结论，认为法律强制的就业保护可以促进效率。所有这些研究适用的都是狭义的就业保护概念，而忽略了解雇的其他限制。例如，在样本的某一阶段，有些没有解雇金要求的国家同样有效地禁止了个人解雇。对解雇政策更全面的解读应该包括程序性障碍、不正当解雇的标准、临时合同的限制以及工作时间的灵活性（Grubb and Wells，1993）。此外，关于解雇金和解雇通知要求的互相矛盾的结论说明，这些以及其他的法律责任可以通过细微和间接的方式影响人们的行为（Addison and Grosso，1996）。

后来的许多研究运用更可靠的计量经济学方法以及多种来源的数据，发现了统计上显著的负面影响。例如，赫克曼等人（Heckman and Pages-Serra，2000）使用一个包括20个拉丁美洲和加勒比海国家以及16个主要欧洲国家在内的样本进行分析。他们得到了一个关于就业保护的更宽泛的指数，该指数纳入了整个工作期间对解雇通知和解雇金的法律要求的评估。尽管1990年代的改革极大地减轻了其中5个国家的雇主要承担的责任，但拉丁美洲发展中国家的雇主需要支付的预期解雇成本仍然是发达国家的两倍。赫克曼等人发现，就业保护对就业率有显著的负面影响。这一影响对混合普通最小二乘法（pooled ordinary least squares）和随机效应的估计是统计上显著的，但是对固定效应的估计并不显著。就业保护对年轻劳动者的影响尤其大。预估的弹性表明，就业保护使拉丁美洲年轻人的就业率下降了10%。对不同类别国家的研究也得出了类似的结论，但程度较低（Grubb and Wells，1993；Scarpetta，1996；Nickell，2007；Di Tella and MacCulloch，2005；Nicoletti and Scarpetta，2003）。

尽管较为严格的就业保护会抑制就业这一结论已经广为认可，学者们仍认为现有对就业保护的研究是不够的。解释法律规定时出现误解是相当常见的。工业化国家法律执行的效力差别非常大，发展中国家的差别甚至更大。尽管法律上的解雇金与解雇通知的要求更容易观察到，但它们与其他雇佣法律间有着千丝万缕的联系。量化这些其他的法律规则都要求研究者采用比较随意的标准生成易处理的指标。世界银行雄心勃勃地开展了被称为“营商环境调查”的项目，该项目试图量化 60 多个国家的几百条法律条款（Davis and Kruse，2007），需要从具有许多复杂性和不确定性的真实法律实践中得到量化结果（World Bank，2007），在这个过程中难免会使用非常随意的标准。此外，正如“营商环境调查”项目一样，大多数国际比较项目仅仅专注于雇佣法律，而低估了普通法国家对此领域的规制。

另外一种方法是通过对雇主态度的调查来衡量规制的灵活性（Pierre and Scarpetta，2004，2006），但是这些调查数值具有内在的不稳定性（Addison and Teixeira，2003）。大多数雇主以地方性的视角来形成他们对法律限制的预期。因此，这些预期和认知在不同的国家和不同的商业周期阶段，可能会系统性地发生变化。

实证文献至少达成这样的共识，即就业保护显著地降低了失业人员的流动（Addison and Teixeira，2003）。这一流动如何影响短期和长期就业水平仍需要继续讨论。布兰查德等人（Blanchard and Wolfers，2000）为了超越其他研究中所使用的有限的因果关系模型而做了极具创造性的努力，他们认为欧洲高水平的失业源于就业保护和不利经济冲击的相互作用。他们观察到，经济冲击对生产率、利率和劳动力需求的影响太过于一致了，以至于无法解释不同国家间不同的失业水平。而且，近几十年，在许多国家出现失业率上升之前都存在限制性的劳动规定。布兰查德等人认为，限制性的劳动力市场政策阻碍了对经济冲击做出动态调整。因此，在雇佣制度会阻碍企业将劳动者配置到更有效率部门的国家，失业水平的上升是最多的。尽管他们关于雇佣制度的数据有极大的局限性，但他们仍然发现了可以证实交叉项影响的显著证据。虽然布兰查德等人认为他们的结论仅仅是初步的，但他们利用更加精细的方法研究就业保护如何影响失业率的努力是值得肯定的。

4.1.2 更多近期的研究

近年来，实证领域最显著的发展是运用企业层面数据对某个国家的规制变化的研究越来越多。

例如，皮埃尔等人（Pierre and Scarpetta，2004，2006）进行了常规的跨国比较，但使用了企业层面的微观数据而非国家层面的加总数据。他们发现，就业保护的严格性与雇主声称的规制缺乏灵活性高度相关。为了应对这些法律限制，企业更加集中地培训员工，并更加频繁地使用临时雇佣合同。有学者（Gomez-Salvador et al，2004）同样运用13个样本国家的企业层面数据，发现就业保护降低了工作岗位的流动性。

尽管使用了企业层面的数据，但是这些跨国研究仍然存在问题。由于存在遗漏变量的问题，将国家法律体系与经济产出或者经济行为相关联的努力可能会失败。雇佣规则的内生性问题还可能干扰我们厘清这些变量间的真正关系。虽然内生性的问题仍然存在，仍有一些研究采用面板数据来探索具体的法律改革在某个国家的影响。这些准自然实验缩小了可能产生混淆的变量范围，同时允许使用双差分法，该方法对识别假设要求相对较弱。

库格勒等人（Kugler and Pica，2008）使用异常详细的雇主—雇员面板数据，来研究解雇成本如何影响劳动者与工作岗位的流动。1990年，意大利的一项立法修正案将本就很严格的就业保护适用范围扩大到雇员人数在15位以下的企业。作者发现，对小企业来说，上述解雇成本的增加使得就业人数的流动率降低了13%—15%。他们还估算出小企业入职率的显著下降，但是离职率方面没有受到明显影响。里奥纳迪等人（Leonardi and Pica，2007）研究发现，相同的改革使劳动者刚入职时的工资减少了10%左右，且增加了工作任期内工资分布曲线的陡峭程度。

马里内斯库（Marinescu，2007）考察了英国1999年的就业保护法改革，该改革将劳动者可以因不正当解雇起诉雇主时需要满足的工作期限从两年降低为一年。马里内斯库发现，就在试用期结束之前，解雇风险达到了峰值，而在试用期结束后立即就会出现一个低谷。马里内斯库还发现，改革后，近期受到就业保护的劳动者以及那些仅有较短工作期限的劳动者面临的解雇风险降低了。企业似乎通过加强员工雇佣方面的工作和培训来回应改革。在这种情况下，更加严格的就业保护对就业或者失业的持续时间没有负面影响。

亨特（Hunt，2000）早期的研究使用行业层面数据，来研究德国企业如何对那些存在降低解雇成本与提高工作时间灵活度的改革做出反应。亨特发现，这些降低解雇成本的改革并未加快就业调整。对这一发现的最好解释可能是法律修正的地方非常有限，并不能对雇主产生实质性影响。但是，亨特同时也发现，提高工作时间灵活度的改革稍微放缓了劳动者人数的调整，从某种程度上证实了这些边缘的调整起不到太多作用。

托莱多等人（Dolado et al，2007）专注于1997年西班牙的劳动法改革，该改革创造了一种新型长期合同，此类合同减少了某一类特殊群体的解雇成本，包括年轻劳动者、长期与年长失业人员，以及残疾人员和从临时合同过渡到长期合同的劳动者。他们开发了一个搜寻和匹配模型来说明就业保护对异质劳动者群体的影响，然后根据西班牙劳动力市场的特点对模型进行校准。使用校准后的模型进行研究的结果表明，聚焦于低生产率劳动者和受到频繁生产率冲击的工作岗位的改革，可能是降低总失业率的最有效策略。

有学者（Behaghel et al，2008）研究了法国一部对解雇 50 岁以上劳动者征收特殊税的法律。当 1992 年的改革增加了一项针对该税的新豁免条款时，50 以上与 50 岁以下劳动者从失业向就业的转换率大幅上升。作者认为，对 50 岁以上劳动者的就业保护造成了他们被更年轻的劳动者大量取代，因此这损害了表面上受保护群体的利益。减税可以帮助这些年长的劳动者。

最后，还有对欧洲以外国家的改革措施的有趣分析。有学者（Freyens and Oslington，2007）对澳大利亚中小型企业进行了广泛调查，该调查计算了这些企业解雇成本的货币价值。澳大利亚的“工作选择”改革方案对员工少于 100 人的企业适用了解雇限制豁免，作者对该改革所创造的工作岗位数量进行了估算。他们估算的数量为大约 6000 个工作岗位，这一数字远远低于改革的政府支持者声称的 77000 个工作岗位。

4.2 确定美国州法律的影响

除了对世界范围内各国立法变化研究的不断关注外，越来越多的实证文献通过研究美国各州法律的变化差异来确定就业保护法的影响。前面我们谈到，美国劳动法规对解雇行为施加了全国统一的显著限制。然而，公共政策、默示合同以及诚实信用这些对于雇佣自由原则的例外都是州法律的产物。每个州的法院自行决定是否认可这些例外规则以及如何解读这些例外规则。很多学者已经利用这些丰富的横截面和时间序列变量，来估计这些司法创新是如何影响劳动力市场的。

德图佐斯等人（Dertouzos and Karoly，1992，1993）的早期研究发现这些司法创新对就业有显著影响。利用两阶段准工具变量（two-stage quasi-instrumental）的分析过程，他们预测采取侵权例外原则的州总就业率下降了 2.9%，而同时采用合同例外的州总就业率在上述基础上又下降了 1.8%。这些估计表明，激进的司法机构仅仅通过削弱雇主随意终止雇佣合同的权利，便可能造成该州损失接近5%的就业机会。尽管这些研究结果受到了极大的关注和宣传，随后的研究发现上述司法创新对就业的影响甚微甚至根本没有影响。例如，米勒斯（Miles，2000）使用双重差分估计法，发现采用雇佣自由例外原则对于就业或失业均没有统计上显著的影响。然而，当某个州采纳了默示合同例外原则时，企业增加了15%的临时雇员。奥托（Autor，2003）确认了这种关系，并发现在采样期间，默示合同例外原则的采用可以解释就业外包大增中的20%。

奥托等人（Autor et al，2004，2006）近期的两篇文章，在理解雇佣自由例外原则对于总体就业的影响方面开拓了新的研究领域。其中一篇论文（Autor et al，2006）的估计与米勒斯的无影响结论相反，但是其值又远低于德图佐斯等人的结果。和米勒斯一样，奥托等人也采用了双重差分法估计框架。他们的核心发现是，在采用默示合同例外原则的州，就业人口占总人口的比例下降了0.8%—1.6%。负面效应对备选参数仍然稳健，这些备选参数包括州固定效应、时间和地区虚拟变量，以及一系列协变量的交叉项。这些结论与德图佐斯等人发现的侵权例外原则对就业影响最为严重的结论相悖。他们认为，无论是公共政策还是诚实信用的例外原则均没有对就业或者工作岗位的流动产生持续的、统计上显著的影响。

两篇论文中较早的一篇（Autor et al，2004）深刻讨论了其研究结果与早期文献结论的完全相悖。该文认为，大多数差异源自德图佐斯等人为了克服法律变革的内生性而采用的工具变量估计方法有缺陷。不幸的是，德图佐斯等人所选择的那些工具变量对就业有独立的影响，而这与雇佣自由例外原则的采纳与否毫无关系。与因变量的直接相关性意味着，这些法律工具变量的估计系数是偏高的。此外，他们使用了许多连续变化的工具变量，这构成了一个潜在的危险——工具变量仅仅反映了与因变量中其他平稳趋势间的相互关系。例如，在他们的模型中加入州的时间变化趋势，就极大地降低了州法律的估计影响。在精心设计后，双重差分估算法可以消除这些偏差。

为了解释米勒斯的无影响论以及奥托等人稳健的适度负影响论之间的差别，我们需要更加精细地考察他们对法律政策变量进行编码的方法。作为一个理论问题，我们感兴趣的是，在某个司法辖区“认可”了每个新的雇佣自由例外原则时，我们如何衡量这一事件。我们应当如何界定这一事件？传统方法要求研究者识别出那些接受任何上述三种不正当解雇原则的司法判决。但这并不简单。美国州法院体系包括初审法院、中级上诉法院和州最高法院。联邦法院也可以根据管辖的多样性原则裁决雇佣合同案件。许多联邦基层法院审理的重要案件引导或是阻碍了某个州的法律发展。

普通法发展过程中的阶段性及演化性特点增加了它的复杂性。当某个州法院首次表示接受某个特定的责任理论时，我们可以将此标记为“采纳”了该理论。但这样可能并不准确。或许，我们应当等到法院明确表明支持某个新的学说，才标记为该法院“采纳”了该理论。或者，当法院在某一裁决中明确地对当事人适用该原则，而且充分阐明了适用新原则的基本原理时，我们才可以将此标记为采纳。

奥托等人（2004）不遗余力地重复之前的研究，并运用三种不同的分类方案——德图佐斯等人（1992，1993）、莫里斯（1995）和施瓦茨等人（Walsh and Schwarz，1996）采用的方法——重新估计了他们的模型。尽管德图佐斯等人与莫里斯使用的法律分类中有某些细节的不同，但是他们利用法律变量确认了奥托等人的主要发现，即只有默示合同这一例外原则对就业有显著的负面影响。然而，米勒斯使用了施瓦茨等人的分类方法，重新估计了奥托等人提出的模型，得出了与米勒斯相同的结论，但统计上并不显著。据作者解释，施瓦茨等人选择案件的标准是这些案件至少在某种程度上很好地解释了法院采用新原则的基本原理。相反，奥托等人选择研究采纳新原则的第一个信号。米勒斯依赖于施瓦茨等人的选择标准，这就意味着他将法律变化的时间界定得过晚，此时企业已经将新法律原则产生的预期成本纳入了他们的新雇佣决策中。鉴于此，奥托等人的方法更加准确地模拟了法律变化的进程。

尽管奥托等人使用传统方法来评价美国法律的影响并没有很好地说明与解雇相关的州普通法的主旨，但是，我们应当钦佩奥托等人所做的努力，他们认真对待法律分类的不同，而且建立了可以更精准的法律变量来反映新原则可能对雇主行为产生影响的时间点。施瓦茨对法律原则的分类区分了三种例外原则中每一种的“狭义”与“广义”理解。虽然这种方法更精细，但是仍然不能反映不同司法辖区的本质差异。哈雷等人（Dau-Schmidt and Haley，2007）对不同的雇佣自由例外原则的细微差别进行了精彩的讨论。我们可以按照州法院对雇佣合同诉讼的接受程度将其分为自由派、中间派和保守派的司法辖区（Verkerke，1995）。表面上认可某一特定的就业保护理论的司法辖区实际上可能会有极大的差别。因此，用按照原则分类的传统方法评估这些法律规则的实践意义会产生实质性错误。

其他的研究超越了雇佣自由例外原则的采纳对总就业的影响，而是研究这会如何影响劳动力市场的动态变化。库格勒等人（Kugler and Saint-Paul，2004）研究了就业保护对在职求职者和失业的求职者是否有不同影响。他们发现，采纳雇佣自由例外原则降低了失业人员再就业的可能性，但不影响在职求职者的再就业。施瓦岑巴赫（Schanzenbach，2003）关注雇佣自由例外原则如何影响工作期限和期限内薪酬的变化情况。他的研究结果与之前的研究结果大体一致，即公共政策与诚实信用原则均未产生稳健的、统计上显著的影响。尽管默示合同例外原则可能会增加工作期限，但是它不影响期限内的薪酬。最后，奥托等人（2007）利用企业层面数据分析就业保护程度的变化对生产率的影响。他们发现，只有诚实信用例外原则会显著降低工作岗位流动，企业会通过增加资本投入和雇佣非生产性劳动者来应对这些限制。他们试探性地提出，尽管劳动生产率在上升，但全要素生产率是下降的，这意味着可能对效率有负面影响。不过，负面的投资冲击也能解释这些影响。

麦克劳德等人（MacLeod and Nakavachara，2007）采取了稍微不同的方法，他们认为，具有法律约束力的正当理由保护原则可以解决低效率的缔约问题。在他们的模型中，由于信息不对称，企业低估了劳动者的关系专用性投资。法院收集了更多有关员工工作表现和不正当解雇诉讼的信息，通过激励雇主更仔细地筛选员工而降低了人员流动。就业保护也鼓励员工增加有效的关系专用性投资。为了检验他们的经验模型，麦克劳德等人根据员工在工作中获得的培训水平划分职业群体。他们发现，诚实信用例外原则具有统计上显著的影响，但是默示合同例外原则并未呈现一致性的影响。对高投资组的估计显示出对就业和薪酬有显著的正效应，而低投资组则显示出显著的负效应。根据他们从高技能水平员工身上观察到正的就业和薪酬效应，他们得出结论，诚实信用例外原则可以对经济产生有利的影响。

最后，马拉尼（Malani，2008）提出了用完全不同的方法来评估就业保护法规的影响。他使用特征回归法，估计雇佣自由例外原则——以及无过错机动车保险法律、医疗保险要求和侵权法改革——是如何影响房屋价值、租金和工资的。马拉尼利用这种新的方法得出了如下结论：采纳诚实信用例外原则每月会产生128美元的显著的负福利影响，而采纳默示合同例外原则会产生每月57美元的负福利影响。尽管他考虑到这些人均影响可能“大得令人难以置信”，但是马拉尼依然坚信他采用的方法，并认为这些雇佣自由例外原则“对福利的影响只是比预期值大而已”。认可或者反对用特征回归法评估法律规则都为时尚早，但是一则适用范围狭窄并极少被使用的就业保护原则每年会减少每位公民至少1500美元的福利，这一点确实令人难以置信。有趣的是，预估的福利影响大小与认可每种例外原则的州的数量成反比。或许，这些州的其他一些重要特点与雇佣自由例外原则的模式紧密相关。这一问题与下面将讨论的评估法律原则的问题在未来的研究中应受到更多的关注。

4.3 就业保护的政治经济学

另一部分文献试图解释采纳就业保护的起源和政治动态。克鲁格（Krueger，1991）在这方面做出了开创性的贡献，他认为美国提出不当解雇立法（在蒙大拿州已被采纳）的目的是回应对雇主任意解雇权利的司法侵蚀。他对蒙大拿州的案例研究阐明了假设机制。正如我们所看到的，蒙大拿州最高法院的判决创设了一种极具干预色彩的不正当解雇的诉讼理由。违反一个相对模糊的诚实信用原则可使胜诉的原告获得大量侵权损害补偿。商业群体大力抨击这些判决，同时反对大额损害赔偿以及法律对是否允许解除合同的不确定性。作为回应，蒙大拿州立法机构通过了《不正当解雇法》，规定了更加宽松的解雇标准，限制了法律救济，并激励当事人采用花费更少的仲裁程序。

克鲁格通过分析不正当解雇立法建议和认可雇佣自由例外原则的法院判决的面板数据来支持他的因果猜想。他发现，立法建议和诚实信用、公共政策例外原则以及各州认可的例外原则的总数之间均存在统计上显著的联系。雇佣自由例外原则数据中的序列相关性严重限制了克鲁格从实证角度考察因果关系。然而，他对交叉滞后（alternate lag）和超前结构（lead structure），以及有限的格兰杰—西姆斯（Granger-Sims）因果关系测试进行了研究，这为司法认可雇佣自由例外原则会促进不正当解雇立法的假设，提供了更多支持。

另一部分研究试图解释不同国家就业保护起源的差异。圣保罗（Saint-Paul，1997，2000）提出了一套基于法律和社会制度的刚性互补（complementary rigidity）理论。因此，强大的工会和高度管制的市场容易实现用严格的法律限制解雇的均衡。就业保护也倾向于加强内部人的权力，同时使那些依靠这些法律获得现有岗位的劳动者成为该法案的支持者。圣保罗发现，如果过去有更好的就业保护，那么今天就会形成更强大的政治支持来维持（或者可以说巩固）就业保护。他得出结论，一旦一个国家制定了严格的就业保护制度，就很难被取缔。

其他学者提出的理论补充了圣保罗对就业保护立法的认识。有些研究考虑了国家间公民观念、宗教信仰和信贷市场的差异（Algan and Cahue，2004，2006）。贝洛特（Belot，2007）提出，在移民成本高昂的国家，就业保护对劳动者来说更具价值，反之亦然。在美国，较高的劳动力市场流动使得中间选民更希望实现较低保护和较高劳动力流动的法律制度，因为更高的劳动力流动性提升了流动的劳动者找到更匹配工作的几率。相反，欧洲对劳动力流动的阻碍使得劳动者更加看重在这些国家更加严格的就业保护。

布鲁格恩曼（Brugemann，2007）采用另外一种方法解释为什么不同国家的劳动法规之间会持续存在差异。他考察了新的就业保护措施被提出、讨论、制定并实施所经历的多阶段政治进程。在他的模型中，企业有机会在新的就业保护措施通过之后但在实施之前调整雇佣关系。如果立法机关采用更严厉的法律，同为就业者的选民可以预见雇主会试图裁员。在那些已经具有严格解雇保护的国家，劳动者几乎不会感到担心，同时他们对新法律的支持也不会削减。然而，在那些相对来说就业保护较弱的国家，劳动者的权益更容易在法律实施之前受到侵害。他们将不大可能支持新的保护立法。布鲁格恩曼由此得出结论，就业保护既难以被摧毁，也难以获得。

最后，一个不断发展的研究领域将有关法律渊源的分析扩展到解释劳动法规的差异上。波特罗等人（Botero et al，2004）考察了 85 个国家的就业、集体谈判和社会保障法律。他们收集了关于法律规定的大量数据，并用此构建了每个法律领域的总体指数。他们的实证研究探讨了这些劳动力市场干预的三种不同的解释性假设——效率、政治权力和法律渊源。就雇佣法律来说，波特罗等人发现了普通法国家的规制比那些拥有大陆法系渊源的民法国家更宽松的证据。不出所料，左翼政府同样更具有保护性，但是法律渊源的影响更显著。对劳动力市场的规制结果与其他领域大致相同。这种相关性支持了一国所采取的管制方式很大程度上取决于其法律渊源的观点。只有个别例外。

5. 挑战

大量引人瞩目的精细研究考察解雇的法律规制如何影响劳动力市场。尽管这些文献取得了一定的成果，但是在上述讨论范围之外长期存在的一些问题削弱了它们对政策讨论的启发意义。例如，许多学者注意到，在证明对就业和工资的负面影响时，可能忽略了劳动者会更加看重现有职位（remaining jobs）而不是大量保障性差的职位的可能性。然而，即使忽略了计算社会福利这一稍微棘手的问题，我们也应该小心避免过分依赖这些创造性的努力来理解就业保护问题。

5.1　一些难以忽略的事实

一些经常被用来支持加强解雇法律保护的理论观点具有明显的实证启示。令人惊讶的是，对于现有数据是否能够支持这些启示却鲜有研究。也有少数例外，例如施瓦岑巴赫（2003）早期的讨论以及下面提到的讨论。

一个常见的观点是，工人们不会去谈判工作保障问题的原因是他们错误地认为现有的法律会保护他们免受不正当解雇（Kim，1997）。这种观点表明，了解情况的工人更可能去寻求获取更多就业保护的合同条款。但是，一个对非工会公司雇佣合同条款的调查提供了相反的证据（Verkerke，1995）。该数据最显著的一个特点就是，在任何一个企业中，雇主提供给所有员工的合同条款都是统一的。也就是说，中层管理人员和门卫、化学工程师和生产操作工，均面临相同的解雇条款。同时，在样本中，没有一家律师事务所提供正当理由解雇条款，这说明，即使是我们认为最应懂法的律师也未能签订正当解雇保护合同。

而另一个关于正当理由保护的论据依赖于劳动者生产效率的信息不对称（Levine，1991）。劳动者不敢要求正当理由保护可能是因为这会发出信号，让雇主觉得他的生产率相对较差，是一个“差员工”。同样，雇主可能因为害怕会吸引较多“差的”求职者而不愿提供正当理由保护合同。这个“差员工信号”理论意味着，由劳动者个人就工作保护条款进行谈判应该是十分罕见的。这种“逆向选择”的论证观点表明，只有当公司能通过简单的筛选机制预防逆向选择时，才会提供正当理由保护。

也许令人惊讶的是，判例法中实际上充满了个人谈判的案例。许多经典案例恰恰涉及“差员工信号”理论没有包含的工作保障谈判。另外，笔者就雇佣合同实践的调查显示，15%的雇主提供了合同上的工作保障（Verkerke，1995）。根据逆向选择理论，差员工应该涌向这些雇主，但是这些报告显示，雇主并没有要放弃他们自愿对就业保护的承诺。一个类似的难以忽视的事实是，工会的集体谈判合同一律要求针对解雇的正当理由保护。但是，现有的证据表明，工会的工资溢价反而会吸引更具生产率的员工，而不是被生产效率低下的员工驱除。

类似的问题困扰着基于谈判权力和规模经济而主张正当理由保护的理论（Verkerke，1995）。其重点并不是说这一本身具有局限性的实证研究可以有理有据地驳斥所有论点。相反，这一实证研究启发我们，仔细研究现有的合同实践具有潜在的价值。这些数据显示的模式，有助于我们评估认为雇佣自由合同普遍存在的一般理论是否合理。

5.2 溢出效应

现有的研究对溢出效应的关注度同样不够。可能最明显的是，全国性的企业往往会将它们的人力资源政策和雇佣合同文本标准化。因此，少数主要司法辖区的法律创新对全国性的企业在其他司法辖区的雇佣行为有直接影响。另一个溢出效应源于，一个辖区的司法创新可能会导致其他辖区内的企业预期所在辖区也会有类似的创新。伯德等人（Bird and Smythe，2006）的研究表明，这些影响范围更多的是遵循联邦巡回法院的辖区而不是严格意义上相邻的辖区。但是，无论这些溢出效应具有怎样的轨迹，将每个新的判决都视为“从零开始”的估计方法，会低估早期的法律变化对就业的影响。

奥托等人（2004，2006）关于创建客户警告信的可能性的研究是有益的。但是，一个专门针对雇佣案件的律师事务所关于法律风险的建议，通常会考虑更广泛的影响，而不仅仅是那些客户警告信中所提到的地方性判决。此外，行业会议上的经验、专业教育讲座的信息以及关于法律发展趋势的非官方说法，都会影响人力资源经理和行政人员关于雇佣和解雇的决策。正如对法律原则进行正确分类的难题一样，这些溢出效应毫无疑问会使就业保护变量的协变量偏低。

理论上的最佳方法应尝试衡量一个特定辖区的法院（如果有机会的话）接受一项既定法律原则的可能性。在某一具有影响力的辖区的判决，可能在很大程度上预示着与其具有相似倾向的辖区将要发生的变化。企业会根据判例更新它们对可能性的估计，进而调整员工的招聘和留任，并采取适当的法律防范措施。与其预估某个辖区采纳某项原则的日期，我们不如去预估辖区间的影响范围，以及那些会影响雇主更新法院接受法律原则可能性的信息。

最后，那些将法律辖区分为已采用和未采用某一法律原则的传统分类，加剧了未考虑法律溢出效应的问题。这种分类方法将那些已经否决某一原则的法律辖区等同于尚未讨论这一话题的法律辖区。但是，一个已经明确否决救济原则的辖区和一个尚未对是否采纳这一原则进行讨论的辖区有很大不同。一种比较简单的对法律原则分类的修正方法是，在每个辖区，区分每种原则的三种可能情况——采纳、尚未裁决和已经否决。

（丁雯雯　译）

因篇幅所限，参考文献略，特向作者和读者致歉，需要者可向《比较》编辑室索取：bijiao@ citicpub. com。

新书架

New Books

Comparative

资本主义和社会主义

评科尔奈的《动态变化、竞争和剩余经济》

许成钢

自亚当·斯密时代开始，理解资本主义的本质一直是经济学的永恒主题。东欧剧变和全球金融危机这样的事件激发了作为新前沿的政治经济学的复兴，重新燃起了探究资本主义本质的兴趣。科尔奈的新书《动态变化、竞争和剩余经济》，2013 年由牛津大学出版社出版，值得该研究领域特别关注。在资本主义与社会主义的基本规律研究方面，雅诺什·科尔奈是最具洞见、最令人鼓舞的杰出经济学家之一。本书的独特之处在于，通过资本主义和社会主义的比较研究阐释了资本主义的特点。从 20 世纪初期至今，覆盖了世界三分之二人口的社会主义制度的兴衰，是人类历史上最大规模和最重要的制度变迁。

从主流经济学的视角来看，通过理解社会主义来审视资本主义的本质可以追溯至兰格、哈耶克和米塞斯①之间那场著名的理论争论。这场争论极大地影

* 非常感谢 Lee Benham、Mary Shirly、Gerard Roland 和徐铁青对本文的有益建议。感谢 Steven N. Durlauf 编辑对本文初稿的详细建议。所有不当之处均由本人承担。本文获得主题研究计划（TRS）项目的资金支持。

① 从历史上看，社会主义源自对资本主义的批判，例如，罗伯特·欧文、查尔斯·傅立叶、皮埃尔—约瑟夫·普鲁东和圣西门。马克思的绝大多数著作，包括《资本论》，聚焦于资本主义的本质而非社会主义的本质。

响了一般均衡理论（Lange，1936，1942）、信息和激励理论（Hayek，1935，1945，1948）以及机制设计理论（Hurwitz，1972；Myerson，2008）。没有这场争论，主流经济学就不会发展到今天的样子。然而，我们对现实资本主义经济和社会主义经济的理解，尤其是资本主义和社会主义的联系以及社会主义的兴衰，还远远不够。本书恰恰填补了这些方面的研究空白。

《动态变化、竞争和剩余经济》是科尔奈的巨著《资本主义经济》（*The Capitalist Economy*）（未完成）的简要版本。《资本主义经济》旨在对资本主义体制进行全方位的剖析（Kornai，2011），是科尔奈的经典著作《社会主义体制》（*The Socialist System*，1992）的姊妹篇，①综合了作者数十年来所发展的理论、概念和观察。在比较资本主义和社会主义的分析框架中，有两对概念特别重要：短缺经济和剩余经济、软预算约束（SBC）和硬预算约束（HBC）。作者在1970年代首次提出社会主义的显著特点是长期短缺；与这一论断相比较，资本主义的特点是长期剩余，即过度供给，包括剩余的生产能力、大量的存货和劳动力失业。资本主义生产剩余的现象是长期存在的，这一观点与凯恩斯的周期理论不同。“剩余经济尽管存在着若干负面效应，但仍不失为资本主义的重大优势之一。”（Kornai，2013，第53页）

在异常宽泛的政治经济学和意识形态谱系中，不乏各种相互冲突的社会主义概念和各种所谓的社会主义体制：从私有产权和民主制主导的高度平等的社会（例如斯堪的纳维亚国家），到国有制和极权政策主导的高度不平等的社会（例如斯大林政权）。这样看来，社会主义或者社会主义体制的含义必须被界定清楚。

在本书中，“社会主义体制”一词（与科尔奈以前的著作中所出现的完全相同）是一个理论概念，它概括了历史上存在过或现在仍然存在的诸如苏联、中国和越南等由共产党统治的一组政治—经济—社会组织的共同特征（参见《社会主义体制》，第4—11页）。正如科尔奈（1992）所指出的，社会主义体

---

① 科尔奈的著作 *Gondolatok a kapitalizmusról*（关于资本主义的见解）是其研究项目——资本主义体制——更为完整的版本。在本书的前言中，科尔奈将对资本主义的研究与对社会主义的研究进行了比较，“我认为在我对社会主义体制和后社会主义转轨研究中所提出并使用的研究范式、科学视角、概念框架以及方法论，同样也适用于对资本主义的研究。我所使用的研究范式、概念框架以及方法论与其他研究人员使用的有所不同。”（Kornai，2011）

制是一个实证概念，它源自对现实的观察，并不带有规范的价值。社会主义体制的根本特征是国有制在国家中占主导地位并由共产党执政。相比之下，资本主义则是私人财产权占支配地位。按照科尔奈的用法，“共产主义”和“共产主义体制”与“社会主义体制”几乎是同义词。然而，在社会主义国家的措辞中，“共产主义”这个术语是马克思所认为的社会主义第二阶段的乌托邦社会（“按需分配……”）。因此，西方的社会福利国家（例如由社会民主党人统治40年的瑞典）不是社会主义国家，而是对社会问题做出敏感回应的民主资本主义市场经济体。科尔奈对于社会主义的操作性定义与马克思（1875）、米塞斯（1935）、兰格（1936）、哈耶克（1944）等人一致。①

1. 关于本书

40多年前，科尔奈在其著作《反均衡》（*Anti-Equilibrium*，1971）中提出，资本主义的特点是剩余经济，而社会主义的特点是短缺经济。阿罗在其诺贝尔获奖演讲中引用了这本著作，作为对一般均衡理论的另一种研究方法（Arrow，1972）；在法国，科尔奈的这本著作被视为“一本非常有影响力的书”，属于“必读书目之一”，“成了常识的一部分”（Blanchard，1999）；科尔奈本人也认为“本书是我整个研究生涯中最具雄心的成果”（Kornai，2007）。现在，在《反均衡》出版已近半个世纪之后，科尔奈的新作《动态变化、竞争和剩余经济》问世，可以被视为对其终身研究课题的一个简要概括。

本书由两篇论文组成。第一篇长文“创新”研究了资本主义和社会主义体制的动态特征。资本主义的动态特征由经济制度和技术进步之间的相互作用所决定。关于资本主义创新中的动态变化和竞争的讨论，是论述本书第二篇文章“剩余经济”这一主题的基础模块。图1引自原书第二部分的第5.4节，提供了本书的一个概览。图1阐释了资本主义长期剩余的形成机制。但是，在科尔奈看来，剩余强化了竞争，导致创造性破坏。从这个角

① Marx（1875）明确提出，社会主义的基本特征是公有制占主导地位，它只能通过无产阶级专政来实现；社会主义将取代资本主义，是共产主义的过渡阶段。Hayek（1944）认为，社会主义中公有制占主导地位，它必须依靠强制计划来实现，而这将导致专政。Mises（1935）和Lange（1936）以及许多著名的经济学家和学者，也以同样的方式定义了社会主义，虽然这些定义并未包括政治方面。

度来说，剩余既是一种结果也是一种原因。为简化起见，图 1 省略了因果关系的这个重要方向。

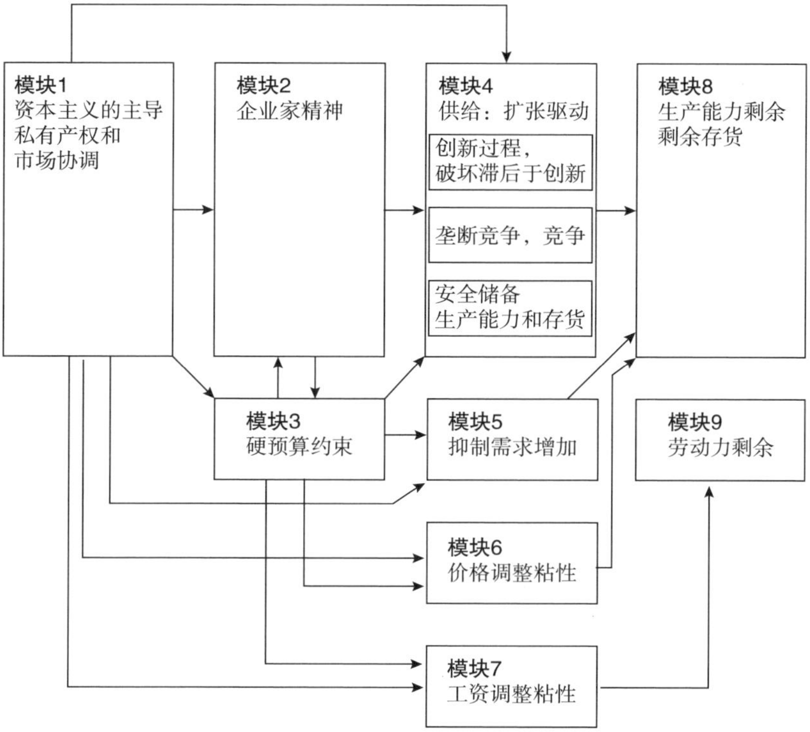

图 1　产生剩余经济的因素

资料来源：科尔奈（2013），第 120 页，图 5.2

图 1 中，模块 1、模块 2 和模块 3 分别描述了私有产权、市场协调、企业家精神以及硬预算约束，这些是资本主义体制的基石。而且，私有产权和市场协调决定了硬预算约束，它是资本主义体制的标志（这一特征化描述之外的更复杂的问题将在后文探讨）。反过来，硬预算约束决定了创造性破坏以及诸如创新、需求和价格等其他方面的结果。

本书的第一篇文章主要讨论供给侧（模块 4）。图 1 中其他模块的内容在第二篇文章中讨论。第一篇文章的核心论点是：伴随着快速创造和缓慢破坏的熊彼特式创造性破坏，是资本主义的主要优势之一，也是导致供给方的商品和服务反复剩余的根本力量。

在资本主义经济中，导致商品和服务在市场中反复剩余的机制包括过度供给、需求不足以及价格粘性。从需求侧看，有效需求不足的最重要因素是面临硬预算约束的雇主拒绝雇员涨工资的诉求。在新凯恩斯学派看来，向下的价格粘性（非对称价格粘性）、硬预算约束以及买卖双方非对称的议价能力也是重要原因。

除了商品和服务市场的剩余之外，资本主义的另一特点是劳动力市场的供给剩余（模块9），这一特点与发达社会主义经济体的长期劳动力短缺形成强烈对比。资本主义的劳动力剩余有两种情况：一种是熊彼特式的创造性破坏过程所导致的结构性失业，另一种是劳动力供求不匹配所产生的摩擦性失业。科尔奈是研究劳动力市场供求不匹配问题的先驱之一（Kornai，1971）。本书也讨论了劳动力剩余的其他原因，包括凯恩斯主义的周期性失业和效率工资理论。

2. 均衡和方法论

科尔奈强调，资本主义的特点在于它是彼此不可分离的多种属性的集合体，是由多种有利和不利属性组成的“集合”。一组基本属性就是剩余，即无论采取何种政策，伴随着活跃的进入和退出，会出现商品和服务供给过度、生产能力剩余和就业率不足或失业。① 因此科尔奈指出，剩余是资本主义经济的常态，而瓦尔拉斯市场出清均衡②是一个例外。关于市场中的摩擦，科尔奈对瓦尔拉斯均衡的批评和对资本主义作为剩余经济的描述，补充了凯恩斯对瓦尔拉斯均衡的批评（Keynes，1936），不过两人的视角十分不同。科尔奈强调的一个观点是，瓦尔拉斯均衡概念是静态的，忽略了资本主义根本的动态特点。在这一点上，科尔奈和熊彼特（1942）的观点一致，尽管他们对资本主义和社会主义的命运有着截然不同的看法。科尔奈试图通过考察买卖双方的相互作用来替代一般均衡理论。但是，这种分析方法因受制于经济学家所面对的环境（例如治理结构）而受到严峻的挑战。这种方法能否成功取决于经济学家对市场参与者所遵循的规则了解到什么程度。就此而言，埃里克·马斯金（Maskin，2004）在解释为什么拍卖理论在所有应用理论中最成功时所做的

---

① 本书与科尔奈备受好评的著作《短缺经济学》和《社会主义体制》具有同等重要的地位。社会主义的主要特点是短缺，而软预算约束是产生短缺的重要因素。

② 科尔奈在本书中所提到的“均衡”和“反均衡”，均指瓦尔拉斯市场均衡而非博弈论中的均衡。实际上，科尔奈在本书和其他著作中所讨论的多数思想与纳什均衡的概念是一致的。

评论特别具有启迪意义："……产业组织和其他应用经济学领域的理论学家们一直在这样的约束条件下工作，他们不了解他们所研究的市场参与者（例如厂商和消费者）的博弈是什么；他们的模型至多也不过是对现实的近似估计。相比之下，拍卖理论家们通常都知道拍卖参与者们严格遵循的规则是什么。"

在科尔奈看来，剩余不只是资本主义的动态结果，也是其原因。剩余在推动资本主义发展过程中的核心作用，类似于短缺在达尔文的生物进化中发挥的关键作用（Kornai，2013，第110页）。在生物界，短缺（如食物、水和阳光的短缺）能够引起突变的传播，推动达尔文生物进化的进程。一方面，植物和动物等生物体之间的竞争造成了短缺；另一方面，在短缺造成的生存压力下，生物之间为争夺稀缺必需品进一步竞争，从而推动了物种的进化。同样，在资本主义制度中，竞争导致了剩余，剩余推动着厂商和企业家为了生存和利益而展开激烈竞争。这一根本力量推动了发明、创新、创造性破坏和资本主义的演进。将熊彼特式的创造性破坏融入政治经济学模型和增长模型是非常必要的（例如，Acemoglu et al，2007；Aghion and Howit，1998）。然而，如何在政治经济学模型和增长模型中纳入有关资本主义制度、剩余及其动态机制的见解仍然是一种挑战。

本书总结了剩余经济学和搜寻理论之间的显著共性，后者研究了买卖双方在搜寻和匹配过程中的摩擦以及由此导致的失业均衡。所有这些现象均偏离了瓦尔拉斯均衡。自1971年以来，科尔奈发展了他在分析资本主义剩余（比如失业）和社会主义短缺时所采用的搜寻和匹配模型（Kornai，1971），这是最早的搜寻理论之一。①

书中用作类比的达尔文进化论让我们想到，现代进化遗传学是如何在综合达尔文进化论和遗传理论的基础上发展起来的。实际上，如果科尔奈的剩余/短缺理论能够与博弈论、搜寻理论和一般均衡理论等主流经济学达成进一步的综合，② 其成果将更加丰富。然而，在科尔奈的思想中，我们可以清晰地看到这种理论综合的路线图。首先，科尔奈的分析与博弈论一致，包括博弈论中的均衡概念（例如纳什均衡）。事实上，鉴于科尔奈将需求和供给看作家庭和厂

---

① 搜寻理论的最早提出者还有 Stigler（1961）、Phelps et al（1970）、Diamond（1982）等。

② 著名的德瓦特里庞—马斯金模型（1995）即是将软预算约束理论与博弈论相结合的例证。

商的策略，其中厂商可以包括原料、中间产品和最终产品的生产商；他对于供求相互作用的强调可以用厂商或家庭在纳什均衡中的最优策略来刻画。①

第二，如果将瓦尔拉斯均衡作为分析的基准模型，那么科尔奈的批判未必就不是对瓦尔拉斯均衡的补充。这种关系有些类似于新制度经济学或新凯恩斯主义经济学与新古典主流经济学之间的关系。对于识别和理解剩余（或过度供给）和短缺（或过度需求），一般均衡理论框架是一个方便的分析基准，它为动态分析提供了一个静态基准。而且，它可以为我们分析现实世界提供在不可实现的理想条件下的最优基准。具体而言，在讨论短缺、剩余和最优状态（社会福利）的概念和度量时，一般均衡的分析框架非常有用。

在有关剩余/短缺理论与搜寻理论的综合研究中，制度是一个重要因素。导致资本主义剩余和社会主义短缺的主要因素就是制度。制度决定了谁（卖方、买方和官僚）搜寻什么、什么激励着市场参与者搜寻（为了各自的直接利益还是遵循上级的指令）以及市场参与者如何搜寻（市场参与者必须遵循的规则或约束条件）。有法治的市场中的搜寻机制，不同于自上而下的官僚等级制中的搜寻机制。只有市场而无法治的市场经济中的搜寻机制又有所不同，比如，许多欠发达经济体即是如此。在资本主义经济中，拥有私人产权和通过市场进行协调的参与者（Kornai，1991）受个人利益驱动去寻找与之相匹配的需求，而这往往需要解决逆向选择和道德风险问题。社会主义制度缺乏熊彼特式的创造性破坏过程也证明了这一点。

将搜寻理论应用于分析创造性破坏过程仍处于研究的初期阶段，因为这个过程涉及制度。企业家/创新者和出资者（例如风险投资家）之间的匹配性搜寻是研发成功的重要因素。② 然而，并非所有资本主义经济体都同样有效地促成了这件事情。革命性的新产品和新的商业模式大多是在少数几个资本主义经济体中创造出来的，这些经济体中的制度（例如风险投资制度）因素推动这类匹配过程。

在社会主义的国家所有制和官僚协调机制中，搜寻的表现非常不同；在执

① 主流搜寻模型中的均衡概念指的是纳什均衡及其衍生均衡（Diamond and Maskin，1979；Mortensen and Pissarides，1994）。

② 与此密切相关的是，搜寻理论已经被应用于金融领域（Kiyotaki and Wright，1993）、劳动力市场（Pissarides，1990；Rogerson et al，2005）和企业家精神研究（Acemoglu，1995）。

行官僚指令中解决官僚的信息和激励问题是十分困难的（Hayek，1935，1988）。软预算约束意味着失败的项目可能不会被放弃，在社会主义体制下，创新者和出资者之间的匹配性搜寻问题以及企业研发中的道德风险和逆向选择问题难以解决的主要原因之一便是软预算约束（钱颖一和许成钢，1998）。

3. 资本主义和社会主义的基本特点

深入研究作为资本主义镜像的社会主义，有助于全面理解资本主义，反之亦然。米塞斯曾说过："社会主义的理念一度是宏伟而朴素的……事实上，我们必须承认，社会主义是人类精神中最具雄心的创造之一……它是如此壮丽，如此大胆，理应受到最高的赞誉。如果我们希望于野蛮中拯救世界，我们不得不批驳社会主义，但是我们不能随意把它扔在一边"（哈耶克引自米塞斯，1988，第6页）。对于这个极其重要的问题，产生了深远影响的早期经典性的比较研究（Hayek，1988；Schumpeter，1942）① 主要是概念性的和基于推理的。相比之下，科尔奈的分析则基于事实，并有一个统一的概念框架。这个框架揭示了关键的机制；这些机制构成了两种制度之间的基本差异，例如社会主义制度下的软预算约束和资本主义制度下的硬预算约束。

通过列举自1917年以来（即自第一个社会主义制度建立以来）众多的革命性新产品，本书的第一篇文章表明了111个革命性新产品几乎全都是在资本主义制度下被发明或者被商业化的。唯一的例外是苏联为军事目的而发明的产品。②"快速创新和活力"是"植根于资本主义的制度特性"。同时，社会主义制度"在创造革命性产品上的不足以及在技术进步上的迟缓也是植根于社会主义的制度特性"（第3页）。

资本主义制度可以快速地产生创新而社会主义却不能，因为创新由资本主义的企业家来推动并以熊彼特式的创造性破坏为特征。相比之下，社会主义没有私人产权，也就不存在企业家精神。书中的表1强调了有利于资本主义创新

---

① 熊彼特（1942）是社会主义的支持者。他认为资本主义的成功，尤其是创造性破坏过程带来的成功，将导致发达资本主义中有利于企业家精神存在的社会氛围最终消失。从而，资本主义必将被社会主义替代。

② 科尔奈在本书的讨论集中于经济性生产的创新。运用科尔奈—德瓦特里庞—马斯金模型的软预算约束理论，钱颖一和许成钢（1991）解释了社会主义经济为什么通常在研发领域有所欠缺，而在核技术和太空技术等领域却取得了很大的成就。

的最重要的因素（第 I.2.2 部分）以及“社会主义无法发挥企业家精神”的制约因素（第 18 页）。

表 1 中的因素 A 和 B 由资本主义和社会主义的所有权制度决定。体制中的产权性质决定了谁对企业资源的使用进行决策，包括创新投入、由于成功的创新而得到回报以及如何得到回报等。

因素 B 中所谓的“财务报酬”的重要性和意义值得进一步阐述。从社会福利和长期经济增长的视角来看，“财务报酬”的机制远远超出了激励或企业家的个人/家庭消费。“报酬”也指资源被大规模再次分配至新技术领域。只有当大量资源被再次分配时，新技术（例如个人计算机和谷歌）、新商业模式（例如联邦快递、亚马逊和脸书）和新市场（例如电子商务）才能快速增长，进而取代过时的技术、商业模式和市场。因此，巨额的财务报酬是熊彼特式创造性破坏过程中不可或缺的一部分。然而，这种类型的资源再分配不会发生在私有产权得不到保护且成功者与失败者的冲突频发的经济体制中。

表 1　资本主义和社会主义创新过程的特点

	资本主义	社会主义
A. 研发动机和决策	企业家/厂商	政府
B. 成功企业家的财务报酬	巨额	微不足道
C. 竞争	激烈	微弱
D. 相关经验	丰富	有限
E. 项目融资	灵活	僵化

表 1 中的因素 A、C、D 和 E 与创新过程中成功者和失败者之间的竞争与冲突有关，而竞争与冲突又受资本主义的硬预算约束和社会主义的软预算约束的影响。硬预算约束是创造性破坏过程中的关键因素。“熊彼特式的创新过程……不可避免地具有两面性：大量的项目中只有少数几个会成功，同时，我们的社会中存在太多的项目了。”（第 34 页）① 这个过程的积极一面是新产品

① 根据 Maskin and Dewatripont（1995）的研究，硬预算约束和软预算约束分别是资本主义和社会主义的内生变量；钱颖一和许成钢（1998）以及黄海洲和许成钢（1998）讨论了资本主义经济和社会主义经济的创新问题，将因素 A、C、D 和 E 作为两类经济体的内生变量，模型预测的结果与本书第 1—3 部分讨论的事实一致。硬预算约束与创造性破坏紧密相关。而且，Acemoglu et al（2007）讨论了资本主义公司的集中化和分散化问题，并着重讨论了创造性破坏过程。

被创造出来，消极一面是旧公司的破产（硬预算约束）和过时产品的“灭绝”。消极一面是熊彼特式创造性破坏过程的重要组成部分，对于创新和市场机制也是必要的。然而，只有资本主义才支持硬预算约束（Kornai et al, 2003），而硬预算约束是有前景的项目可以获得融资以及成功企业家可以获得巨额报酬的前提条件（第 15 页）。与之相比，在具有软预算约束的社会主义中，经营乏力的公司受到保护而免于破产，创新不得不通过官僚阶层的计划机制得以进行。结果，研发投资只能局限于几个项目，成功的回报当然也有限（第 15 页）。

追随熊彼特和哈耶克等人的研究，科尔奈认为资本主义和社会主义的动态特点是经济学研究中最重要的课题之一。然而，他感到挫败甚至“愤怒”的是，“两种社会制度中的多数人甚至多数经济学专业的学生”对“极其显而易见的资本主义制度的巨大优点”“完全视而不见”（第 3 页）。第 I. 4 节论述了许多人甚至许多经济学家对资本主义强大的发明和创新能力缺乏理解，而正是这一点决定了资本主义的长期增长和存续以及较之社会主义体制或其他制度的许多其他的优缺点。

有关社会主义与资本主义的争论多集中于财富分配，无论过去还是现在都是如此。然而，专注于这个问题会导致人们忽视社会主义和资本主义的本质。举例来说，皮凯蒂在其著作中写道：“经济分析的核心”是分配问题（Piketty, 2014，第 15 页）。科尔奈的观点与此不同，他认为只有将资本主义视为一个整体体系，才能更好地理解资本主义的本质，分配源自资本主义整个体系（即分配并非经济分析的“核心”）。这一观点与斯密、熊彼特和哈耶克等许多伟大的思想家一致。我们看到，尽管马克思的《资本论》对资本主义进行了猛烈批判，但都无损企业家创新是资本主义的重大特点这一事实。而且，熊彼特的“创造性破坏”思想主要源自马克思（Schumpeter，1942，第 I 部分）。对于这些基本问题，科尔奈认为不平等和剩余是资本主义制度不可分割的两个特征，是由资本主义快速而充满活力的创新所产生的（第 6. 6 节）。而且，当需要国家进行干预时，了解国家干预的局限和代价十分重要：人类历史上国家干预的最强形式即是社会主义。实际上，社会主义是为了寻求社会公平而建立的。然而从现实来看，尽管社会主义的目标是实现公平，这个体制的基本特征却是社会成本极高的短缺（第 6. 10 节）。

4. 关于动态变化的政治经济学

作为“植根于资本主义的制度特性”的“快速创新和活力”和作为“植根于社会主义的制度特性”的“新产品创新能力不足和技术进步缓慢”，是由这两种制度的政治经济学性质决定的。信息技术革命对全球经济的影响日益加深，它对人类社会和历史的影响堪比工业革命。对此，科尔奈提出了一个深刻的问题：信息技术所带来的革命性变化将如何影响资本主义、民主和人类社会的未来？

25 年以前，苏联和中东欧国家从社会主义转变为资本主义。然而，在过去 10 年中，有些国家的政治制度经历了“U 型反转”（即完全或部分地偏离了民主）（Kornai，2015）。①《动态变化、竞争和剩余经济》对此进行了详细探讨。书中表 II. 4. 1 和表 II. 4. 2 列举了中东欧国家的调查结果。这些调查结果表明，这些地区的大多数受访者高度赞誉源自资本主义社会的信息技术革命所带来的深刻变化，尽管多数受访者憎恶资本主义。

为什么如此多的人对影响他们福利的这类基本问题陷入自相矛盾之中？部分原因在于本国政客们煽动反资本主义情绪，也有部分原因与人们所获得的信息有关。② 书中表 II. 4. 3 和表 II. 4. 4 显示，使用互联网的人（获取信息更全面的个体）更加独立和有见解，而不使用互联网的人更易于被控制。

新技术带来的信息获取渠道的多元化，移除了信息流通的障碍，打破了信息的垄断，引发了深刻的社会经济效应。同时，信息技术与经济因素（例如市场竞争）结合，共同促进更大的技术进步。但是，这些变化不会自动发生。当统治者控制并利用新技术来强化他们的权力时，他们管制的经济和技术会受到影响。这些控制手段会阻碍创造性破坏发生的渠道。③

正如书中第 I. 2. 5 节所讨论的，技术和制度的相互作用对长期增长的深刻影响揭示了某种普遍的历史规律。这一点可以通过比较分析中国和欧洲在文艺

---

① 这一现象已经引发了全球性的关注，可参见 Szikra（2014）、Wittenberg（2013）和 Zakaria（2015）。

② 科尔奈讨论的另一个原因是缺乏教育。他发现尽管有关资本主义经济促进技术进步的相关研究已经取得了很大的进展（例如，Aghion and Howitte，1998；Baumol et al，2007），但大多数著名的介绍性的教科书（例如，Mankiew，2009）仍未涵盖这一重要主题。

③ Acemoglu and Robinson（2012）探讨了一些制度因素，这些制度因素阻碍创造性破坏的发生。

复兴时期信息革命的经历来详细说明。印刷术从中国经由伊斯兰国家传到欧洲(Tsien and Needhan, 1985),引发了一场信息技术革命,由此引发的《圣经》的广泛传播是文艺复兴和宗教改革的必要条件。① 甚至可以说,这场信息技术革命对于资本主义的诞生功不可没,而资本主义制度又催生了今天的信息技术革命。值得思考的是,这些技术起源于中国,对中国经济和社会的影响却远不如对资本主义的影响强大。② 正如书中第 I.2 节所探讨的,无论历史上还是当代,技术进步带来的不同影响,尤其是在不同制度下信息技术革命所产生的不同影响,都表明制度决定了长期的技术进步(包括信息技术)。而且,信息技术对社会的影响在很大程度上依赖于具体制度。理解它们之间相互作用的动态机制是经济学、政治经济学和政治学面临的严峻挑战。

5. 资本主义、社会主义和列宁式国家资本主义

从理论视角来看,本书的中心内容是第 II.5.4 节所提出的命题,这些命题对"纯"资本主义和社会主义做出了预测。前两个命题陈述了资本主义制度持续不断地产生和再产生涵盖经济各个领域的剩余经济,以及长期剩余不管政策如何都会存在的机制。造成资本主义长期剩余的主要驱动因素有(a)垄断竞争、(b)需求的不确定性、(c)创造性破坏和(d)规模经济(第 II.2.2 节)。硬预算约束是创造性破坏产生的必要条件。

接下来的两个命题论述了社会主义制度持续不断地产生和再产生经济领域的全面短缺以及造成长期短缺的机制。短缺经济的出现归因于社会主义制度的软预算约束和其他因素,例如官僚协调(Kornai et al, 2003)。

上述四个命题的理论预测与来自发达资本主义经济体(接近于纯资本主义)和传统社会主义经济体(接近于纯社会主义)的观察一致。发达资本主义经济体以经合组织成员国为代表,几乎覆盖了世界人口的六分之一;传统社会主义经济体以所有社会主义和前社会主义经济体为代表,约占世界人口的三

---

① 古腾堡(Davies, 1996)改进了中国的印刷术,使《圣经》得以在世界上大规模、低成本地印刷。弗朗西斯·培根(1561—1626)认为造纸术和印刷术是最伟大的发明,它们推动了欧洲从黑暗时代进入现代世界(Jones, 2003, 第 58 页)。

② "李约瑟之谜"反映了这种强烈对比。令人费解的是,从技术水平来说,至少在 11—16 世纪,中国领先于世界其他国家,但为什么中国没有发起工业革命甚至没有实现赶超呢?(Needham, 1986, 第 6 页)

分之一（见表 II. 2. 1、表 II. 3. 1、表 II. 6. 1、表 II. 7. 2 和表 A. 1）。① 与那些旨在分析一系列制度和体制的其他理论相比，既包括过去的理论也包括当代的理论（例如 Schumpeter，1942；Lange，1936，1937；Hayek，1988；North et al，2011；以及 Acemoglu and Robinson，2012），科尔奈提出了一个理解不同制度的最全面、最统一、最宏大的概念框架。

在理解“纯”体制外，对混合体制的理解也具有挑战性，实际上世界上大多数经济体采取的都是混合体制。中国采取的混合体制尤为值得研究。② 改革开放前，中国是一个短缺经济体，与科尔奈的预测一致。改革开放以来，中国转型为一种混合体制，即列宁式国家资本主义，与列宁新经济政策下的体制类似。实际上，邓小平曾说，他的改革思想受到了列宁新经济政策的影响。③ 在中国列宁式国家资本主义经济中，私人部门贡献了超过一半的 GDP，商品和服务的市场竞争异常激烈。可是，与“纯”资本主义相比，私人产权有限且不安全。在重要的经济领域，政府垄断或者控制着所有权。所有土地都归国家所有。④ 而且，在关系国民经济命脉的行业（正如列宁的新经济政策所述），包括金融、能源、矿业、铁路、航空和通信领域，国有制主导和控制着国有企业的管理和价格。⑤ 与诸如基于品质的市场准入政策等其他行政性措施一起，市场在很大程度上受到政府的调控。国有企业和当地政府可以从银行获得低息

---

① 对于短缺经济和软预算约束的详细理论和实证分析，参见 Kornai et al（2003）。

② 对中国的案例进行研究，除了其内在价值外，中国经济的规模和异质性也凸显了研究的必要性。中国的 GDP 比 26 个独联体国家和中东欧转型经济体以及 57 个非洲国家的总和还多。可以说，中国是世界上最具多样性的国家，富裕地区比爱沙尼亚富裕，贫困地区比冈比亚还贫困（以上信息均来自国际货币基金组织 2013 年的数据）。

③ 邓小平在一次后来被广为引用的讲话中说：“社会主义究竟是个什么样子，苏联搞了很多年，也并没有完全搞清楚。可能列宁的思路比较好，搞了个新经济政策。”在这个讲话中，他强调，“我们拨乱反正，就是要在坚持四项基本原则的基础上发展生产力。”四项基本原则的内容是“坚持社会主义道路，坚持人民民主专政，坚持共产党领导，坚持马列主义、毛泽东思想”。（邓小平，1986）

④ 名义上，中国制度规定土地所有权有两种类型：国家所有和集体所有。后者包括了所有农村土地。可是，所谓的“农村土地集体所有”仅限于农业使用。如果将集体所有的土地用于商业目的，土地需先国有化，才能合法使用。这意味着，只有国家才对“集体所有”的土地拥有最终所有权。

⑤ 所有这些国有企业的 CEO 都由中央组织部任命。关于所有权，尽管几乎所有最大的国有企业都在交易所上市，但仅有三分之一的股份是可交易的，这些股份往往没有投票权。在关系国民经济命脉的部门，其价格由国务院的代理人，如发改委和中央银行设定。

贷款，而一旦面临破产，中央政府将给予救助。

商品和服务市场的激烈竞争、私人部门的硬预算约束和国有部门的软预算约束并存，中国经济发展成为以产能严重剩余为特征的超剩余经济，剩余程度远远超过了世界上所有主要资本主义经济体的总体剩余。严重剩余的产能主要集中于软预算约束的国有部门。① 国有企业的软预算约束综合征和“强制增长”行为造成了社会主义制度下的短缺（Kornai，1991；Kornai et al，2003）。这种现象引出了一个问题，即为什么列宁式国家资本主义下的软预算约束也会导致剩余。

软预算约束/硬预算约束和短缺/剩余之间的关系是一个具有挑战性的问题。不可否认，软预算约束在国有部门十分重要，因为它加剧了列宁式国家资本主义的剩余问题。可是，软预算约束综合征本身既不是造成列宁式国家资本主义剩余的充分条件也不是必要条件。社会主义与列宁式国家资本主义的最大区别在于经济中的混合所有制和市场竞争。

科尔奈的分析框架（第 II. 2. 2 节）有助于应对这个挑战。四个主要的机制创造了资本主义的剩余，即（a）垄断竞争、（b）不确定的需求、（c）创造性破坏和（d）规模经济。关于机制（a），在关系国民经济命脉的部门，国有企业是垄断厂商或寡头，在国际和国内市场上进行激烈竞争以扩大市场份额。② 私营公司的大规模进入决定了市场竞争的产生。在这种情况下，分散化的地方威权治理结构是驱动中国国有企业之间竞争的另一制度要素（Maskin、钱颖一和许成钢，2000；许成钢，2011）。这一制度也决定了机制（b），几乎所有的最终产品市场都是买方市场，公司之间互相竞争以满足买方的不确定性需求。在所有四个机制中，机制（c）是最重要的。至于机制（d），对于像汽

---

① 根据官方文件（国务院第［2013］103 号文件），截至 2012 年末（其后，中国产能剩余问题更加恶化），中国钢铁和电解铝行业的产能利用率是 72%，船舶行业是 75%，风力发电行业不到 60%（张曙光和张弛，2013）。比较而言，近 30 年来在主要资本主义经济体中，产能利用率大约是 82%，最低是 75.7%（意大利），最高是 89.2%（新西兰）；以标准差衡量，这些国家的产能利用水平相当平稳（Kornai，2013，表 3.1）。举例来说，根据经合组织数据，世界钢铁生产的剩余产能中，约有 37% 来自中国；在 2012—2015 年间，全球经济增长的产能中，中国占 41%（《华尔街日报》，16/07/2014，http：//blogs. wsj. com/chinarealtime/2014/07/16/pain-spreads-from-chinas-excess-production/）。

② 国有企业的 CEO 也是政府官员，经常在国有企业和政府部门切换任职。作为 CEO，他们在政府部门的任职级别与他们所在公司的市场业绩相关。对他们的考核以他们所负责公司的国内或全球市场份额作为标准。

车、手机、钢铁和水泥等大多数产品来说，中国国内市场的规模是世界最大的。中国也是世界最大的出口国。

在机制（c）中，创造性破坏不仅仅是造成剩余的机制，它也决定了竞争的性质、竞争中的获胜者、成败的最终结果以及资本主义长期的演化路径。在这个机制中，资本主义和列宁式国家资本主义有着极大的不同。与资本主义制度下的私人公司不同的是，列宁式国家资本主义下的国有企业继续生产和扩大没有需求的和过时的产品，因为它们受软预算约束的保护（即没有“毁灭性的”政策）。垄断力量和政府保护为国有企业提供了大额资金补贴的特权（Lardy，2008）。借着与先进跨国公司签订的对它们有利的技术转移协定以及超大规模的垄断市场（例如高速铁路技术），它们以极低的成本模仿其他创新，政府对先进的跨国公司也给予一定的支持。这样，在列宁式国家资本主义体制下，国有企业在国内和国际的竞争力快速提升，但这种竞争力与资本主义下的创造性破坏完全不同，主要依赖于政府支持、补贴和保护（软预算约束）而非新技术或新产品的创造。①而且，与过度超额供给相关，公司和地方政府债务负担越来越重，债务水平远高于国际标准，② 这是软预算约束的又一弊端。

在社会主义经济中，软预算约束和竞争缺乏造成了短缺。而且，软预算约束是一种阻碍竞争的机制（Kornai et al，2003）。实际上，在苏联和中东欧国家进行了中央计划机制向市场机制的转型改革后，市场竞争仍旧不够激烈（Kornai，1986）。不同于中东欧和苏联的改革，中国经济中非国有企业尤其是私人企业的大规模进入，使市场竞争成为一种常态（许成钢，2011）。甚至受制于软预算约束的国有企业，也被推进激烈的市场竞争和区域竞争中。当国有企业的 CEO 也享受到因市场份额或利润提升而带来的高能激励且有软预算约束充当破产保护时，国有企业为了赢得市场竞争也会甘冒风险。这种情况似乎极大地推动了剩余的产生。因此，激烈的产品市场竞争和严重的软预算约束共存，造成了更为严重的产能剩余问题。

① 有证据表明，住房、金属、重型机械等部门生产能力严重剩余，与新产品和创新能力无关。

② 在不到 6 年的时间里，中国的总债务水平提高了 76%，2014 年达到 GDP 的 229%，其中，公司债务超过 GDP 的 150%，远高于大多数发达经济体的水平（BIS，2014）。中国多数公司债集中于国有部门（Lardy，2008）。

激烈市场竞争下的软预算约束可能加剧剩余这一现象，也存在于主要资本主义经济体中，例如日本的不良贷款问题和美国的次贷危机问题。如果软预算约束的基本机制源于消除了破产威胁所导致的道德风险问题（比预警指标的警示更为宽泛），美国次级抵押贷款体系就可以视为发达资本主义体制软预算约束的一种复杂变形。通过证券化，次级抵押贷款的放贷人出售证券化的抵押贷款，从而将破产风险释放到市场中，全球数以千万计不了解内情的购买人承担了巨大的破产风险。通过消除实质性的破产风险，每一个抵押贷款机构都有激励在不充分了解资产风险的前提下发放贷款。此外，债务—股权互换使放贷人相信他们如同买了保险，更加安全，但是由于每个人都持有其他人的债务，当面临系统性风险时，这种保险毫无作用。软预算约束的抵押贷款体系催生了大量抵押贷款的发放和住房的过度供给，极大地恶化了抵押贷款的质量。结果，这一体系加剧了全球金融危机。

软预算约束—硬预算约束和剩余之间的关系是一个既有挑战性又激动人心的研究课题。此外，为什么软预算约束部分（公有制）和硬预算约束部分（私有制）的联合效应催生了总量上的剩余经济而非短缺经济？对这些有趣问题的回答，需要进一步的理论和实证研究。

6. 总结性评论：概念问题和思想史

自亚当·斯密时代以来，经济学主要是关于资本主义的。社会主义的兴衰与资本主义的黑暗和成功紧密相关。资本主义国家的复杂性在于资本主义制度的作用，尤其是资本主义的动态变化。《动态变化、竞争和剩余经济》一书填补了理解资本主义性质的重要学术空白，涵盖了作者过去经济研究中的思想演变历程。书中还论述了作者的主张和观点如何受到新古典理论学派、奥地利学派、凯恩斯学派、后凯恩斯学派和马克思主义的影响。尽管书中提及的不同学派有针锋相对的政治和经济观点，但该书将这些互相冲突的观点统一在了一个框架中。

《动态变化、竞争和剩余经济》一书对研究资本主义提供了一般性指南和思路。要进一步研究该书的主旨和主题，比如混合资本主义，需要在理论和实证上继续探索。

（鄂丽丽　译）

参考文献

Acemoglu, D. (1995), "Reward structures and the allocation of talent," *European Economic Review*, 39, pp. 17-33.

Acemoglu, D., Aghion, P., Lelarge, C., Van Reenen, J. and Zilibotti, F. (2007), "Technology, information, and the decentralization of the firm," *The Quarterly Journal of Economics*, 122 (4), pp. 1759-1799.

Acemoglu, D. and James Robinson (2012). *Why Nations Fail: The Origins of Power, Prosperity, and Poverty*. New York: Crown Business.

Aghion, Philippe-Howitt, Peter P. (1998). *Endogenous Growth Theory*. MIT Press, Cambridge MA.

Arrow, Kenneth Joseph (1972), "General economic equilibrium: purpose, analytic techniques, collective choice," in (Arrow, K. J., ed.), *Collected Papers of Kenneth J. Arrow: General equilibrium*, Volume 2.

BBC (2013), "China employs two million microblog monitors state media say," *BBC News*. 4 October 2013. http://www.bbc.com/news/world-asia-china-24396957.

Baumol, W. J., Litan, R. E. and Schramm, C. J. (2007). *Good Capitalism, Bad Capitalism, and the Economics of Growth and Prosperity*. New Haven and London: Yale University Press.

BIS (2014), "Central banks and the global debt overhang," Speech by Hervé Hannoun (Deputy General Manager), 50th SEACEN Governors' Conference, Port Moresby, 20 November 2014.

Blanchard, Olivier (1999), "An Interview with Janos Kornai," *Macroeconomic Dynamics*, 3, pp. 427-450.

Davies, Martin (1996). *The Gutenberg Bible*. British Library.

Deng, Xiaoping (1986 [1994]), "Reform is the only way for China to develop its productive forces," a speech on August 28, 1985, in *Selected Works of Deng Xiaoping*, Volume III. Beijing: Foreign Languages Press. 1994.

Deng, Xiaoping (1987 [1994]), "To Uphold Socialism We Must Eliminate Poverty," in *Selected Works of Deng Xiaoping*, Volume III. Beijing: Foreign Languages Press. 1994.

Dewatripont, M. and E. Maskin (1995), "Credit and Efficiency in Centralized and Decentralized Economies," *The Review of Economic Studies*, Vol. 62, No. 4 (Oct., 1995), pp. 541-555.

Diamond, P. and E. Maskin (1981), "An equilibrium analysis of search and breach of contract, II: a non-steady state example," *Journal of Economic Theory* 25, pp. 165-195.

Freedom House (2012), "Freedom of the press, 2012"; www.freedomhouse.org.

Hayek, F. A. (1935), "Socialist calculation I: the nature of the problem," in Hayek 1976.

Hayek, F. A. (1945), "The use of knowledge in society," in Hayek 1976.

Hayek, F. A. (1948 [1976]). *Individualism and Economic Order*. London: Routledge and Kegan Paul.

Hayek, Friedrich A. von (1988). *The collected works of F. A. Hayek*. Vol. 1. *The fatal con-*

ceit: *The errors of socialism.* Ed. : W. W. BARTLEY. London: Routledge, 1988.

Hayek, Friedrich A. von (1944 [1994]). *The Road to Serfdom*, University of Chicago Press.

Huang, H. and Xu, C. (1998), "Soft budget constraint and the optimal choices of research and development projects financing," *Journal of Comparative Economics*, 26, pp. 62-79.

Hurwicz, Leonid (1972), "On informationally decentralized systems," in C. B. McGuire and R. Radner, eds. , *Decision and Organization: a Volume in Honor of Jacob Marshak*, North-Holland, pp. 297-336.

Jones, Eric Lionel (2003). *The European Miracle: Environments, Economies, and Geopolitics in the History of Europe and Asia.* Third edition. New York : Cambridge University Press.

Keynes, John Maynard (1936). *The General Theory of Employment, Interest and Money.* London: Macmillan.

Khrushehev, Nikita S. (1959). *Let Us Live in Peace and Friendship.* Moscow: Foreign Language Press. 1959.

Kiyotaki, N. and R. Wright (1993), "A search-theoretic approach to monetary economics, *American Economic Review* 83, pp. 63-77.

Kornai, János (1971). *Anti-Equilibrium.* North Holland, Amsterdam.

Kornai, János (1979), "Resource-constrained versus demand-constrained systems," *Econometrica*, July 1979, 47/4: 801-819.

Kornai, János (1980). *Economics of Shortage.* North-Holland, Amsterdam.

Kornai, János (1986), "The hungarian reform process: visions, hopes and reality," *Journal of Economic Literature*, Dec. 1986, 24/4: 1687-1737.

Kornai, János (1990), "The affinity between ownership forms and coordination mechanisms. The common experience of reform in socialist countries," *Journal of Economic Perspectives*, Summer 1990, 4 (3): 131-147.

Kornai, János (1992). *The Socialist System. The Political Economy of Communism.* Princeton University Press, Princeton and Oxford University Press, Oxford.

Kornai, János (2006). *By Force of Thought. Irregular Memoirs of An Intellectual Journey.* Massachusetts, Cambridge and The MIT Press, London.

Kornai, János (2011). "Preface" in *Gondolatok A Kapitalizmusról (Thoughts about Capitalism)*, http://www. kornai-janos. hu/Kornais%20book%20on%20capitalism%20-%20Hungarian. html.

Kornai, János (2013). *Dynamism, Rivalry, and the Surplus Economy: Two Essays on the Nature of Capitalism.* New York: Oxford University Press.

Kornai, János (2014), "The soft budget constraint: An introductory study to volume IV of the life's work series," *ActaOeconomica*, Vol. 64 (S1) pp. 25-79 (2014).

Kornai, János (2015), "Hungary' s U-Turn," *Journal of Democracy*, *forthcoming.*

Kornai, János, Maskin, Eric, Roland, Gérard (2003), "Understanding the soft budget constraint," *Journal of Economic Literature*, Vol. 41. No. 4: pp. 1095-1136.

Lange, Oskar (1936), "On the economic theory of socialism, part one," *Review of Economic Studies*, 4 (1), pp. 53-71.

Lange, Oskar (1937), "On the economic theory of socialism, part two," *Review of Economic*

Studies, 4 (2), pp. 123-142.

Lange, Oskar (1942), "The Foundations of Welfare Economics," *Econometrica.*

Lardy, Nicholas (2008), Financial repression in China.

Mankiw, G. N. (2009). *Principles of Economics*, Mason, OH: South-Western Cengage Learning.

Marx, Karl (1867 [1977]), *Capital: A Critique of Political Economy*, New York: Random House.

Marx, Karl (1875), "Critique of the Gotha Programme," in *Marx/Engels Selected Works*, Volume Three, pp. 13-30. Moscow.

Maskin, Eric (2004), "The Unity of Auction Theory: Milgrom's Masterclass," *Journal of Economic Literature*, Vol. 42, No. 4 (Dec., 2004), pp. 1102-1115.

Maskin, Eric, Yingyi Qian, and Chenggang Xu (2000), "Incentives, information, and organizational form," *Review of Economic Studies*, 67 (2): 359-78.

Mises, Ludwig von (1935), "Economic calculation in the socialist commonwealth," in F. A. Hayek, ed., *Collectivist Economic Planning*, London: Routledge, 1935.

Myerson, Roger (2008), "Perspectives on mechanism design in economic theory," *American Economic Review*, 98 (3): 586-603.

Mortensen, Dale T.; Pissarides, Christopher A. (1994), "Job creation and job destruction in the theory of unemployment," *Review of Economic Studies* 61 (3): 397-415.

Needham, Joseph (1986). "Introduction" in Robert K. G. Temple. *China Land of Discovery and Invention.* Wellingborough: Patrick-Stephens, 1986.

New York Times, 29/01/2015, "China Further Tightens Grip on the Internet," http://www.nytimes.com/2015/01/30/world/asia/china-clamps-down-still-harder-on-internet-access.html.

OECD (2014). *Measuring the Digital Economy: A New Perspective*, OECD Publishing. http://dx.doi.org/10.1787/9789264221796-en.

Piketty, Thomas (2014). *Capital in the Twenty-First Century.* Cambridge: MIT Press.

Pissarides, C. (1990/2000). *Equilibrium Unemployment Theory*, Basil Blackwell; second edition, MIT Press.

Qian, Y. and Xu, C. (1998), "Innovation and bureaucracy under soft and hard budget constraint," *The Review of Economic Studies*, 65/1, pp. 151-164.

Rogerson, R. R. Shimer and R. Wright (2005), "Search-Theoretic Models of the Labor Market: A Survey," *Journal of Economic Literature* 43, pp. 959-988.

Schumpeter, Joseph (1942). *Capitalism, Socialism and Democracy*, Harper, New York, 1942.

Stalin, Josef V. (1931 [1947]). *Problems of Leninism.* Moscow: Foreign Language Press. 1947.

Stigler, George J. (1961), "The economics of information," *Journal of Political Economy* 69 (3): 213-225.

Szikra, Dorottya (2014), "Democracy and welfare in hard times: The social policy of the Orbán Government in Hungary between 2010 and 2014," *Journal of European Social Policy* 24

(5): 486-500.

Tang, Wenfang (2005). *Public Opinion and Political Change in China*, Stanford University Press, 2005.

Tang, Wenfang and Dong Yu (2014), "Public policy satisfaction in urban China: evidence from survey data," mimeo, University of Iowa.

Tsien Tsuen-Hsuin; Joseph Needham (1985). *Paper and Printing.* Science and Civilisation in China. 5 part 1. Cambridge University Press.

Wittenberg, Jason (2013), "Back to the future? revolution of the right in Hungary," APSA 2013 Annual Meeting Paper. American Political Science Association, December 15, 2013.

Xu, Chenggang (2011), "The fundamental institutions of China's reforms and development," *The Journal of Economic Literature*, 49: 4, 1076-1151.

Zakaria, Fareed (2015), "The rise of Putinism," *Washington Post*, July 31, 2014.

Zhang, Shuguang and Zhang Chi (2013), "Macroeconomic analysis of Q3: resolving excess capacity and promoting restructuring," *Quarterly Economic Brief*, October 2013.

视界

Horizon

Comparative

欧盟排放交易体系的结构性改革

斯特凡·施莱歇　安德烈·马尔库　安格拉·克普尔
于尔根·施奈德　米兰·埃尔克巴特　安德烈亚什·蒂尔克
亚历山大·蔡特尔伯格

1. 欧盟排放交易体系的现状

欧盟排放交易体系（EU Emissions Trading System，EU-ETS）旨在成为欧盟气候政策的基石。这是一个总量控制与交易（cap-and-trade）体系，其目标在于价格发现，以成本有效的方式，将欧盟排放交易体系所涉行业中的温室气体排放减少到长期限额，并设置短期节点。

欧盟排放交易体系的短期节点是在2020年之前将所涉行业的排放在2005年水平上减少21%，在2030年之前减少43%（依据2014年10月达成的欧洲理事会决议）。

欧盟委员会的能源路线图（Energy Roadmap）设定了2050年之前在欧洲实现低碳经济以实现温室气体减排80%—90%这一目标的相应路径。

欧盟排放交易体系现状的相关证据包括：

- 供给僵化已经导致排放许可额（allowance）出现大量剩余，剩余量已

---

* Stefan Schleicher，供职于格拉茨大学韦格纳中心；Andrei Marcu，供职于布鲁塞尔欧洲政策研究中心；Angela Köppl，供职于奥地利经济研究所（维也纳）；Jürgen Schneider，供职于奥地利环境局；Milan Elkerbout，供职于布鲁塞尔欧洲政策研究中心；Andreas Türk 和 Alexander Zeitlberger，均供职于格拉茨大学韦格纳中心。作者文责自负，不代表所在机构观点。

经超出了一年的排放量。

● 这种失衡不仅来自欧盟排放许可额（EUAs），还源自国际排放额度（credit）的流入，国际排放额度包括构成清洁发展机制（Clean Development Mechanism）的核证减排量（CERs）和来自共同实施项目的减排单位（Emission Reduction Units，RUs）。

● 由于这种失衡，碳市场在2050年之前无法反应稀缺性，这削弱了转向低碳技术的激励。

1.1 排放许可额的供需失衡

排放许可额的主要需求源自核证排放，仅2013年，核证排放配额就高达19.04亿吨二氧化碳。正如图1.1所示，约有71%的核证排放来自主要活动需要燃烧燃料（为了发电和供热）的行业，剩下的29%来自工业生产过程。

欧盟委员会根据所涉设施范围的变化对图1.1中给出的排放量进行了调整，以便根据时间变化进行比较，结果显示，排放许可额自2010年以来呈下降趋势。

对排放许可额的追加需求（相对应于特定年份的核证排放量）源于对冲、策略性交易活动和一般的流动性需求。

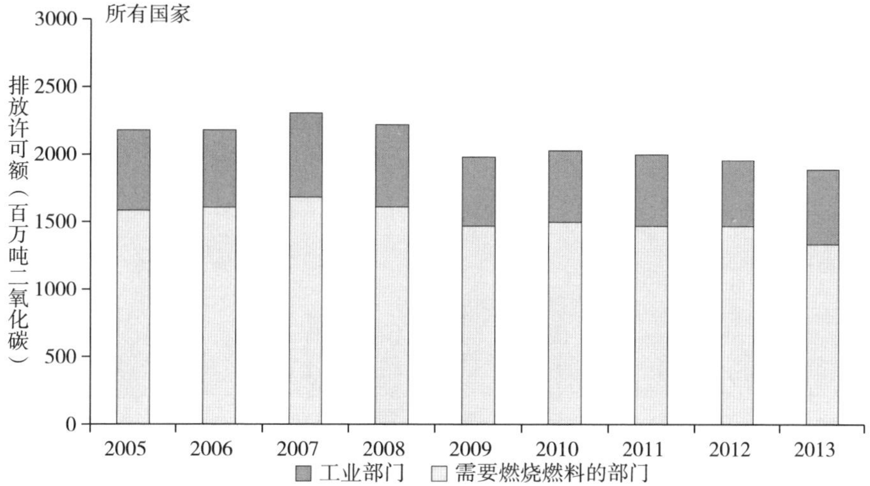

图1.1 对核证排放许可额的需求

资料来源：European Environment Data and European Union Transaction Log，作者本人的计算

欧盟排放交易体系的供给主要包括免费分配、欧盟排放许可额竞拍以及国际排放额度的流入。图1.2表明，截至2012年大多数欧盟排放许可额都是免

费分配的。

国际补偿、核证减排（来自清洁发展机制的核证减排）和减排单位（来自共同实施项目的减排单位）共同组成了第二阶段（Phase 2，2008—2012 年）即将结束时的主要供给。

相比前几个交易阶段，起始于2013 年的欧盟排放交易体系第三阶段（Phase 3）带来了两个重要变化：国家排放限额被欧盟范围内的限额所取代；2013 年，在包含免费分配和拍卖的许可额总供给中，拍卖的排放许可额增加到了约57%。

通过将核证排放的需求与供给进行比较（如图 1.3 所示），我们发现，第二阶段末期呈显著失衡。

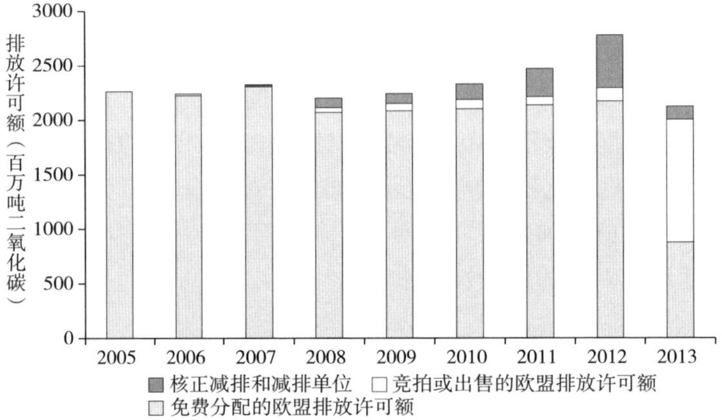

图 1.2 国内和国际排放许可额的供给

资料来源：European Environment Data and European Union Transaction Log，作者本人的计算

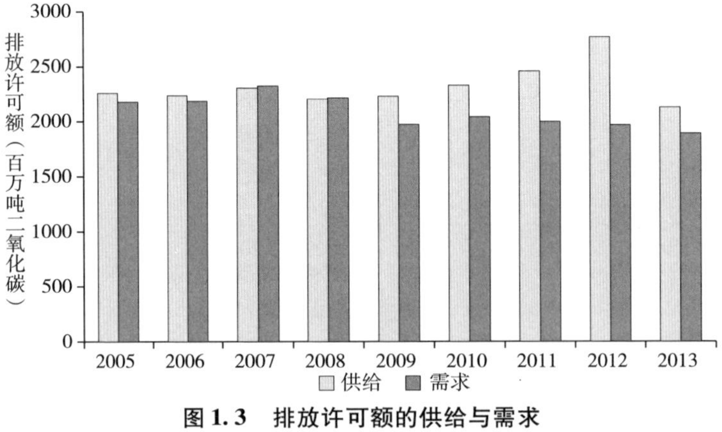

图 1.3 排放许可额的供给与需求

资料来源：European Environment Data and European Union Transaction Log，作者本人的计算

图 1.4 展现了这种失衡趋势的具体情况。2012 年，排放许可额的年度净供给剩余相当于当年排放的约 40%。但是，到了第三阶段开始时，排放许可额净供给剩余就超出了一年的排放量。

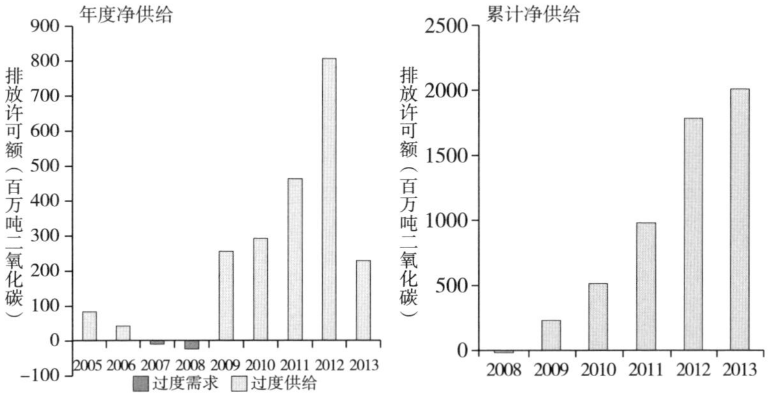

图 1.4　排放许可额的年度净供给和累积净供给

资料来源：European Environment Data and European Union Transaction Log，作者本人的计算

1.2　碳价的崩溃

构建欧盟排放交易体系的初衷是为温室气体排放的法定限额提供一个价格信号。价格信号的总体水平必须清晰、可信和一致。鉴于目前市场上的排放许可额存在剩余，二氧化碳价格已经跌至不足以刺激低碳技术投资的水平。

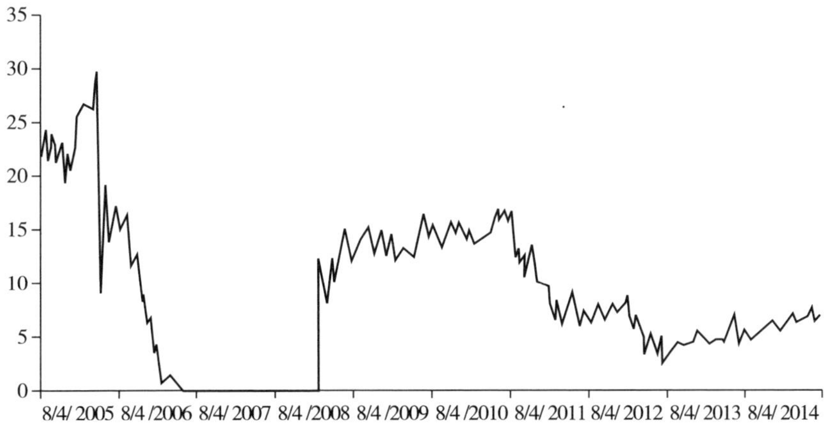

图 1.5　欧盟排放许可额的现货价格

资料来源：欧洲能源交易所（EEX）

1.3 免费许可额的作用

在头两个交易阶段，免费许可额在欧盟排放交易体系的设计中发挥着关键作用。图 1.6 展现了免费许可额在核证排放中所占的份额，其对应的数据可为我们提供三个方面的认识：

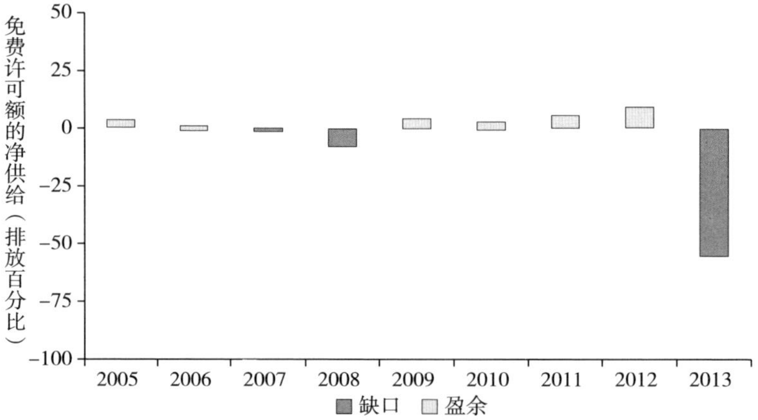

图 1.6 核证排放中免费许可额所占的份额（所有国家所有行业）

资料来源：European Environment Data and European Union Transaction Log，作者本人的计算

- 缺少排放数据导致第一阶段呈现明显的过度配给状态，当时国家层面的许可额配给计划刚刚出台。不过第一阶段属于学习阶段，许可额无法存储到第二阶段，因此该阶段产生的剩余与现状无关。
- 总体而言，第二阶段的可用免费许可额已经超出了核证排放所需的免费许可额。导致许可额过剩的原因主要有三点：经济衰退、国外补偿（offsets）流入以及针对可再生能源与能源效率的政策出现重叠。在第二阶段，拍卖还只是扮演着次要角色（在总分配中约占 3.5%）。
- 在第三阶段，通过拍卖的许可额供给出现了显著增加。2013 年，免费许可额的比例下降到只占核证许可额的 45%。

从污染企业的角度来看，免费许可额在排放量中所占的份额，还有碳价，都是影响碳成本的主要决定因素。

反过来，碳成本可能会影响欧盟排放交易体系所覆盖区域之外的生产和投资转移，进而造成碳泄漏。如果全球价格结构导致碳成本无法转嫁，那么上述情形便会发生。在能源行业碳成本的转嫁是有可能的。

因此，免费许可额在排放量中所占的份额，在保护工业部门免受非对称气候变化政策不利影响的过程中发挥着关键作用。

图 1.7 表明，如果着眼于行业之间免费许可额的份额差异，我们就会发现以燃烧燃料为主要活动的行业和其余行业之间存在着显著差别，前者占据了总排放的 71%。

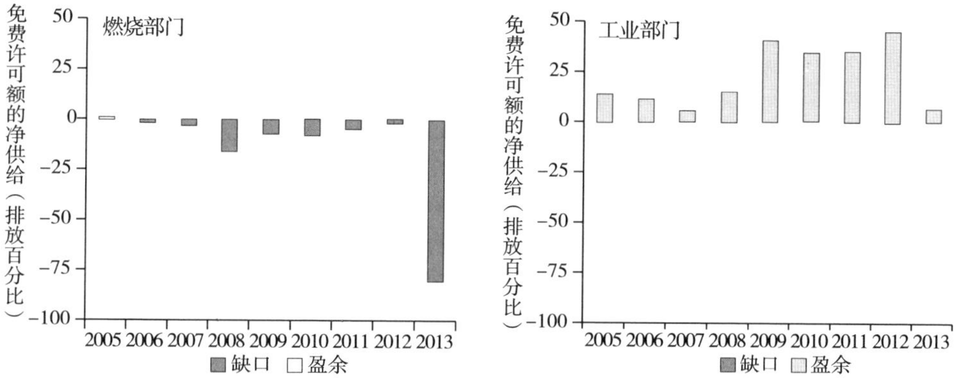

图 1.7 核证排放中免费许可额所占的份额（燃烧行业和工业生产）

资料来源：European Environment Data and European Union Transaction Log，作者本人的计算

包括发电和供热（也包括以额定热输入超出 20 兆瓦的燃料燃烧作为生产活动的工业部门）在内的燃烧行业在所有交易阶段都缺少免费许可额。

在第三交易阶段的第一年，针对许可额免费分配的欧盟新规则开始生效。这一举措致使 2013 年仅有 21% 的燃烧行业获得免费的排放许可额。

相比之下，其他工业行业在所有阶段都可以获得高于其排放量的免费许可额。即便在第三阶段初始引入改革方案之后，上述过剩依然存在，其限额在 2013 年达到了 7%。

这一过剩水平显著低于第二阶段的过剩，后者在 2012 年达到了 45% 的峰值，并催生了暴利。

1.4 排放强度的下降

基于总量控制的排放政策成功与否，不仅可以通过短期限额（譬如到 2020 年）的达成来判断，还可以通过确立长期限额（譬如到 2050 年）的价格信号进行判断。

这是迄今为止欧盟排放交易体系所汲取的经验教训之一，因为排放量的减少很大程度上是由2008年以来相当剧烈和持久的经济衰退引发的。达成2020年的排放限额并非什么重大挑战（也就是说，我们实际上并不需要低碳技术方面的投资，而且碳价也不会为这类投资增添多大的激励）。同样，能否在第二阶段实现着眼于长期目标（即2050年）的结构性进展亦令人心存疑虑。

通过碳强度的变化趋势可以更好地判断源自技术变化的减排已经发展到何种程度，碳强度将排放与经济活跃度的衡量（如GDP）联系在一起。

图1.8对诠释了类似这样的指标，从图上我们可以看出，排放强度出现了显著下降（约每年2%）。我们也可以绘制出针对各个部门和企业的类似排放强度，它可以作为一种度量标准，譬如用来度量免费许可额的配给。

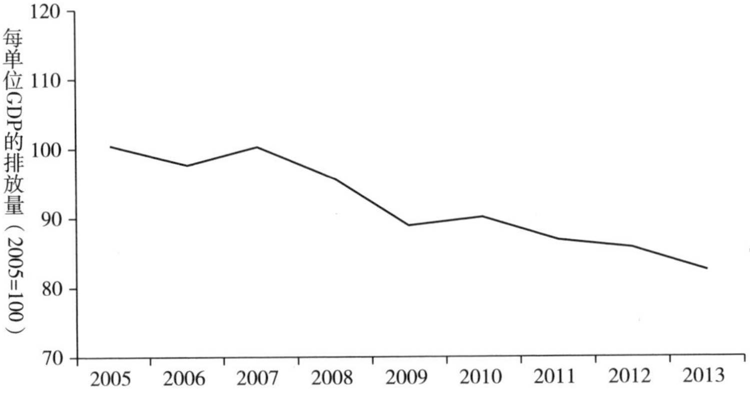

图1.8 欧盟排放交易体系的排放强度

资料来源：European Environment Data and European Union Transaction Log，作者本人的计算

1.5 对欧盟排放交易体系的评估

欧盟排放交易体系已经设法为11000多家企业和3000家航空运营商提供一个功能性的市场基础架构，主要体现为一个具有透明碳价信号的流动性市场。该交易体系将设定一个计划的排放总量，进而确保环境目标得以实现。

不过，利用总量控制与交易体系为2050年前的碳排放提供碳价信号并酌情鼓励低碳技术的部署和开发，这两个目标似乎还未实现。

为2008—2012年交易阶段和2013—2020年交易阶段预定的排放限额，是以经济危机之前的经济预测为基础的，现在来看，过于严格。

不过，预测和经济现实之间的差距连同重叠政策的影响（尤其是针对可再生能源）导致了实际排放和排放限额之间的差异，后者明显高出实际排放。

预测的排放限额和实际排放量之间的差距又导致了欧盟排放交易体系的排放许可额供给过剩，并使欧盟排放交易体系无法成为一个平衡的市场。

更廉价的国际补偿的大量流入也发挥了重要的作用，而在设计欧盟排放交易体系时，忽略了这一因素。

欧盟排放交易体系的主要问题在于欧盟排放许可额的供给（加上国际排放额度）与核证排放的许可额的需求之间存在巨大失衡。目前，碳市场上的许可额过剩量已经超出了欧盟排放交易体系所涉行业一年的排放限额。

尽管人们已经意识到，短期而言，碳市场对排放许可额的需求超出了核证排放的许可额，业界一致认为，目前的失衡实在有些过了。

许可额过剩的后果之一便是异常低廉的碳价，低廉的碳价无法激励人们投资低碳技术。

碳价下降的直接诱因在于供方缺乏弹性，供方弹性并没有植入欧盟排放交易体系的监管设计。许可额过剩和低廉的碳价说明了不确定性（例如与经济增长相关的不确定性）和突发事件（例如来自核证减排和减排单位的大量供给）的影响。因此，欧盟排放交易体系的改革方案必须消除上述诱因而非表面症状。

碳泄漏，生产和投资转移到欧盟排放交易体系之碳限制不严格的国家，一直都是建立交易体系需要考虑的重要部分。

显然，能源和贸易密集型产业的排放约占欧盟排放交易体系所覆盖的总排放量的四分之一，在这些行业，碳泄漏是一个主要问题。到目前为止，就总体水平而言，这些产业所分配到的免费许可额要远超其排放量。

如今，碳泄漏问题已经被纳入 2020 年后的欧盟排放交易体系的设计预案中，但它可能已经对投资决策产生了实质性的影响。

2. 当前欧盟排放交易体系改革的可行措施

2.1 欧盟排放交易体系改革的第一步

欧盟排放交易体系之所以需要改革至少存在三个密切关联的原因：

- 当前碳排放许可额的总过剩量已经超过了欧盟排放交易体系所辖企业一年的排放量。
- 这种过剩侵蚀了总量控制与交易体系通过价格信号刺激有成本效益的

减排活动这一预期功能。

• 尽管眼下没有明确证据表明欧盟排放交易体系已经导致了碳泄漏，但2020年后的排放交易体系有何影响依然存在相当大的不确定性。现行交易体系中的跨行业矫正系数（Cross-Sectoral Correction Factor，CSCF）的复合影响（compounding impact）也削弱了2020年之前碳泄漏风险下降的程度。

这些因素已经激发欧盟排放交易体系迈开了改革的第一步。但为了使欧盟排放交易体系实现预期的政策影响力，可能还需要更多的努力。

为了减少碳市场中的许可额过剩，欧盟出台了一项临时措施，开始实施先减后加（backloading）机制，该机制旨在改变第三阶段的竞拍时间表。在2014年初，该机制临时从市场上撤走了9亿吨许可额，并将在2019—2020年重新投放到市场。

除了上述临时干预手段外，欧盟委员会还提出了附加措施，即所谓的市场稳定储备计划（market stability reserve），目前该计划正处在立法程序批准阶段。市场稳定储备计划旨在为市场的供给方提供灵活性，并最终解决当前由经济周期所导致的市场失衡问题。

此外，欧盟委员会依据2050年的预期减排目标还提出了更雄心勃勃的减排路径。

欧盟排放交易体系的这些改革模拟措施（有些措施目前已实施，还有一些正处于提议阶段）形成的初步结果表明：

• 先减后加这一做法对于市场失衡的影响微乎其微。

• 在2020年之前，市场失衡将会进一步加剧。

• 欧盟委员会提出的市场稳定储备机制可能需要多达十年的时间，才能建立起一个严格的碳市场。

2.2 欧盟委员会已实施和已提议的改革措施

2.2.1 许可额的先减后加

为了应对第三交易阶段开始时的许可额过剩，欧盟委员会决定将9亿吨许可额的拍卖推迟至2019—2020年，希望在第三交易阶段结束之前需求会有所上升。

此项措施的重要性在于它不会减少第三阶段可拍卖的许可额，只是改变了该阶段许可额拍卖的时间点。

依据先减后加的这一做法，2014 年可拍卖的许可额将比起初计划的减少 4 亿吨。2015 年将减少 3 亿吨，2016 年再减少 2 亿吨。

上述 9 亿吨许可额将会重新注入市场，2019 年回注 3 亿吨，2020 年回注 6 亿吨。

由于没有系统化的方法来解决供给方的僵化，先减后加的做法只能被视为一种权宜之计，这也是欧盟排放交易体系设计的缺陷所在。

2.2.2 市场稳定储备

为了解决供给方缺乏灵活性而导致的许可额持续过剩问题，欧盟委员会又提出了市场稳定储备的附加措施。按照最初的提议，市场稳定储备应该在第三阶段结束之后的 2021 年开始实施。

市场稳定储备是一个基于规则的机制：

- 如果 t－2 年的许可额过剩比 t 年高出 8.33 亿吨，那么上述机制将把 12% 的过剩许可额加入 t 年的储备中。
- 如果许可额过剩量低于 4 亿吨，上述机制将从储备中取出 1 亿吨，并将之加入未来的拍卖限额中。

因此，市场稳定储备是一种试图引入基于规则的灵活机制来应对欧盟排放交易体系的许可额平衡出现的突发事件。就长远来看，它也可以减少欧盟排放交易体系供需之间累积的失衡。

对于有参数的市场稳定储备机制能否解决巨量累积过剩这一问题，必须依据不同的情境假设进行评估。

2.2.3 更雄心勃勃的减排路径

第三阶段的排放限额可转化为线性减排途径，即 2013 年以 2.084 亿吨许可额为起点，然后逐年减少 1.74%。此减排方式会让 2020 年的排放量比 2005 年低 21%。

欧盟委员会在 2014 年 1 月提出了《2030 年气候和能源政策框架》（2030 Framework for Climate and Energy Policies），2014 年 10 月该提案得到了欧洲理事会的支持。依据此框架，目标路径的减排量在 2020 年之后将会以每年 2.2% 的速率增加，到 2030 年时将在 2005 年的基础上减排 43%。

2.3 预测排放许可额的需求

针对各种改革方案影响的任何模拟，都是基于对延续至 2030 年的排放路径的预测。

利用排放量和以 GDP 衡量的经济活动之间的历史关联，同时监控燃烧行业和工业部门之间的不同排放强度，我们可以获得平均 GDP 以每年增长 0—2% 时的排放路径，如图 2.1 所示。

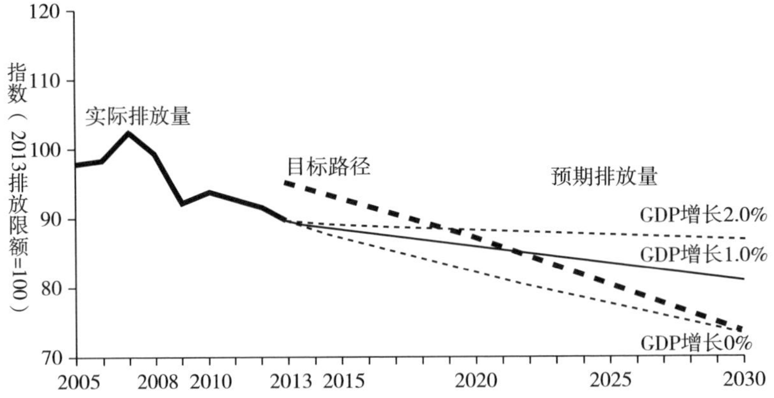

图 2.1 2030 年之前的预期排放和排放目标路径

资料来源：European Environment Data and European Union Transaction Log，作者本人的计算

此外，图 2.1 还给出了第二阶段的目标排放路径，即每年 1.74% 的减排量，以及从 2021 年开始每年 2.2% 的强化目标路径。

目标路径中 2013 年 20.84 亿吨的排放限额被标准化为 100，其余各年的目标排放按照此标准进行调整。

基于这些排放预测，我们可以完成很多模拟过程，以更好地了解有效改革欧盟排放交易体系所需的步骤。

作为排放的参考路径，我们假定 2020 年之前的 GDP 增长率为 0.5%，此后以 1.0% 的速率增长。

在比较预测的排放量与目标路径后，我们得出了许可额将持续过剩的结论。在第三阶段开始时，过剩比例达到 9%。2020 年之后，过剩或许还会持续下去，这取决于 GDP 的实际增长率。

2.4 第三阶段闲置的许可额

能源咨询公司（Ecofys，2015）指出，到 2020 年，新进入者的储备（New Entrants' Reserve，NER）和生产能力较低企业的闲置许可额将高达 5 亿—9 亿吨。

依据《欧盟排放交易体系指令》和本指令中的拍卖条例，这些许可额将在2020年进行拍卖，这意味着第三阶段结束时的预期过剩将增加。有些欧洲议会议员（MEP）已经开始呼吁将这些许可额转移至拟议的市场稳定储备中。

3. 审视欧盟排放交易体系的结构改革方案

欧盟委员会当前的提议或许并不足以解决欧盟排放交易体系存在的缺陷，如果任其发展，这些问题将会加剧，因此逐渐涌现了一系列针对全面结构改革的建议。

这些建议以欧盟委员会的改革方案为基础，同时加入了来自欧洲政策研究中心（CEPS）碳市场论坛（Carbon Market Forum）、法国信托局及信托局气候中心（CDC CLIMAT）、气候战略（Climate Strategies）、能源咨询公司、Euro-CASE组织、埃里克·玛蒂埃基金会研究中心（Fondazione Eni Enrico Mattei，FEEM）、奥地利经济研究协会（Austrian Institute of Economic Research）以及格拉茨大学韦格纳中心（Wegener Center at the University of Graz）提出的各种建议。

我们将有关欧盟排放交易体系结构改革的这些选项整合为三个一揽子方案，以此来说明那些会逐渐改变欧盟排放交易体系的行动，这三个一揽子方案包括：

- 解决拍卖的僵化问题，并“重建”市场；
- 根据长期减排路径增强许可额分配的灵活性，以反映2050年之前排放权的稀缺程度；
- 进一步改善欧盟交易排放体系的运行状况。

我们确定了每个一揽子方案的关键改革选项。不过，这些改革的影响力严重依赖于其设计和实施。

我们可利用若干标准来评估这些一揽子改革方案，这些标准包括：

- 满足欧盟设定的环保目标；
- 提供可辨识长期环保目标的价格信号；
- 确保市场的良好运行；
- 应对碳泄漏问题的规则；
- 政治可行性。

从上述一揽子改革方案出发，我们可以挑选出单一选项，或将单一选项组合在一起形成结构性改革方案。

用于分析一揽子改革方案的综合性框架应便于评估被选中的改革策略。

3.1 一揽子改革方案1：解决拍卖僵化问题并“重建”市场

3.1.1 为什么需要灵活的供给机制

欧盟排放交易体系的现行架构无法应对突发和重大的需求变化，譬如由经济危机以及可再生能源和能源效率政策所导致的需求变化。该体系也无法及时应对突发的供给变化，譬如国际补偿的流入。

由此导致的失衡可通过灵活的供给机制譬如欧盟委员会所提议的市场稳定储备来解决。

碳市场的部分供给可通过改变拍卖和/或免费分配的许可额数量来调整。采取的应对行动应当考虑：

- 市场失衡，即许可额的累积剩余或不足；
- 市场的短缺程度，即目标排放和实际排放之间的差额；
- 市场价格，即实际价格与目标价格的偏差。

欧洲似乎更喜欢通过基于数量的供给指标而非价格指标，使用供给机制来应对市场变化。其原因之一在于，碳价不仅受到市场供需基本面的影响，很大程度上还受到投机活动的影响。

此外，这还与欧盟的制度和财政架构有关，这些因素导致很难像美国的加利福尼亚州那样将价格触发机制引入欧盟。最后，许多人认为，以数量为基础的规则导向型干预更称得上是市场机制。

3.1.2 欧盟委员会提出的改革建议

欧盟排放交易体系不同改革方案评估的出发点在于欧盟委员会当前所提出的一系列改革方案：

- 灵活的供给机制，即所谓的市场稳定储备；
- 更雄心勃勃的减排路径。

第三阶段末，许可额拍卖的临时转移已经开始实施。

改革方案1.1：基于先减后加程序和欧盟委员会建议的市场稳定储备的市场稳定计划

以下改革措施正在规划中或已经开始实施：

- 从2014年至2020年，先减后加程序将逐步转移拍卖的许可额数量，直至第三阶段结束；

• 将减排限额从每年的1.74%增加到2020年之后每年2.2%的目标路径；

• 依据欧盟委员会建议的有参数的市场稳定储备计划，在2020年之后实施灵活的供给机制。

对上述改革方案的模拟计算可作为参照系，用来比较其他备选方案。该模拟计算过程假设，根据欧盟委员会建议的参数而制定的先减后加程序已经得到实施。

从中我们得到两点启示：首先，先减后加程序只是略微减少了目前的许可额剩余，到2020年剩余的许可额将急剧增加；其次，市场稳定储备实施后大约需要十年时间，才能消化这些剩余。

上述改革方案的影响之所以相当有限，原因主要有两点：首先，预期的经济不振导致未来十年会持续出现许可额剩余；其次，市场稳定储备的许可额回收率非常低。

市场稳定储备这样的灵活供给机制可以保护碳市场免受重大经济波动的影响，同时也不会对排放许可额的数量短缺程度产生其他意外影响。将这种灵活供给机制加入欧盟排放交易体系的设计中，可以应对未来的不确定性。

灵活供给机制影响也可以转化碳价信号，使碳价更能反映排放许可额的长期稀缺性（到2050年之前）。因此，欧盟排放交易体系新增加的这种灵活供给机制实际上是一个混合交易体系，它可以应对未来的不确定性。

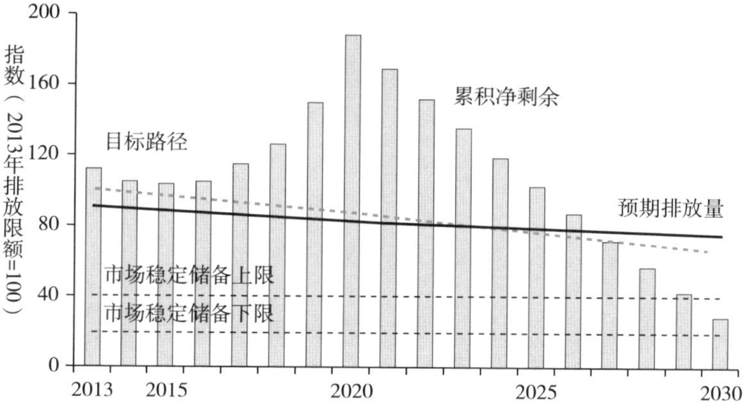

图3.1 模拟1：先减后加程序和市场稳定储备的市场稳定计划

资料来源：European Environment Data and European Union Transaction Log，作者本人的计算

市场稳定储备的灵活性受到拍卖所需数量的限制，2013年拍卖的排放许可额数量占欧盟排放许可额的57%。在根据市场稳定储备回收12个百分点之

后，还剩45%，这些份额仍能维持相当规模可拍卖的许可额，但只能适度减少剩余的许可额。

由上述模拟得出的一个主要结果使我们认识到，应对过往交易阶段积累的许可额剩余和未来的市场失衡需要不同的市场稳定参数。

此外，运用上下限干预并不一定可取，因为这种干预可能会导致不合意的跨国效应。

3.1.3 针对市场稳定储备的扩展改革建议

第一个模拟计算分析了欧盟委员会提出的改革方案的影响，根据这些经验，我们提出了用于稳定碳市场的扩展改革建议（extended reform proposals）。

第一个扩展改革建议是，依据先减后加程序将2014—2016年间从市场上回收的排放许可额不再重新纳入拍卖计划，而是放到市场稳定储备中。

改革方案1.2：采纳市场稳定储备提议且不将回收的拍卖许可额回注市场的市场稳定计划

依据先减后加程序，2014—2016年将会回收9亿吨排放许可额。这些许可额不再重新投入碳市场，而是纳入市场稳定储备中。

从2021年开始，市场稳定储备就会依照欧盟委员会提出的参数实施。

在第二个模拟计算中，我们假定通过先减后加程序从市场中回收的排放许可额不会被重新投入拍卖。

从图3.2中，我们可以看到上述举措显著降低了许可额剩余的峰值，并促使市场稳定储备向市场提前注入可接受数量的欧盟排放许可额。

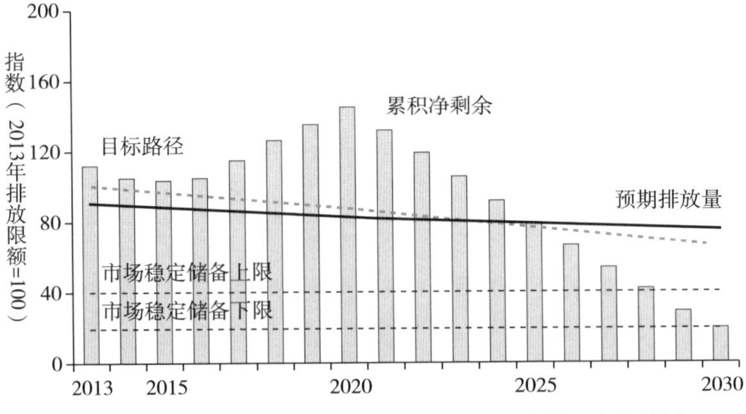

图3.2　模拟2：回收许可额不再回注市场的市场稳定计划

资料来源：European Environment Data and European Union Transaction Log，作者本人的计算

将 2014—2016 年回收的 9 亿吨排放许可额注入市场稳定储备可以稳定累积的剩余许可额，但这需要十年以上的时间才能让市场上的剩余许可额达到市场稳定储备的上限水平。

不过，此改革方案降低了第三交易阶段末不合理的意外价格波动。

从先前模拟中所获得的证据激发了第三个模拟计算，以研究市场稳定储备在 2019 年尽早启动以及闲置许可额转入储备会有何影响。

改革方案 1.3：提前启动市场稳定储备但没有先减后加程序的市场稳定计划

根据先减后加程序，始于 2014 年的 9 亿吨排放许可额将在 2016 年之前收回。这些许可额不会被重新投入碳市场，而是被纳入市场稳定储备。闲置许可额也会被转入市场稳定储备。

依据欧盟委员会的改革建议中的参数，市场稳定储备将在 2019 年实施。

迄今为止所考虑的改革步骤表明，以更大胆的方式来处理累积的剩余许可额有其必要性。这一点体现在第三个模拟计算中，此模拟计算假定市场稳定储备在 2019 年实施，并将闲置的许可额转入市场稳定储备。

模拟结果可通过图 3.3 进行判断，该结果表明此项改革方案将可以避免剩余许可额的进一步积累。不过，直到 2025 年，累积剩余许可额才能达到市场稳定储备的上限。

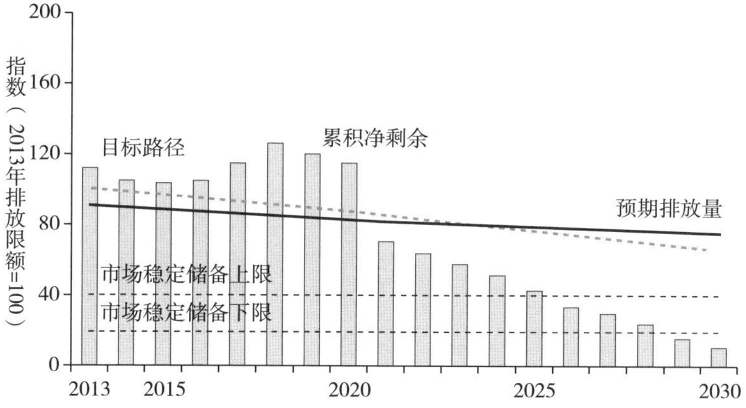

图 3.3　模拟 3：提前启动市场稳定储备但没有先减后加程序的市场稳定计划

资料来源：European Environment Data and European Union Transaction Log，作者本人的计算

提前启动市场稳定储备但没有先减后加的回收计划和闲置许可额的市场稳定计划，无法阻止市场上剩余许可额在2020年之前进一步积累，但可以让它保持较低的数量水平。不过，此举并不足以创造出价格信号，使投资决策能够达成2050年的目标。

3.1.4 从排放许可额市场稳定化改革方案中得出的结论

市场稳定储备这样的机制能够应对可能导致不利影响的市场失衡。许可额的累积剩余会模糊碳价。

我们所建议的改革方案区分了先前交易阶段的过度市场失衡和突发市场变化导致的市场失衡。由于目前存在显著的许可额剩余，市场稳定储备机制需要时间来消化过去市场失衡的影响。此外，从市场上回收剩余许可额的一次性行为也可纳入考虑。

所有的干预行动都可以通过改变拍卖的许可额数量和将新增的许可额或回收的许可额存入市场稳定储备来实现。在这里，许可额并没有被取消。

欧盟排放交易体系的现行设计不需要更多的改动，因为免费分配和固定交易阶段保持不变。

市场稳定储备至少有两个需要进一步探讨的问题：第一，与市场流动性需求相关的参数；第二，市场稳定储备对碳价的不确定性影响。

流动性问题主要与市场参与者尤其是电力生产企业的对冲行为有关。

平心而论，关于市场稳定储备如何影响碳价的任何预测都是高度不确定的。

实施有效市场稳定储备的主要障碍在于缺乏政治共识，而政治共识又取决于对碳市场严格性的承诺，以期形成可信的碳价信号。

- 市场稳定储备这类机制可以用来应对过去和未来的市场失衡；
- 基于规则的灵活供给可通过调整拍卖的许可额数量来实现；
- 许可额不会被取消而是纳入市场稳定储备，在需要的时候可以取出来。

3.2 一揽子改革方案2：从长期目标路径的角度，增加许可额分配的灵活性以反映2050年之前的稀缺性

市场稳定储备这类灵活供给机制解决了整个市场的许可额供求之间的缺口（即期望情形和实际情形之间的差异）。这一缺口可被视为“纵向失衡”，因为

它们自下而上地集中了欧盟排放交易体系所辖行业中的所有企业。

由于免费许可额的分配缺乏灵活性，企业之间也存在其他失衡，免费许可额的分配主要以历史基准和历史活动水平为基础。

特定阈值范围内的免费许可额分配并不会对产出波动做出反应，这也会扭曲企业之间的竞争性地位。

在某一特定行业中，尽管企业活动水平表现出不同的动态变化，但获得免费许可额分配的权利依然保持不变，此时，就会出问题。

企业之间的这种失衡可被称为“横向失衡”，它催生了第二个一揽子改革方案，这一改革方案解决了根据长期目标路径进行灵活的许可额分配的问题。

3.2.1 减排的长期视角

欧盟排放交易体系的总量控制与交易机制以固定交易周期的排放限额为特征，当前的周期跨度为2013—2020年。

投资决策通常需要更长的规划周期，超越固定交易周期的长期排放目标路径则可以提供这样的规划周期。

第三阶段的减排路径已经开始，此阶段中的排放限额被转化为2020年之前每年减排1.74%的线性减排路径。该路径初始排放量为2013年的20.84亿吨。

2014年10月，欧洲理事会支持欧盟委员会关于将上述路径延续至2020年以后的建议，即2020年之后每年的减排量提升至2.2%，而且没有限定目标路径的终点。

改革方案2.1：长期排放目标路径界定了排放限额

第三阶段减排路径的初始排放量为2013年的20.84亿吨，并以每年1.74%的幅度减排，直至2020年。2020年之后延续这一减排路径，且每年减排幅度提升至2.2%。

上述减排路径取决于欧盟排放交易体系灵活供给方案的实施过程，它也许会取代固定交易阶段。

上述目标路径既反映了欧盟能源和气候政策的长期愿景，又含蓄地为企业界定了排放限额，提供了长期视角。

随着这类目标路径的引入，就不需要设定明确的交易周期了。

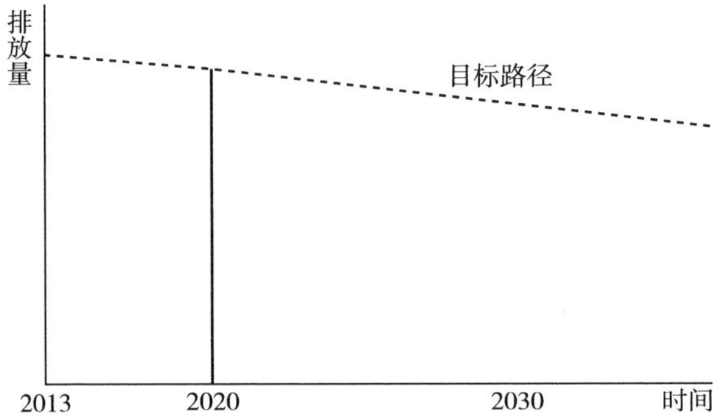

图 3.4　长期目标路径

资料来源：本文作者

3.2.2　分配许可额的现行制度

许可额的供给源自拍卖和免费分配。

根据基于限额的制度设计，许可额分配始于总限额（overall cap），对于第三阶段，该总限额可定义为：线性减排路径的初始许可额为 2013 年的 20.84 亿吨，此后每年减排 1.74%，直至 2020 年。

每一年的排放目标都会划分为免费分配的许可额和拍卖的许可额，因此，在某一交易阶段内每年免费分配和拍卖的许可额基本上是预先决定的。

免费许可额的数量基本上由历史产出水平和基准排放强度确定：

免费分配的许可额 = 基准排放强度 × 产出水平

在欧盟排放交易体系的现行架构中，免费分配程序建立在和排放强度相关的基准上。每家企业都必须报告基准参照期排放量（benchmark reference period emissions）和产出水平。利用这些信息，我们就可以计算排放强度并对之进行排名。

依据企业在排放强度排名中的位置，我们可以确定每单位产出中，免费许可额的份额。排放强度低的企业可获得 100% 的免费许可额，其余企业按照排名依次减少。也就是说，上述程序包含奖励因素。

在欧盟排放交易体系的当前架构中，历史基准和历史产出水平主导了免费许可额的分配程序。

因此，免费许可额的分配程序可概括为：

免费分配 = 历史基准 × 历史产出水平 × 跨行业校正系数

通过历史基准乘以历史产出水平计算出来的免费许可额的总量将会超出免费许可额的总上限，因此，我们必须运用所谓的跨行业校正系数（CSCF）这样的统一减量（uniform reduction）。该校正系数在2013年起始阶段为5.73%，后逐渐增加至17.56%，直到2020年。图3.5说明了免费分配和拍卖许可额的现行制度缺乏灵活性。

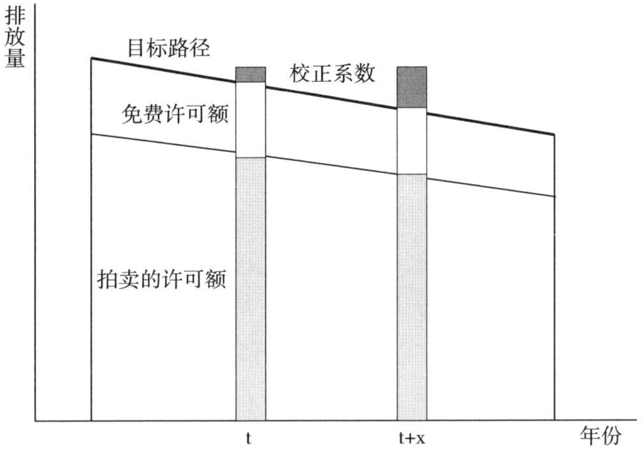

图3.5　当前僵化的许可额分配制度

资料来源：本文作者

通过了交易和碳成本标准阈值并被纳入碳泄漏名单的工业部门就有资格获得免费分配的许可额，该名单已经在2014年10月进行了更新。目前该名单已经囊括了175个行业中的164个，也就是说，这份名单相当缺乏目标性。

3.2.3　提高免费许可额分配的灵活性

欧洲理事会的动机和建议

解决免费许可额分配问题的改革方案更为现实地反映了产出水平、更新后的基准以及用来计算免费许可额数量的、更有针对性的计算方式。

这些改革方案旨在稳定与欧盟排放交易体系所有层面上的许可额严格性有关的预期，这些层面包括企业、行业以及整个碳市场。此外，这样的灵活机制可以避免企业内部的成本扭曲，同时保护其免受碳泄漏风险的侵害。

以下旨在增强免费分配灵活性的指导方针皆出自2014年10月拟定的理事会决议（Council Conclusions）：

- 免费分配将持续到2020年以后；
- 免费分配基准将接受定期审查；
- 未来分配必须确保更好地匹配不断变化的生产水平，进而更有效地对抗碳泄漏；
- 必须考虑直接和间接的碳成本；
- 管理复杂性不会增加。

三大灵活性难题

免费许可额分配的灵活性通常可以解决以下问题：

- 调整基准；
- 根据产出水平进行调整；
- 满足限额。

我们总结了可通过灵活性水平进行区分的各种改革方案。

基准必须具备灵活性，因为技术变化通常会反过来反映投资周期。因此，按照不同的时间间隔依据行业特点来更新基准是很有必要的。

根据排放绩效对企业进行排名，由此基准可被视为激励机制。

基准流程将导致排放份额按照免费许可额进行分配。此份额也可界定免费分配的基准排放强度，即分配给单位产出的免费许可额数量。

通过基于排放强度对企业进行排名，我们就可以用现行程序来确定基准。欲确立更具针对性的基准，我们可以考虑其他标准，譬如交易强度、间接排放和当前无法避免的过程排放的显性指标（explicit indicators）。

免费分配的许可额能够反映产出水平对避免扭曲企业的成本非常重要。

将灵活性纳入以反映活动水平的设计方案是以近期或当前的产出数据为基础的。同样，我们也可以将与补偿相关的其他方案纳入考虑范围，补偿通常以符合企业基准的排放为基础。从行政管理的角度来看，上述设计可能充满了吸引力，因为灵活分配方式的确定可以融入竞拍程序。

灵活确定免费分配许可额必须与排放限额相符合。当前的方法提供了来自免费分配和拍卖的固定份额。

更加灵活的设计可考虑仅对总排放限额施加严格限制，但允许免费分配和拍卖的份额有变动。

应该注意的是，2014年10月通过的欧洲理事会决议宣称，总分配中的拍卖份额应该减少。从某种意义上说，我们在选择灵活的制度设计时，可能会受到限制。

3.2.4 灵活分配免费许可额的改革方案

依据可允许的灵活度，我们可以制定出适用于免费许可额分配的不同方案，我们将在本章内容中对其进行概述。这些方案独立于先前制定的基准决策。

改革方案 2.2.1：**有免费许可额上限但没有补偿性储备的部分灵活分配**

在分配免费许可额时，可以将灵活性与产出水平和基准联系起来。

免费分配的许可额 = 近期基准 × 近期产出水平 × 调整后的校正系数

免费许可额的数量是有上限的，因此校正系数可用调整计算出来的免费分配量（即免费分配的许可额数量）和上限所允许的免费分配量之间的差异表示。

拍卖量（即拍卖的许可额数量）保持固定。

这一改革方案可在一段时间内维持灵活分配和拍卖分配之间的固定比例。免费分配根据产出水平调整，而与上限之内的全部可用免费分配许可额的差异可在事后通过校正系数进行调整。

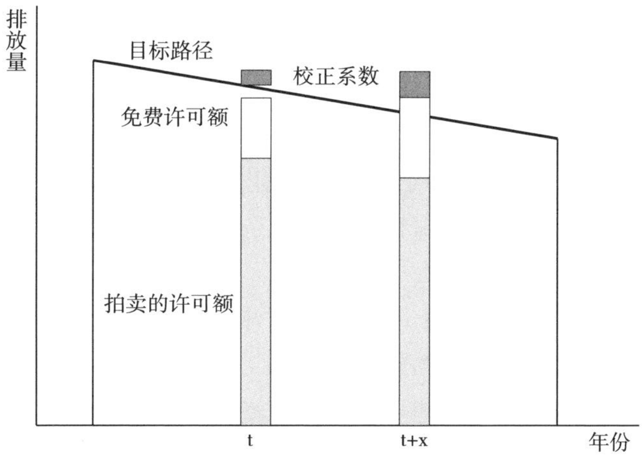

图 3.6 没有补偿性储备的免费许可额灵活分配

资料来源：本文作者

改革方案 2.2.2：**既有免费许可额上限又有补偿性储备的部分灵活分配**

在分配免费许可额时，可以将灵活性与产出水平和基准联系起来。

免费分配的许可额 = 近期基准 × 近期产出水平

免费许可额的总可用量是有上限的，因此计算免费分配和上限之间的缺口可通过储备进行调整。市场稳定储备即可用于达成上述目的。

图 3. 7 所示的这种改革方案可在一段时间内维持免费许可额和拍卖许可额之间的固定比例。实际和目标免费许可额之间的任何缺口可在事后通过市场稳定储备来弥补。

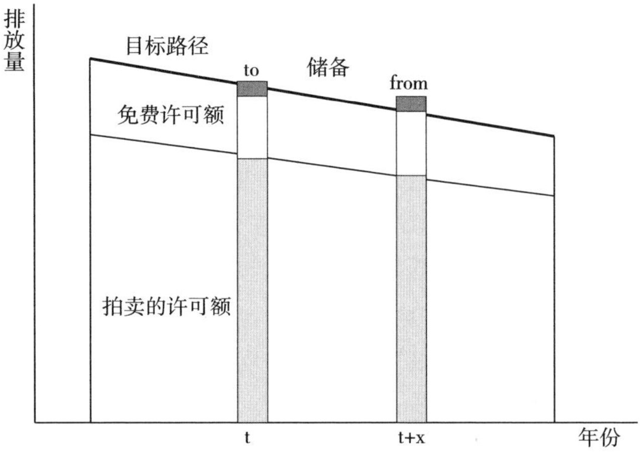

图 3. 7　带有补偿性储备的免费许可额灵活分配

资料来源：本文作者

这一改革方案无需校正系数。

改革方案 2. 2. 3：既有许可额上限又有补偿性储备的完全灵活分配

在分配免费许可额时，可以将灵活性与产出水平和基准联系起来。

免费许可额 = 近期基准 × 近期产出水平

只有许可额的总数量是有上限的。拍卖许可额可根据许可额的总上限和免费分配量之间的差异进行事后调整。

实际分配出去的总许可额和许可额上限之间的差异，可通过市场稳定储备机制进行调整。

正如图 3. 8 所示，上述改革方案使免费许可额和拍卖许可额之间的比例可以灵活调整。总许可额的严格性可在事后通过拍卖量的调整来维持。不需要任何校正系数。

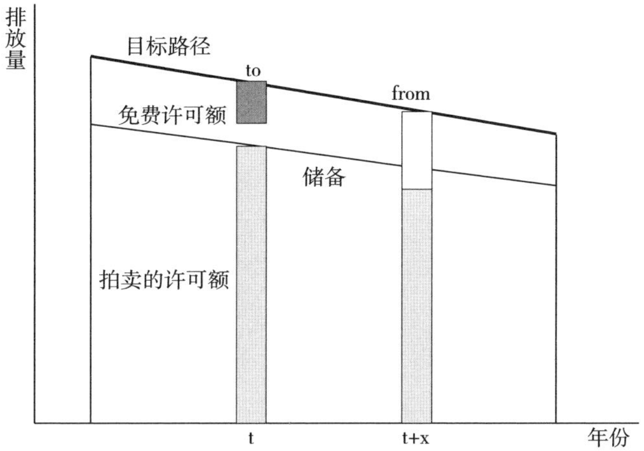

图 3.8　带有补偿性储备和调整竞拍量的免费许可额灵活分配

资料来源：本文作者

3.2.5　从增加分配灵活性的改革方案中得出的结论

对于企业而言，严格的免费许可额可定义为免费分配的许可额相对于其总排放量的比例，它是评估排放成本的关键因素。

与免费许可额相关的当前实践产生了很多负面影响：

- 在确定的阈值内产出减少（即所谓的局部中止规则）对免费许可额的分配并无影响，也就是说，免费分配的严格性随着产出水平而变化；
- 随着时间的推移，校正系数会一刀切式地减少所有行业的免费许可额数量；
- 历史基准会过时。

将历史产出水平换成近期产出水平可减少企业层面的免费许可额严格性差异，从而消除产出波动对碳成本影响的巨大不确定性。

免费许可额的变化可以用拍卖量的变化进行全部或部分调整。这种做法既不需要校正系数，又可以使排放量围绕着目标路径波动。

不过，我们还是要未雨绸缪，以避免在一段较长的时间之后，实际排放超出了目标路径从而背离环保目标。

基本上所有的市场稳定机制，譬如市场稳定储备或动态免费分配，都遵循了图 3.9 所描述的改革方案。

- 通过比较目标排放量与实际排量来确定市场失衡问题，并通过许可额供给的调整来解决；
- 流动性需求源自对冲和其他交易行为，需要做出相应的规定；

- 供给可划分为免费分配的许可额和拍卖的许可额。

在欧盟排放交易体系的现行制度框架中，可以对固定的交易期进行较短期的或年度调整，就像我们所建议的市场稳定储备和灵活分配那样。

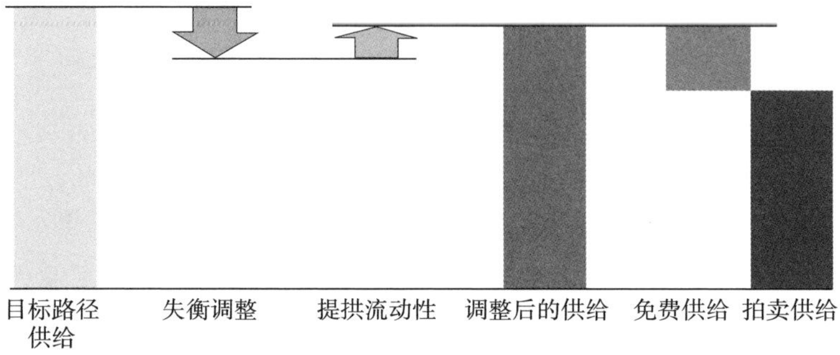

图 3.9　鉴于长期目标途径的灵活免费许可额

资料来源：本文作者

通过思考三类需要调整的典型案例，我们可以更深入地了解灵活的供给机制：

- 案例 1：围绕目标路径波动的当前失衡；
- 案例 2：维持在目标路径以下的当前失衡；
- 案例 3：维持在目标路径以上的当前失衡。

案例 1：围绕目标路径波动的失衡。如果失衡如图 3.10 中所描绘的那样只是围绕目标路径波动，那么供给灵活性可以通过每年回应先前的失衡来维持市场严格性。

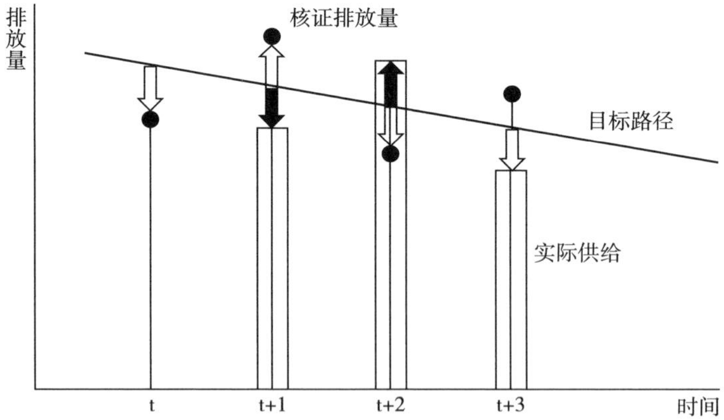

图 3.10　围绕目标路径波动的失衡

资料来源：本文作者

在这类调整中，实际排放只是围绕着目标路径波动，因此并不会显著偏离隐含的排放限额。

案例2：维持在目标路径以下的失衡。到目前为止，欧盟排放交易体系的碳市场已经表现出目标路径以下的系统性失衡。依据我们建议的提高供给灵活性改革方案，我们可通过改变免费许可额的供给和/或拍卖量来进行调整。

在此案例中，实际排放量维持在图3.11所描绘的隐含排放限额之下，超额完成排放目标。

上述调整不仅避免了剩余许可额的积累，还维持了碳市场的严格性。

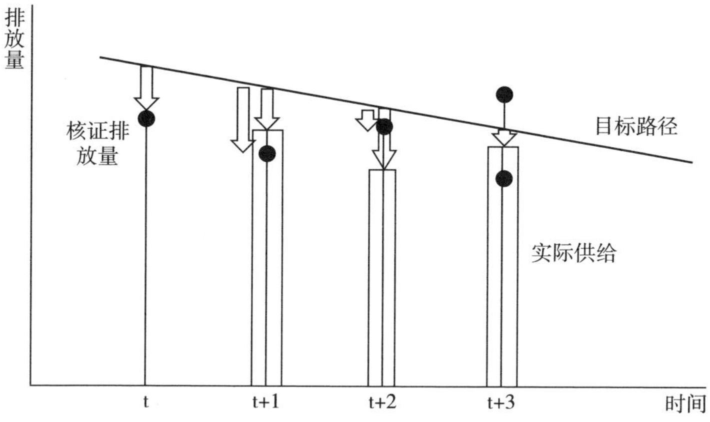

图3.11　维持在目标路径以下的失衡

资料来源：本文作者

案例3：维持在目标路径以上的失衡。我们还需要考虑其他的失衡案例，如图3.12所示的这种失衡状态是由长期超出目标路径的实际排放量所致的。

这种失衡导致目标途径所规定的隐含排放限额无法被满足的风险。我们有很多方案可用于减少这种风险。

- 我们可以依靠价格机制，因为碳市场的持续短缺将提高碳价，进而使减排方案更有吸引力。
- 我们可以限制供给调整的数量，从而增加许可额的稀缺性，这种稀缺性反过来又会触发更高的碳价。
- 我们可以减少可再生能源和能效行业的政策重叠，以减少失衡。

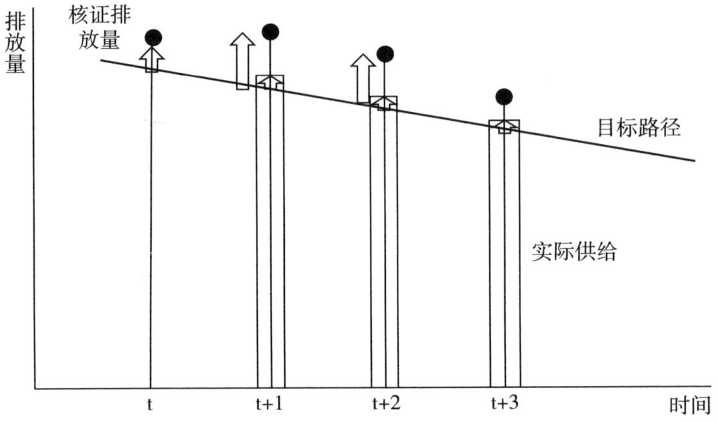

图 3.12　维持在目标路径以上的失衡

资料来源：本文作者

● 我们希望设定碳价上限，以避免碳成本过高。不过，这种做法应当与现行交易排放第 29a 款规定的机制相一致，因为后者允许在欧盟排放许可额价格一直显著高出上一年度时，可对拍卖的时间安排进行调整。

免费许可额的灵活供给可以应对产出和技术变化，进而避免企业之间的横向失衡。

免费分配的许可额会与拍卖的许可额相互作用，前者的灵活性可能会对后者产生挤出效应，也就是说，剩余的拍卖许可额可能会越来越少，这样的风险会出现吗？

就长期而言，工业是唯一具备免费分配资格的行业（如果它们被认为正处于碳泄漏风险之中），其当前的免费分配份额不到欧盟排放许可额总供给的 30%。相比工业部门，主要以电力和热力为代表的其他行业将维持较高的减排强度，因此工业产出的扩张对其他行业的拍卖许可额数量产生不利影响的风险很低。不过，这也意味着减排负担正在转向那些通过拍卖获得许可额的行业。

然而就长期来看，即便经济增长能长期持续，也必须确保环境的完整性。

● 在确定免费许可额的分配时，可同时使用近期产出水平和更新后的基准；

● 不再需要跨行业校正系数；

● 转向基于长期目标路径的灵活供给机制，就无须明确的固定交易期。

3.3 一揽子改革方案3：改善欧盟排放交易体系运行的其他因素

人们经常提及的一些其他改革方案，也值得我们深入思考。

免费许可额的定向分配

改变用于计算免费许可额数量的校正系数，免费许可额的分配会变得更有效率。

这些措施只是一个新的分配程序的要素，而这个新程序可以补充或替代基于基准的现行分配程序。

所有工业行业都具有免费分配的资格，并基于一个灵活且与特定部门相关的分配机制，而这一机制又基于：

- 面临出口竞争；
- 面临进口竞争；
- 过程排放；
- 因为使用电力而致的间接排放。

应当考虑将贸易和排放相关的标准结合起来，这两者是碳泄露存在的必要条件。

现行的免费许可额分配对列入碳泄漏名单的行业不加区别地统一处理，这一改革方案可以解这个问题。

正如图3.13所示，该改革方案的潜在优势就是明确考虑了与碳泄漏风险相关的各种因素。为了满足目标路径，针对许可额分配的任何必要调整都可以通过拍卖来完成。在这种情况下，行业校正系数就是多余的了。

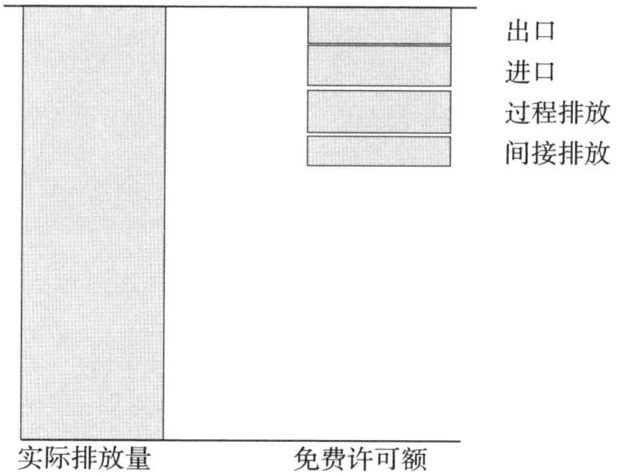

图3.13 免费许可额的定向分配

资料来源：本文作者

免费许可额的分配应基于一系列透明的标准，这些标准可在行业乃至企业层面进行选择，并随时不断更新。

- 面临国际竞争

免费许可额可按照出口和进口份额的比例进行分配，份额和对应于实际排放的产量有关。

- 过程排放

源自工业生产过程的这些排放利用现有技术无法降低，可利用免费许可额来全部或部分抵偿。

- 间接排放

电力行业通过供电对其他行业产生的排放溢出效应可利用免费许可额来抵偿。

- 定向免费分配明确地考虑和补偿了贸易竞争、间接排放和过程排放；
- 所有企业获得免费许可额的资格都要基于透明和灵活的规则；
- 碳泄漏名单不再需要。

不同的行业目标

正如图 3. 14 所示，欧盟排放交易体系市场上的行业排放分布主要由燃烧行业主导，相比之下，工业生产部门所占的份额相当小。这种分类或许着眼于减排能力、碳泄漏风险以及不同的利益和碳价高低。

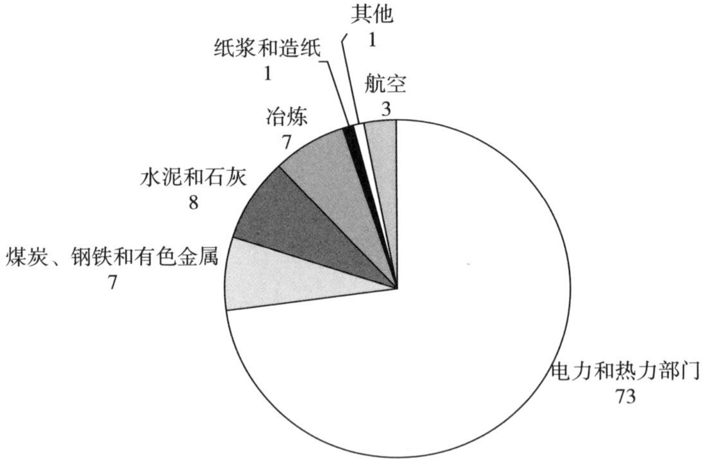

图 3. 14　不同行业的排放份额

资料来源：本文作者

上述分类激发了在欧盟排放交易体系内，针对不同行业目标的总减排量进行分割，这种分割不仅可用于调整特定行业的免费分配和拍卖的许可额，还可以维持排放交易体系的统一性。

基于欧盟排放交易体系许可额的市场划分，我们可以对电力和非电力行业确立不同的减排目标。对于不同的工业部门，我们也可以这样做。

我们还可以依据减排能力做进一步的行业细分。

正如拍卖量可以根据每个行业进行调整，不同行业的目标路径也可以与灵活的许可额分配结合起来。前提条件是我们依然有一个统一的碳市场。

区别对待间接碳成本的补偿

在当前的欧盟排放交易体系指令下，间接碳成本的补偿只有通过国家补助才有可能实现，欧盟成员国或许会在事后擅自提供国家补助。尽管欧盟委员会已经对此类国家补助采取了协调的指导方针，但就缓解碳泄漏风险而言，此类方式还是有相当大的局限性。由于被视为运作性援助（operating aid），所以随着时间的推移国家补助要慢慢减少。

不同的欧盟成员国具备不同的财政能力以及给予补助的不同意愿，这造成了对间接碳成本补偿的不公平竞争。我们可以考虑一些能够创造出更公平竞争环境的方案：

- 通过扩展免费分配来包括间接碳成本，补偿措施可以在欧盟层面上实施。不过，这种方式增加了复杂度，我们还不清楚如何将这种机制与国家补助结合起来。
- 拍卖所得的收入可用于补偿间接碳成本。这里特别值得考虑的是加利福尼亚州的案例，那里的发电厂利用拍卖程序来补偿碳成本导致的更高价格。这样的体系意味着可以完全取消国家补助。

区别对待小型企业

图 3.15 揭示了欧盟排放交易体系所辖企业的规模分布高度不均等。84%的小企业仅占据了欧盟排放交易体系总排放量的 10%，而 71% 的小企业更是只占总排放量的 5%。这种排放量相对于企业规模的高度不均等分布证明了区别对待小企业的做法是合理的。

针对小企业的改革方案可以采取排放收费的办法，该措施建立在化石能源消费的基础之上，并以年度调整率进行倍增，年度调整率反映了碳含量和前一年的平均碳价。

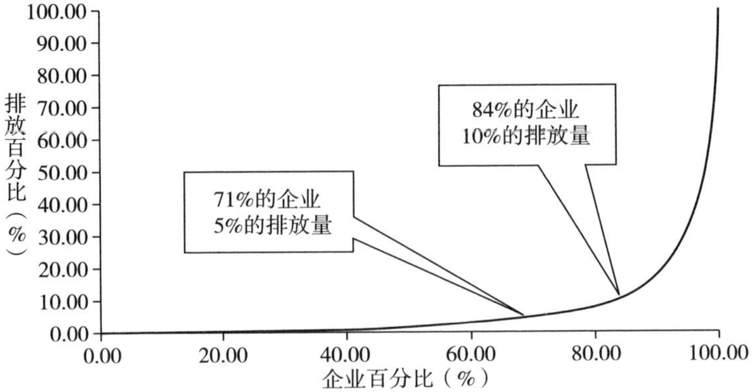

图 3.15　企业规模的高度不均等分布

资料来源：本文作者

纳入上游经销商

正如加利福尼亚州的做法一样，可以将化石能源的经销商纳入欧盟排放交易体系中。这也是处理小型企业的一种选择方式。

在加利福尼亚州的案例中，虽然配电企业可免费获得许可额，但它们必须利用拍卖收入来补偿客户支付的更高的电力成本。

治理问题

有很多原因导致一些基于规则的灵活性并不足以维持碳市场的理想状态。更改排放交易体系所需的共同决策程序可能要耗费大量时间，进而产生大量无益于碳价信号的不确定性，因此我们可以考虑运用委托治理程序。

欧盟排放额度的运用

当前欧盟排放交易体系指令的第 24a 款声称，欧盟成员国可以采取措施以发放来自非欧盟排放交易体系所辖项目的许可额。不过，欧盟排放交易体系的结构改革议程并没有将上述规定放在优先讨论的位置。在当前供给过剩的状态下，对新供给的需求并不强烈。考虑到一揽子改革方案的背景，排放交易体系行业与非排放交易体系行业之间的联系可能将会成为一个有趣的探索途径。不过，这一联系表明，深入探讨许可额分配动态变化的背景和非排放交易体系所辖行业的潜在新增负担，我们才能更好地审视上述联系。

4. 以碳泄漏的新视角来制定欧盟排放交易体系的结构改革

欧盟排放交易体系的发展过程让我们认识到，我们对政策工具的判断和处置不能独立于欧盟政策或全球经济状况。认识到这一点，不仅极大地有益于我们评估碳泄漏的风险，还能大大帮助我们协调排放交易体系和其他政策。

4.1 碳市场互动的拓展视角

在欧盟排放交易体系的初始设计中，碳市场被理解为边际减排成本和带有最终碳价的排放限额之间的交互作用，如图4.1所示。

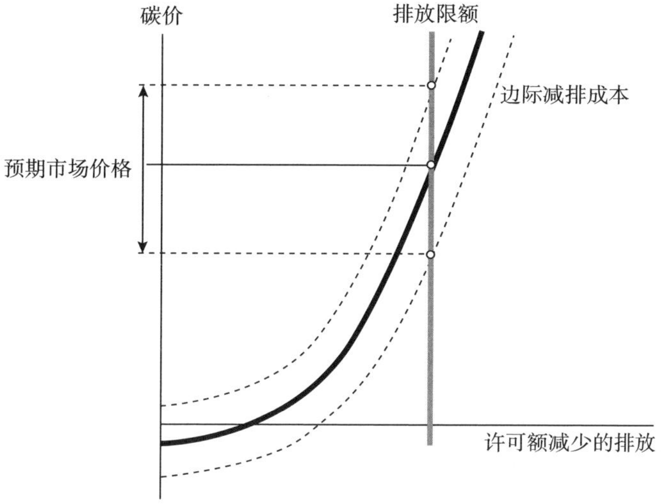

图4.1 简化的碳市场

资料来源：本文作者

由于基本的信息要求，对碳市场的这一理解不具可操作性。其限制之一在于，边际减排成本可能是不明确的，因为它们取决于时间范围以及对各种要素价格（包括融资方案）所做的假设。在很多情况下，如果涉及复杂的生产过程，就不能从其他效应中确定出边际减排成本。

鉴于边际减排成本在企业层面上的这种不确定性，市场也就只限于传递这些成本的可靠信号。

在大多数情况下，确切（以及所有市场参与者可见）的边际减排成本曲线所必需的条件并不成立。但如果这些最优条件普遍成立，那么已设定的限额就能提供透明的价格信号，以确保排放交易体系在短期和长期运行的成本效益。

与此同时，上述结论还表明，碳市场上的相互作用实际上要复杂得多，如图4.2所示。

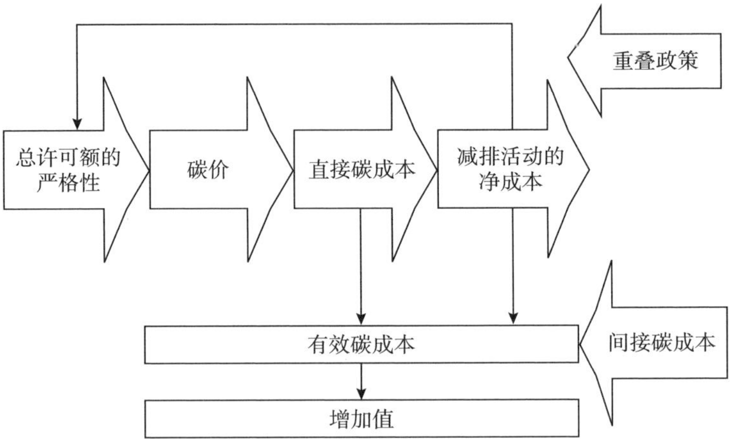

图4.2　碳市场上的相互作用

资料来源：本文作者

• 除了金融市场参与者的动机外，许可额供需之间的物理严格性（physical stringency）必须成为碳价的主要决定因素。

• 直接碳成本是指碳价乘以所需的许可额数量。

• 附加成本源自减排活动，而后者又会反作用于许可额的严格性。

• 针对可再生能源和能源效率行业的重叠政策，会影响减排成本和许可额的物理严格性。

• 有效碳成本至少由三个部分组成：直接碳成本、减排成本和间接碳成本，间接碳成本源自含碳的电力购买。

• 最后，正是增加值的变化最终决定了实现碳排放目标所产生的影响，而这又取决于将碳成本转化为产品价格的能力。

4.2　针对碳泄漏的碳限额严格性的现实情况

欧盟排放交易体系所得出的一些经验证据，加深了我们对总量控制与交易制度的概念性理解，这些经验证据也增进了我们对碳泄漏问题的理解。

从单一企业的角度来看，碳限额的物理严格性可以用核证排放的免费分配份额来衡量。

如图 4.3 给出了所有部门的免费许可额，如其所示，第一阶段和第二阶段的免费许可额数量都超过了核证排放量。

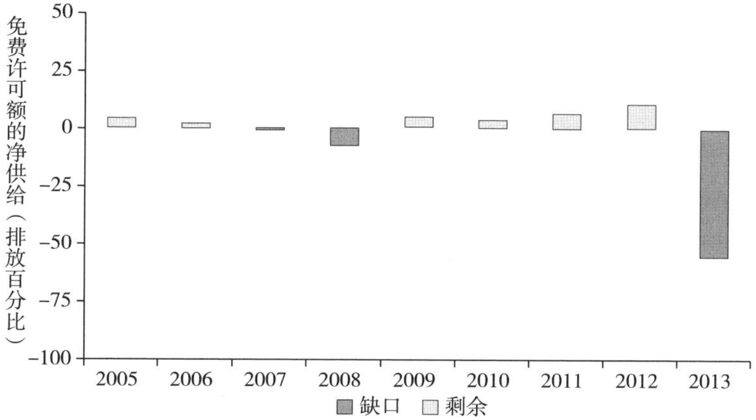

图 4.3　核证排放中的免费分配份额（所有行业）

资料来源：European Environment Data and European Union Transaction Log，作者本人的计算

由在始于2013 年的第三阶段，分配方式发生了变化，免费分配的许可额比例降到了核证排放的45% 和许可额总供给的43%，总供给也包括了拍卖的许可额数量。另外值得注意的是：2013 年，许可额总供给超出核证排放量将近 5 个百分点。

燃烧和燃料行业（占总排放的约 71%）和其余工业部门之间免费分配的许可额比例存在着显著差异。

目前，工业部门拥有超过核证排放的免费许可额剩余，而燃烧行业却饱受免费许可额短缺之苦，结果如图 4.4 所示。

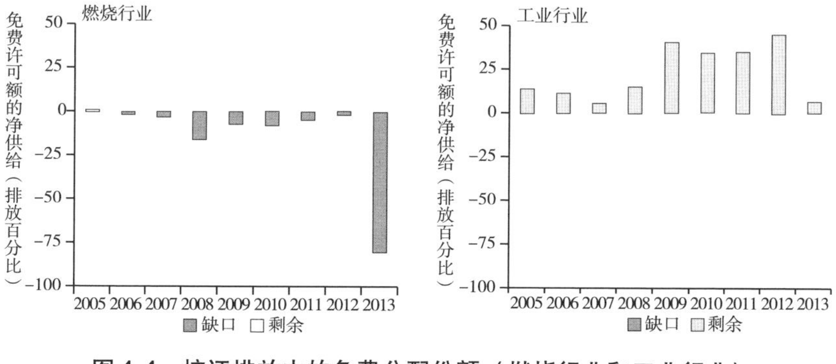

图 4.4　核证排放中的免费分配份额（燃烧行业和工业行业）

资料来源：European Environment Data and European Union Transaction Log，作者本人的计算

欧盟排放交易体系所辖行业的这种显著割裂状态严重影响了对碳泄漏的评估。到目前为止，除少数企业外的工业部门未曾体验过企业层面许可额的物理严格性。更多细节可参见附录。

免费分配的物理严格性的上述证据表明，第一阶段和第二阶段都出现了免费许可额相对于核证排放量的过度剩余，工业部门甚至表现得更为明显。

虽然第三阶段免费许可额的份额显著下降，但加上拍卖的许可额数量，许可额的总供给在2013年还是超出了核证排放量。

供给过剩的影响导致总体碳成本比欧盟委员会影响评估的预测要低，后者的参考碳价为每单位欧盟排放许可额30欧元。

上述结论并没有排除由免费许可额分配导致的不利影响致使个别企业面临严重成本影响的极端情形。这些源自免费许可额分配且在阈值范围内的扭曲结果与产出水平无关。

4.3 防止碳泄漏的改革事项

4.3.1 与碳泄漏相关的欧盟排放交易体系结构改革

运用碳市场相互作用的拓展视角，我们对如何避免碳泄漏风险有了更多的认识。

对于既定的碳价而言，排放强度所代表的技术决定了直接碳成本。有利于提高排放强度的任何措施显然都是高度相关的。理论上最优的市场条件假设可确保碳价促成必需的技术变革。但在现实世界中，不稳定的碳价（它可能招致利益相关者和政策制定者的反对，取决于不稳定的程度）可能并不足以激发彻底的技术变化。

降低直接碳成本的方案之一是免费分配许可额，欧盟排放交易体系已经展开了类似的实践。不过，以更定向的方式而非现行制度来实现上述目标有多种原因，现行制度或多或少不加区别地对待碳泄漏名单上的所有行业。

更定向的免费许可额分配会明确考虑欧洲之外的贸易过程、工业生产过程中的排放以及间接排放。

长远来看，为转向低碳技术提供支持才是最重要的，当前的战略决策都是为上述目的而制定的。碳价并不足以刺激上述战略决策付诸实施，因此我们还需要对研究和开发提供更多支持。为此，可以将超出免费许可额的拍卖收入作为必需的融资来源。

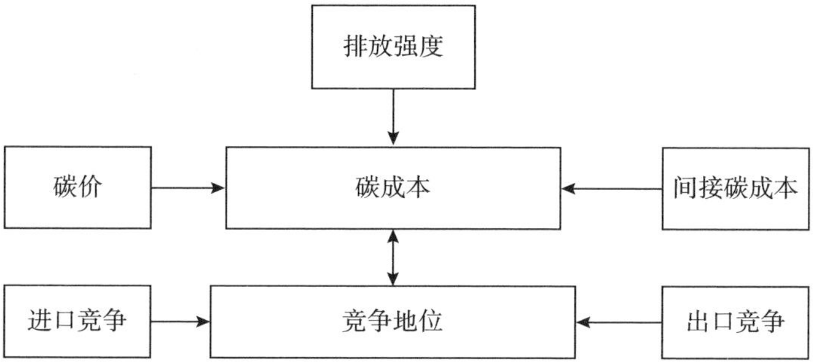

图 4.5　与碳泄漏风险相关的因素

资料来源：本文作者

4.3.2　重叠政策

相关研究表明，欧盟排放交易体系一直受到欧盟其他政策尤其是可再生能源和能效改进政策的影响。

特定碳价如何影响能源结构或能源结构如何影响特定碳价？特定的可再生能源政策如何影响碳市场？这些问题我们都有必要做进一步分析。

某些相互作用会导致相当意外的结果乃至产生相反的效果。例如，对于可再生能源的补贴不仅减少了化石燃料的需求，还降低了电力的批发价格，使得煤电更加廉价，而用气发电不再具有竞争力。这需要对基于碳价信号的热力和电力市场设计进行根本性的反思。

4.3.3　定向的技术政策

减排方案尤其是工业部门的减排方案严重依赖于新技术，而在多数情况下，新技术截然不同于现行的生产工艺。

上述结论尤其适用于钢铁行业，虽然在该行业，超低碳技术正在构想之中，但依然遥不可及，我们还有很多研发以及商业化前的试验工作要做。

就排放强度和碳排放的重新利用而言，类似的突破性技术似乎也有可能运用到水泥工业。

而对于造纸行业，新的技术路线显然指向了生物提炼。

如果仅靠碳价，这些技术方案很可能行不通。它们需要在目标和资源方面获得有很强针对性的承诺。部分拍卖收入显然可以用于支持这些定向技术政策。

4.4 为欧盟排放交易体系的结构改革制定策略

欧盟排放交易体系的未来

到目前为止，欧盟排放交易体系的现状和从欧盟排放交易中获得的经验，不仅为若干未来战略铺平了道路，而且还不断激发出各种关于该体系是否应该有所变化或加以改革的讨论：

• 不采取改革行动。这种做法会导致现有的许可额剩余进一步加剧，这些剩余的许可额不仅会破坏欧盟排放交易体系的效力，还会损害该政策的公信力。

• 改善欧盟委员会提出的改革措施。由于欧盟委员会提出的市场稳定储备计划在2021年以后才会生效（该时间点的设置目前还在争论之中），所以在2020年之前新增剩余许可额的积累不仅不会停止，还可能一直维持到2030年。

• 对已建议的改革措施进行优化的结构改革。从欧盟排放交易体系中获得的运作经验使我们认识到，为了优化这一政策工具，我们可以制定更大胆的改革措施。

目标和利益相关者

从探讨改革策略开始，我们就应该谨记此项政策工具的基本目标：

• 通过遵循直至2050年的减排路径，来实现长期的环保目标。

• 提供足以影响经济资产分配的清晰价格信号，这可以转化成清晰、持续且可信的碳价信号以及可促进能源和工业部门转型的其他激励措施。

• 只要非竞争行为在欧盟之外落实到位，就可以通过保护能源密集型行业免受碳成本负面冲击来避免碳泄漏问题。

看似分散的利益相关者的利益已经显露出来。一些电力生产企业将带有高碳价的欧盟排放交易体系视为将煤驱逐出电力市场的手段。相比其他行业，电力和热力行业可以轻易地将碳成本转嫁给最终消费者。

但是，如果面临进口和出口市场的国际竞争，工业部门就易于受到高碳价的打击。

就欧盟排放交易体系的全面改革达成政治共识似乎非常困难。

设计欧盟排放交易体系结构改革的步骤

对欧盟排放交易体系现状的分析、自2005年实施该政策以来获得的经验教训以及其未来的改革步骤，都包含了以下元素。

所有改革策略都需要优先关注以下两个方面：其一是自 2008 年以来不断积累的碳市场失衡的减少；其二是不管需求变化的驱动力从何而来，我们都必须使未来的许可额供给更快地回应这种变化。这类改革措施的预期影响是碳价的逐渐提高，它反过来又会强化向低碳技术转化的激励。

利用之前在一揽子改革方案 1 中所归纳的措施，我们可以实现上述目标。其核心要素在于市场稳定储备，它需要在干预参数和引入的时间安排方面做仔细的评估。

欧盟委员会提出的长期排放目标路径可给予企业长期视角。免费和拍卖分配都可以建立在此目标路径之上。这些分配手段可以通过更新基准和产出变得更灵活，进而将减排努力与产出水平联系起来。再加上市场稳定储备，这些措施可确保环保目标得以实现。

上述改革要素相当于一揽子改革方案 2 中的实质性内容，该一揽子方案建议我们在沿着长期目标路径从固定交易阶段转向灵活分配的同时，应保持碳市场的严格性。

上述两个基本的一揽子改革方案可通过一揽子改革方案 3 中所归纳的附加改革要素得以进一步强化。

更定向的免费许可额分配值得我们优先考虑，我们可以通过对出口和进口竞争环境、当前不可避免的过程排放以及电力购买中所包含的间接排放进行明确补偿，来达成上述目标。这些间接成本问题目前依然得不到满意的解决，我们需要在欧盟层面进一步探讨这些问题。

结构改革可以取得的成果

总体而言，相比现行的制度架构，欧盟排放交易体系的结构改革将展现出不少新颖的特色设计：

- 分配方式将变得更灵活且不会令环保目标打折扣；
- 所有行业都将受益于更可预测的碳价；
- 能源密集型工业将受到更定向的碳泄漏保护，同时享受免费许可额分配。

灵活性的提高还将改变行政管理需求。由于灵活性的提高，我们不再需要容易导致年份界限出现问题的固定交易阶段，也不再需要跨行业校正系数，如果运用免费许可额分配的明确标准，碳泄漏名单也就没有存在的必要了。

5. 全球背景下的排放交易

越来越多的国家和地区正在制订和实施排放交易计划，并将其作为温室气体（GHG）定价的一种手段，这些国家遍及欧洲、北美、南美和太平洋地区。

自2009年召开哥本哈根世界气候大会以来，通过多边协商就减排达成共识变得愈发困难。减排的动力似乎已经从国际层面转向了国家和地区层面。随着中国、印度、巴西、韩国和越南等国家纷纷就新交易体系展开探讨或加以落实，我们在快速发展和转变的经济体中感受到了尤为强烈的减排动力。

5.1 现有和新兴的交易计划

全球范围内的39个国家和23个次国家行政辖区，已经实施或计划实施包括排放交易体系和税收在内的碳定价工具。中国的试点排放交易体系形成了继欧盟排放交易体系之后的世界第二大碳市场，它覆盖了相当于11.15亿吨的二氧化碳排放量，相比之下，2013年欧盟排放交易体系覆盖的排放量为20.84亿吨（World Bank，2014）。

图5.1 新兴排放交易体系概览

资料来源：世界银行（2014年）

美国和加拿大已经制订了相关的国家计划，但目前还未实施。地区性的交易计划正在出现。欧盟排放交易体系是目前最大的排放交易市场，紧随其后的是一些规模较小的排放交易体系，譬如新西兰和美国的地区温室气体倡议（RGGI），加拿大阿尔伯塔的省级计划。即便眼下澳大利亚正选择废除自己的排放交易体系，但亚洲实施减排计划的势头依然非常强劲。

5.1.1 北美的排放交易

虽然北美一直没有在联邦层面上实施排放交易计划，但地区性的排放交易体系在美国和加拿大都已经出现。

地区温室气体倡议

地区温室气体倡议（Regional Greenhouse Gas Initiative，RGGI）是一个国家层面的排放交易体系，它于2009年1月1日在美国的东北部开始交易。该体系仅覆盖来自发电行业的二氧化碳排放。地区温室气体倡议是美国首个强制性二氧化碳总量控制与交易计划，它涵盖了发电量超过25兆瓦的化石燃料发电厂，这些电厂分布在9个参与州境内（EIA，2014）。2012年，地区温室气体倡议中的二氧化碳排放量占美国电力行业总排放量的4%。

2014年，该限额被收紧，这主要是因为该地区的实际二氧化碳排放自2009年以来就一直维持在累积上限的65%左右。上述低水平的排放量可部分归因于低廉的天然气价格以及疲软的总电力需求（EIA，2014），低廉的天然气价格使得该地区大量的发电企业都转向使用天然气。2005年，地区温室气体倡议参与州的二氧化碳排放量达到了顶峰，煤炭占据了23%的发电燃料份额，石油为12%。到2012年，煤炭的份额降至9%，而天然气的份额从2005年的25%升至44%，石油发电份额更是降到了1%以下（EIA，2014）。

西部气候倡议

西部气候倡议（Western Climate Initiative，WCI）是一个由美国部分州和加拿大部分省联合发起的排放交易体系。目前，只有美国加利福尼亚州和加拿大魁北克省实行了该交易体系，正式交易于2013年1月1日启动。

西部气候倡议的基本结构相当于一个分散的总量控制与交易计划，该计划所覆盖的行政辖区联合设计一个可连接成统一市场的单独系统（Tuerk et al，2013）。每个行政辖区需要依据本地的排放目标来负责设定各自的排放限额，该计划目标为到2020年将温室气体排放由2005年的水平减少15%。虽然确定特定辖区限额的一般性准则已经达成，但就提高灵活性以促成更多地区参与而言，这些准则依然显得太过宽泛（Tuerk et al，2013）。不过，在将各辖区的排放体系连接在一起之前，每个辖区还是有机会审查其他辖区的计划，以便评估该计划在设计上的一致性。

在辖区内部，总量控制与交易计划的覆盖面非常广泛。在初始阶段，该计划就纳入了所有行业中的大部分高排放企业和电力部门，第二阶段还会纳入运输和商业部门（Tuerk et al，2013）。从理论上讲，在始于2015年的第二阶段，总量控制与交易计划将覆盖所参与行业85%—90%的温室气体排放。在参与的辖区中，每年排放超过25000吨二氧化碳当量的所有企业都会被纳入计划中。虽然西部气候倡议的基本方针考虑到了包括许可额储备、限制借贷和设置拍卖底价在内的成本遏制措施，却排除了严格的价格上限和不受限制的借入（borrowing），美国联邦总量控制与交易体系的某些早期建议都包含了这些措施。

表5.1显示了11个西部气候倡议合作辖区的现状。西部气候倡议每年覆盖约为8亿吨二氧化碳当量的排放量，这取决于该计划的最终参与情况，上述排放量相当于加利福尼亚州排放量的一半以上。

表5.1　西部气候倡议辖区的总量控制与交易条例的现状

采纳总量控制与交易条例	表达兴趣但还没制定条例	不会实施总量控制与交易条例
加利福尼亚州	安大略省	蒙大拿州
魁北克省	不列颠哥伦比亚省	犹他州
	曼尼托巴省	新墨西哥州
	华盛顿州	亚利桑那州
	俄勒冈州	

资料来源：基于 Tuerk et al（2013）

5.1.2　韩国排放交易计划

韩国排放交易体系于2015年1月启动。草拟的国家分配计划（National Allocation Plan）包含了五个行业：电力企业、工业、公用水和废弃物处理企业、建筑行业以及运输行业（主要为国内的航空公司）。该计划将覆盖大约500家企业。

虽然许可额分配方式在分配期间通常不应该更改，但主动采取一些调整措施还是可以为所覆盖的企业提供帮助，譬如当企业面临“在分配计划制定时没有预料到的重大经济形势变化”时。这种调整可采取两种形式：

- 首先，在某些特殊情况下，总体经济形势的重大变化可能会导致排放许可额总量的增加。
- 其次，企业可能会通过吸收储备许可额来要求重新调整。不过，企业要求额外许可额的标准仅限于三种情况：（a）由于企业出现意外扩张或工厂转移/兼并而导致排放超出分配许可额；（b）由于政府要求增加电力供应而导致发电企业的排放增加；（c）由于生产线或商业规划发生意外变化导致企业排放超出其分配许可额 30%（Hawkins et al，2014）。

依据韩国排放交易体系的当前规划，政府可通过市场稳定措施来实施干预，以免价格或交易量发生显著变化。规划规定了准许干预的背景以及可采取干预的类型。稳定措施在面临以下情形之一时，即可授权实施（Hawkins et al，2014）。

- 首先，当相比前一年许可额价格的增长连续 6 个月都超出 3 倍；
- 其次，由于月交易量比前一年的月平均交易量增加 2 倍以上而导致许可额平均价格比过去两年的平均价格增加 2 倍以上；
- 再次，当月交易价格比过去两年的平均价格降低 60%。

在上述情况下，政府可采取以下措施来稳定市场：（a）允许多达 25% 的储备许可额参与拍卖；（b）对每个参与企业的许可额设置最高或最低限制；（c）增加或减少借入许可额的限制；（d）增加或减少补偿许可额的限制；（e）设定最高或最低价格（Hawkins et al，2014）。

5.2 中国试点方案

5.2.1 涉及的地区

中国目前正在实施若干试点排放交易体系。2011 年，国家发展和改革委员会宣布制定七个官方排放交易体系试点方案（北京、上海、天津、重庆、广东、湖北和深圳）。该计划已从 2013 年开始实施。截至 2014 年，七个试点中的六个地区已经开始实行排放交易，剩下的重庆也在 2014 年下半年开始实施。中国政府计划从 2016 年开始在全国推行排放交易体系，其目的是形成若干个设计不同的试点交易体系，并将它们与先前所获得的经验相比较，以确定未来建立全国性交易体系。在讨论上述试点排放交易体系之前，我们先了解一些主要的设计方案。

对于所涉及的绝大多数工业实体和商业建筑而言，总体许可额依据它们在2009—2011年的历史记录来确定。如果这三年的增长速度超出50%，那么就将2011年的排放量视为基准。电力企业、航空公司、港口和机场部门将依据特定行业每单位产出的排放基准来获得许可额，这些许可额还要进一步乘以企业从2009年至2011年的历史平均产出水平。这些许可额将会从2013年至2015年以一次付清的方式交付给企业；不过，从合规的角度来看，在后续年份借入许可额是不允许的。

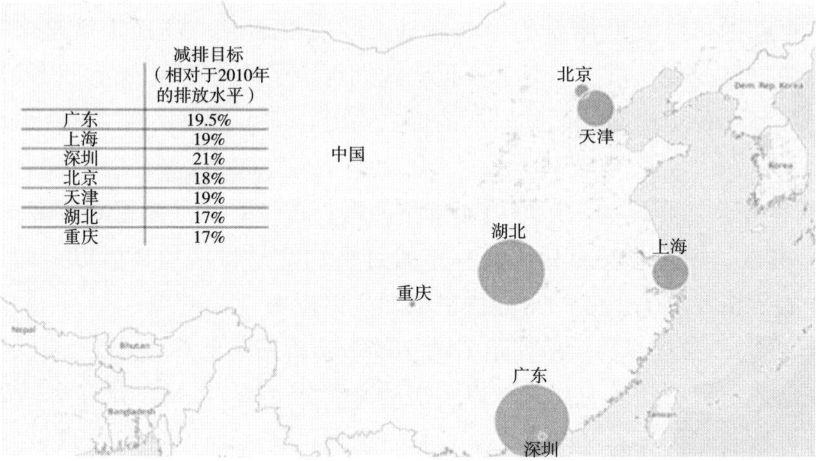

图5.2　中国新兴的排放交易计划

资料来源：Climate Group（2014）

5.2.2　中国试点方案的综合设计特点

试点排放交易体系的限额和目标行业因城市和地区而异，旨在为实施统一的全国性排放交易体系奠定坚实的基础。

北京是唯一对制造业和服务业企业的年度绝对减排量做出规定的试点地区。上述行业中的企业每年获得的许可额将越来越少：2013年是2009—2012年平均排放量的98%，之后逐渐降至2015年的94%。

其他排放交易体系虽然没有绝对减排方面的要求，但规定了每单位工业增加值的碳强度减少。深圳和天津允许没有被纳入排放交易体系的个人投资者和金融机构参与交易，这种做法有可能导致更高的交易频率和价格的大幅波动。

由于仅关注二氧化碳排放，这些试点排放交易体系只覆盖了省或直辖市总排放量的40%—60%，它们适用于电力和其他重工业行业，如钢铁、水泥和石油化工部门。

表5.2 新兴排放交易方案概览：覆盖企业、限额、交易量和交易额

试点地区	覆盖排放企业	年度限额上限（百万吨）	交易量（百万吨）	交易额（百万元）
广东	242	388	1.29（11.1）	70.6（667）
湖北	138	324	5.28	125
上海	191	160	1.55	60.9
天津	114	160	1.06	21.9
重庆	240	130	0.145	4.46
北京	490	78	2.03	100
深圳	832	30	1.66	113

资料来源：Zhong（2014）

许可额分配

在中国，分配许可额的标准是基于前几年的历史排放数据，同时也会考虑行业特点和减排成本。

在大多数情况下，限额是指排放强度上限。出于价格管理和成本约束的目的，天津、上海和湖北的政府会预留一些许可额。

与此同时，在北京、天津、上海、深圳和广东，一小部分许可额采取拍卖的方式（Calderon，2013）。深圳计划在未来逐渐增加拍卖的比例。湖北更是开创性地预留了20%的初始许可额，用来奖励初期的减排行为（Calderon，2013）。

在中国的排放交易体系中，大部分的许可额是基于过去的排放情况免费分配的；除了电力和热力企业外，制定基准的做法并没有得到大规模的采用（Ecofys，2014）。不过，深圳和广东这两个试点已初步开始实施许可额拍卖。

行业覆盖

中国排放交易体系和欧盟排放交易体系（以及其他经合组织交易系统）

之间最重要的区别在于前者意图覆盖建筑行业（譬如北京）或运输行业。中国住房和城乡建设部已经为建筑行业制定出不同的碳交易方案（Han，2012）。这些方案即将在少数试点城市付诸实施。

表 5.3　基于排放强度的分配方案

试点	电力行业	非电力行业
广东	◦	
湖北	◦	◦
上海	◦	
天津	◦	
重庆	◦	◦
北京	◦	
深圳	◦	◦

资料来源：Zhong（2014）

尽管住房和城乡建设部的主要意图是为了限制能源浪费，但将碳交易方案向建筑行业拓展必须同中国的整体气候变化战略相匹配。眼下，住房和城乡建设部已经首次提出了建筑行业碳交易计划的详细方案（Han，2012）。中国对电价实施严格管制，因此发电厂无法将碳成本通过电价转移给消费者，进而导致需求方缺乏电力管理的激励。为了解决这一问题，中国的试点地区必须要求电力使用大户向政府提交排放许可，进而使大部分排放交易体系能够覆盖间接排放。

市场稳定和补偿

中国大多数的排放交易计划都考虑预留排放许可来调解市场，譬如购买/出售许可额以防市场波动。至于使用补偿性的排放信贷（offset credits），中国的排放交易体系可允许使用中国核证减排量。依据排放交易计划，核证减排量可高达总供给的 10%。

市场价格

从图 5.3 我们可以看出，2014 年初市场价格波动范围为 20—80 元（相当于 2.6—10.4 欧元），2014 年底为 25—55 元（相当于 3.24—7.15 欧元）。当前的价格波动幅度与欧盟排放交易体系近似。

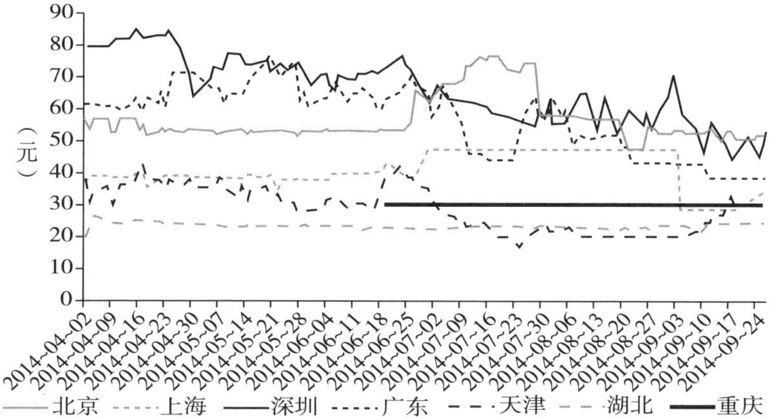

图 5.3　迄今为止中国试点方案市场价格的概览

资料来源：Zhong（2014）

5.3　比较欧盟排放交易体系与其他排放交易体系的设计特点

在排放交易体系覆盖范围或分配方式等设计特点方面，现行排放交易体系和新兴排放交易体系之间存在着很大的区别。

行业覆盖。欧盟排放交易体系专注于工业和大型能源生产商，美国和加拿大的排放交易计划也具有类似的覆盖特点，而亚洲的某些新兴排放交易体系则试图覆盖其他行业，通常涉及小型企业和建筑行业，或纳入能源消费所导致的间接排放。

目标类型。美国、加拿大或欧洲的交易计划制定了绝对限额，而中国的试点排放交易计划则制定了相对限额，有时辅之以绝对限额。

分配方式。只有少数排放交易体系从一开始就将拍卖作为主要的分配方式。欧盟排放交易体系从一开始就运用了溯往机制（grandfathering），与此类似，中国的试点排放交易体系也对大部分许可额实施免费分配。

补偿信贷的使用。所有现行的排放交易体系和新兴排放交易体系都允许运用补偿信贷，但数额和遵从的国际或国家标准都不尽相同。

市场稳定措施。相比于欧盟排放交易体系，大多数排放交易体系都提供了管理价格波动的稳定措施，并为所覆盖的企业提供更多的价格确定性。

（中国社科院研究生院博士　郭晶晶　译）

因篇幅所限，附录部分略，特向作者和读者致歉，需要者可向《比较》编辑室索取：bijiao@ citicpub. com。

参考文献

Calderon, R. , Wing, X. , Houze, S. , Jung, G. (2013). Emerging Emissions Trading Schemes (ETS) in China. Columbia University, School of International and Public Affairs.

Carraro, C. (2014). EU Emissions Trading Scheme Reform: A Change for the Better? (http://www.carlo-carraro.org/en/topics/climate-policy/eu-emissions-trading-scheme-reform-a-change-for-the-better/).

CEPS (2014). Carbon Leakage: Options for the EU, CEPS Special Report.

Climate Group (2014). China Will Launch World's Biggest Carbon Market in 2016. (http://www.theclimategroup.org/what-we-do/news-and-blogs/china-will-launch-worlds-biggest-carbon-market-in-2016/).

Climate Strategies (2009). Tackling Leakage in a World of Unequal Carbon Prices.

De Perthuis, C. , Trotignon, R. (2013). Governance of CO2 Markets: Lessons from the EU-ETS. Cah. Chaire Econ. Clim. 2013 30.

Dechezleprêtre, A. (2014). Technology and Innovation Policy & the EU-ETS (http://www.euro-case.org/images/stories/pdf/platforms/energy_workshop2014/ETSMCC2014_11Dechezlepretre.pdf).

Ellerman, A. D. , Marcantonini, C. , Zaklan, A. (2014). The EU-ETS: Eight Years and Counting. (EUI Working Paper No. 2014/04).

Ecofys (2014). State and Trends of Carbon Pricing. World Bank, Washington DC.

Ecofys (2014). Dynamic Allocation for the EU Emissions Trading System.

Ecofys (2014). Chinese Emission Trading Schemes: Initial Assessment on Allocation.

Ecofys (2015). Projections behind the 500-900 Million Estimate of "Unused" Phase 3 Allowances.

Euro-CASE (2014). Reform Options for the European Emissions Trading System (EU-ETS).

European Commission (2012). The State of the European Carbon Market in 2012. Report from the Commission to the European Parliament and the Council. COM (2012) 652 final, 14 November.

European Commission (2013). Calculations for theDetermination of the Cross-sectoral Correction Factor in the EU-ETS in 2013 to 2020.

European Commission (2013). Commission Decision Concerning National Implementation Measures for the Transitional Free Allocation of Greenhouse Gas Emission Allowances in Accordance with Article 11 (3) of Directive 2003/87/EC of the European Parliament and of the Council.

European Commission (2014). A Policy Framework for Climate and Energy in the Period from 2020 to 2030, Communication from the Commission to the European Parliament, the Council, the European Economic and Social Committee and the Committee of the Regions, COM (2014) 15 final.

European Commission (2014). Impact Assessment Accompanying a Policy Framework for Climate and Energy in the Period from 2020 up to 2030, SWD (2014) 15 final.

European Commission (2014d). Commission regulation No. 176/2014 amending Regulation (EU) No1031/2010 in panticular to determine the volumes of greenhousegas emission allowances to be auctioned in 2013-20, 25 February.

European Commission (2014e). Proposal for a Decision of the European Parliament and of the

Council concerning the establishment and operation of a market stability reserve for the Union greenhouse gas emission trading scheme and amending Directive 2003/87/EC, 22 January.

European Council (2014). Conclusions, 23 and 24 October. EUCO 169/14.

Han, G., M. Olson, K. Hallding and D. Lunsford (2012). China's Carbon Emission Trading. An Over-view of Current Development.

Hawkins, S. and I. Jegou (2014). Linking Emissions Trading Schemes. Considerations and Recommendations for a Joint EU-Korean Carbon Market. ICTSD Global Platform on Climate Change, Trade and Sustainable Energy.

IETA (2013). IETA's Vision for a Comprehensive EU-ETS Reform.

Jalard, M. and Alberola, E. (2015) EU-ETS: Which Free Allocation Mechanisms to Sustain Carbon Leakage Mitigation through to 2030? . Climate Report No. 49, CDC Climat Research.

Kettner, C., Köppl, A., Schleicher, S., Thenius, G. (2008). Stringency and Distribution in the EU Emissions Trading Scheme: First Evidence. *Climate Policy 8* (2008), 41-61.

Kettner, C., Köppl, A., Schleicher, S. (2010). The EU Emissions Trading Scheme-Insights from the First Trading Years with a Focus on Price Volatility in Dias Soares, C. et al. (eds.) *Critical Issues in Environmental Taxation*, Volume VIII, 2010, Oxford University Press.

Neuhoff, Karsten (2014). The Deal: Free Upstream Allocation and Inclusion of Consumption. DIW Berlin.

Schleicher, S. P., A. Türk and A. Zeitlberger (2014). Building Blocks for a Structural Reform of the EU Emissions Trading System. Policy Brief of the Wegener Center at the University of Graz.

Schleicher, S. P., and A. Zeitlberger (2014). Structures and Stringencies of the EU Emission Trading System: The Position of Austrian Installations. Policy Brief of the Wegener Center at the University of Graz.

Schleicher, S. P., A. Köppl and A. Zeitlberger (2015). Dynamic Allocation in EU-ETS under Different Design Options. Policy Brief of the Wegener Center at the University of Graz.

Taschini, Luca (2013). Options for Structural Measures to Improve the European Union Emissions Trading System: Response to a European Commission Consultation. Policy paper. Grantham Research Institute on Climate Change and the Environment, London School of Economics and Political Science.

Taschini, L., Kollenberg, S., Duffy, C. (2014). System Responsiveness and the European Union Emissions Trading System. Policy Paper, Grantham Research Institute.

Taschini, Luca (2013). Options for Structural Measures to Improve the European Union Emissions Trading System: Response to a European Commission Consultation. Policy paper. Grantham Research Institute on Climate Change and the Environment, London School of Economics and Political Science.

Trotignon, R., Gonand, F. and de Perthuis, C. (2014). EU-ETS Reform in the Climate-Energy Package 2030, First Lessons from the ZEPHYR Model. Policy brief No. 2014-01. Climate Economics Chairö.

Tuerk, A., M. Mehling, S. Klinsky and X. Wang (2013). Emerging Carbon Markets: Experiences, Trends and Challenges. Climate Strategies Report.

WRI (2014). Emissions Trading in China.

World Bank (2014). State and Trends of Carbon Pricing.

Zhong, Q. (2014). China Carbon Market Report 2014. IETA-IEA-EPRI Workshop, Paris, 9 October.

比较之窗

Comparative Studies

Comparative

澳大利亚医疗卫生体制研究

余晖　何静

澳大利亚的医疗卫生体制运行状况较好，医疗卫生水平较高，人口健康状况较好，各项卫生指标在OECD成员国中均居于中上水平。2008年，英联邦基金会发布国家医疗状况评比与分析报告，对19个发达国家的医疗体系进行评比，澳大利亚排第三，优于同是全民医疗保险国家的瑞典和英国。

澳大利亚的医疗体制较为复杂，呈现混合、多元化的特点：在医疗保险方面，建立了覆盖全民的国民医疗照顾制度（简称Medicare），包括强制实施的国民医疗津贴计划（Medical Benefits Scheme，MBS）和药品津贴计划（Pharmaceutical Benefits Scheme，PBS），另外还有覆盖面也比较广泛的私人健康保险（Private Health Insurance，PHI）；在卫生服务的提供方面，按照医疗服务性质划分，主要有初级（全科）医疗服务、专科医疗服务和住院服务三个等级；在卫生服务提供者方面，按照医疗机构所有者性质分类，既有公立的社区卫生服务机构、医院，也存在营利的和非营利的私人诊所、医院、老年/伤残照顾机构和社区服务机构；在行政管理体制方面，联邦政府、州/领地政府以及市（镇）政府都参与医疗卫生系统，各司其职。澳大利亚医疗保障制度管理架构见图1。

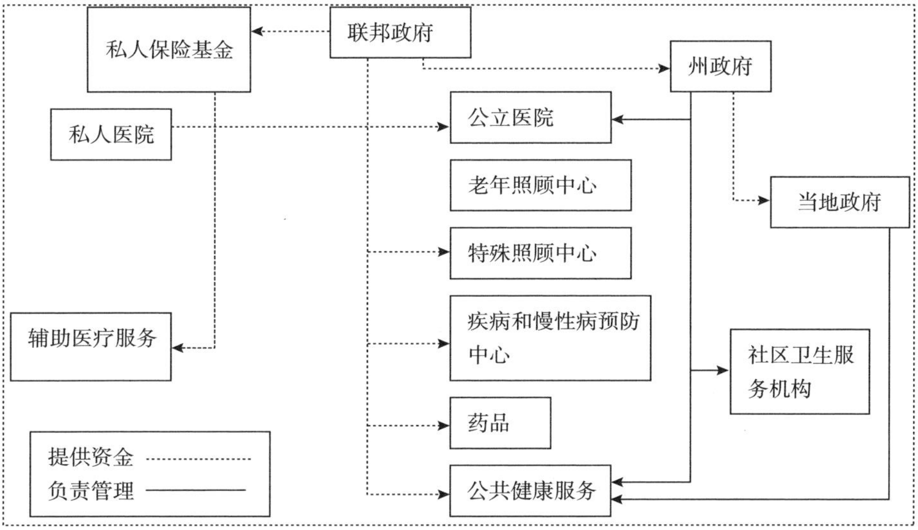

图1　澳大利亚医疗保障制度管理架构

资料来源：赵永生，“澳大利亚的医疗保险支付制度”，《中国医疗保险》，2011（11）

一、国民医疗照顾制度

1984年澳大利亚通过了《全民医疗保障法》，建立了Medicare制度，实现了全民医疗保障。Medicare享有者可以享受的服务项目包括院外服务和院内服务两种：Medicare享有者可以获得私人机构或者行医者如全科医生、专科医生、参加Medicare的验光师和牙医（仅限少量指定服务）的免费或补贴治疗；还可以以公费病人（Public Patient）身份在公立医院免费就诊治疗。这类针对医疗服务的国家补助叫作国民医疗津贴计划（MBS）。

院外服务可以自由选择医生，但如果需要问诊专科医生，需要取得全科医生（通常称为GP）的转诊，否则可能无法获得Medicare的补贴。医生收取的费用没有限制，可以超过MBS设定的服务项目价格。多出的部分由病人自行负担。目前，Medicare对全科医疗的支付比例为100%，对专科医疗的支付比例为85%。院内服务是指以公费病人身份在公立医院，由医院指定的医生进行治疗，则无须为医疗、护理、检查等服务付费。如果以自费病人（Private Patient）身份在任何医院，有权选择医生，但Medicare只根据MBS和PBS的规定支付医生的诊疗费和药店的药品费用。

在药品购买补助方面，澳大利亚政府通过药品津贴计划（PBS）保障重要药品的可及性。大多数处方药物都属于PBS补助范围。PBS药品目录每年更新600多类，占总处方的75%，到2008年，PBS共覆盖了大约2500类药品，基本上能够满足病人的临床诊断和治疗需要。联邦政府每年公布一次PBS的药品目录，并经过谈判确定进入PBS目录的药品价格。购买列入PBS目录内的药品费用主要由联邦政府支付，个人仅需自付较小的部分。2010年，PBS费用共计87.47亿澳元，联邦政府补助了83.7%，其余的由病人支付。对于未被列入PBS计划的药品，联邦政府不予补贴，消费者需要全款支付。但是在公立医院提供给公立病人的药物，都由州/领地政府支付了成本。

为了减轻慢性病和重大疾病患者的负担，澳大利亚政府设立了“安全网”，即对一年内自付费用累计达到一定临界值的病患提供更高比例的补助水平。对于医疗服务费用，政府规定在某一年份病人一旦达到了自付费用的临界值，将会收到占其自付费用80%的额外补贴，原来Medicare的补贴照常。在2009年，对于拥有医疗优惠卡的人或者低收入家庭，其达到安全网的临界值是555.70澳元，对于其他病人则是1111.6澳元。对于药品购买费用的规定是，在某一年份，病人购买PBS目录内的药品支出超过了临界值就有资格获得额外补贴。2012年，对于一般病人，只要药品支出超过了1363.3澳元，病人每项处方的共付费用与优惠卡持有者一样，为5.8澳元。

此外，澳大利亚政府鼓励私人健康保险业发展，作为全民医疗保险的重要补充。2011年，1040万人购买了私人健康保险，约占总人口的46%，私人健康保险所支付的资金占到了卫生总费用的8%。私人健康保险为愿意以私立病人身份在公立医院或者私立医院看病的投保人提供支付服务，包括住院费用、急救（救护车）服务等。同时也为投保人补贴一些非医院医疗服务，比如牙科服务、康复服务、家庭护理、配眼镜服务、推拿治疗和足病诊疗服务等。私人健康保险公司提供的补贴一般只支付投保人享受的医疗服务的部分费用。

在澳大利亚，人们购买商业健康保险主要出于两个方面的考虑。一是参加了商业健康保险能够自由选择医生、避免等候期。在公立医院就诊时病人无权选择医生和病房，而且由于公立医院的病床紧张，许多要做择期（非紧急）手术的病人需要等待数月乃至数年，而持有商业健康保险者既可以选择私人医院，也可以选择公立医院以自费病人身份就医，有权选择医生。二是政府对参加商业健康保险给予补贴，鼓励个人缴费。澳大利亚政府为推动商业健康保险发展，先后出台了私人健康保险激励方案、私人健康保险激励法案和终生健康保险计划。政府对参加商业健康保险的人提供补贴，对未参加商业健康保险的高收入家庭或个人征收医疗附加税，由此引导人们积极投保。

表1　公费和自费患者选择服务提供者的权利

	对医院的选择权	对医生的选择权
公立医院的公费病人	无	无
公立医院的自费病人	无	有
私立医院的自费病人	有	有

资料来源：裴丽昆，刘朝杰，David Legge，“全民医疗保障制度的挑战——澳大利亚卫生体制的启示”，北京：人民卫生出版社，2009年

政府扶持商业健康保险发展，能够起到平衡公立医院和私立医院在整个卫生系统中的作用，满足了不同人群对不同医疗服务的需求，减轻了公立医疗系统的压力。

二、卫生服务的提供者

在澳大利亚，各类卫生服务提供机构提供了种类繁多的医疗卫生服务。但总体来看，澳大利亚核心的卫生服务提供体系是一个三级架构，即社区（包括社区卫生服务机构和全科诊所等）、专科诊所和综合医院（多为急症医院）。人们一般先在社区接受初步的卫生服务，必要时可以转诊到专科诊所，或者再转到综合医院进行治疗。对于渡过了急性期的病人，则可以由上往下转诊，由社区服务中心或者全科医生提供后续的卫生服务。但如果是自费项目，则不受限制（图2）。

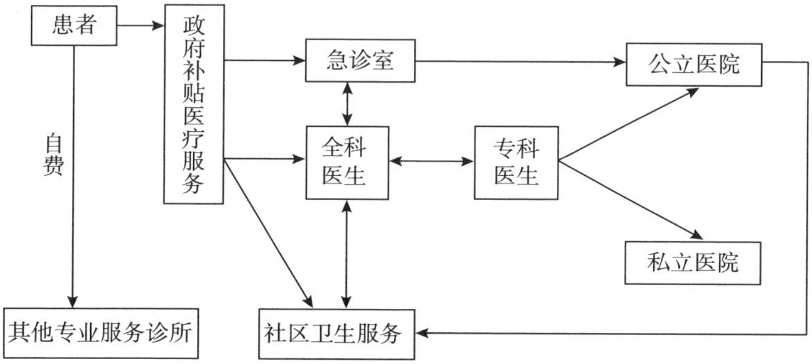

图2　患者就诊途径

全科医生是初级卫生保健服务的主要提供者，提供的服务包括普通疾病的问诊、体检、咨询、处方、治疗、小手术、避孕、转诊、计划免疫等。根据病情，全科医生可以将病人转诊给医院的专科医生、专业卫生服务机构或其他卫生专业人员。全科医生能够处理绝大多数就诊患者的问题，只有 11.5% 的患者会被转诊（AIHW，2006a；AIHW：Britth，2008）。一般，居民要到专科医生或者综合医院看病，必须经过社区全科医生转诊，否则将无法享受 Medicare 提供的医疗保险。2012 年，澳大利亚共有全科医生约 2.6 万人，每 10 万人拥有的全职全科医生数量为 111.8 人。

社区卫生服务中心也是初级卫生保健服务的提供者。通常每个地方政府辖区内均设置一个社区卫生服务中心（可能包含多个社区卫生服务站）。除了社区卫生服务中心外，其他提供社区卫生服务的机构还有妇女卫生服务中心、妇幼保健站、土著卫生服务中心、社区心理卫生服务中心、社区护理服务中心等。州/领地政府对大部分社区卫生服务进行资助，比如，孕产妇照顾、小童的看护、疾病预防项目、改善预防和治疗的卫生条件、妇女卫生服务、社区康复项目、健康教育和健康促进等。大多数社区卫生服务中心是政府主办的公立卫生机构，但是政府也会购买私人部门的社区卫生服务。

专科医疗服务是指由私人专科医生或者医院门诊部提供的专家服务，通常又被称为二级医疗服务。在澳大利亚，受到政府认可的专科医生的种类超过了 60 种，包括麻醉、皮肤病、产科、放射科等。2012 年，超过 2.6 万名专科医生在澳大利亚工作。专科医生的分布根据偏远程度而变化，主要城市和偏远地区专科医生的人数以及居民享受专科卫生服务的数量差距非常大。

医院是重要的卫生服务提供机构。2013 年，澳大利亚拥有超过 742 家公立医院和 612 家私立医院，分别拥有病床数 57772 张和 27748 张。公立医院一般由州/领地政府管理，并接受联邦政府和州/领地政府的共同资助。私立医院所有权属于私人或教会、慈善机构，分为营利性和非营利性两种，其中有将近 40% 是教会所有的非营利性医院，其他的私立医院以营利为目的建立。医院的功能不尽相同，有急症医院、精神病院、康复医院、专科医院等多种形式。各州/领地的公立医院和私立医院的数量及床位数具体情况见表 2。

表 2 2013 年各州公立医院和私立医院数量（个）及床位数（张）

医院类型	新南威尔士州	维多利亚州	昆士兰州	西澳大利亚州	南澳大利亚州	塔斯马尼亚州	首都直辖区	北领地	医院数量总计	床位数总计
公立医院										
公立急症医院	217	150	165	88	78	22	3	5	728	55789
公立精神病院	8	1	4	3	2	1	0	0	19	1983
公立医院总计	225	151	169	91	80	23	3	5	747	57772
私立医院										
独立的私立日间医院	102	86	52	40	27	n. p.	n. p.	n. p.	326	2822
其他私立医院	91	79	56	22	28	n. p.	n. p.	n. p.	286	24926
私立医院总计	193	165	108	62	55	n. p.	n. p.	n. p.	612	27748
总计	**418**	**316**	**277**	**153**	**135**	**n. p.**	**n. p.**	**n. p.**	**1359**	**89500**

注：独立的私立日间医院和其他私立医院的病床数为 2013 年统计数据，来源于 ABS（2013）。
资料来源：AIHW（2013g）

三、卫生系统的行政管理体制

作为联邦制国家，澳大利亚的卫生职责与权力由各级政府分担，卫生资源公私混杂，专业门类繁多。因此，卫生事业的发展受到多方力量的相互牵制。澳大利亚的全国卫生政策与卫生规划通常是联邦政府、州/领地政府、专业组织和私立部门之间达成的协议，是一种“网络式”的调控体系。

具体来说，联邦政府负责的卫生事务主要包括 Medicare、医疗管理与人才培训、药品补贴与合理利用、机构养老服务、社会救济服务、人群健康服务（如计划免疫、HIV 危害降低项目等）、应急反应体系、国境卫生检疫、信息系统建设和科学研究等。在实践卫生职责的过程中，联邦政府一般来说并不开办医疗机构，而是通过购买服务的方式，向州/领地政府和私立医疗机构购买人们所需的医疗、药品和养老保险服务。

联邦政府主要通过下面的方式资助和管理卫生服务：资助并管理全科医疗、专科医疗和医学检验等诊断治疗服务，即 MBS；资助并管理 PBS，帮助居民购买社区药店提供的药品；与州/领地政府签订卫生服务协议，并通过提供资金补助，保证居民享受免费的医院服务；与州/领地政府签订收入分配协议，并向州/领地政府提供产品服务税收（GST）收入以及其他专项资金，以补贴卫生服务；通过公共卫生产出协议，向州/领地政府提供专项公共卫生服务资金；直接资助非政府机构提供卫生服务；支持卫生人力培训；卫生专业人员的职业注册管理。

在澳大利亚，州/领地政府直接负责卫生保健管理，保障居民享受住院、社区卫生和公共卫生服务。卫生开支通常占州/领地政府预算开支的三分之一以上。不过在州/领地政府的卫生支出中，联邦政府下拨的经费约占一半。大多数急性病住院服务、社区卫生服务和公共卫生服务是由州/领地政府投资建设的公立卫生服务机构提供的。此外，州/领地政府还对辖区内的私立医疗机构进行监管，保障卫生服务的质量与安全。州/领地政府资助并管理卫生事务的方式包括：资助并管理公立医院；资助并提供公共卫生服务；资助并提供社区卫生服务；各类医疗机构的执照发放；资助地方政府提供与卫生相关的服务。

州/领地政府卫生部门的一项重要工作就是对辖区内的医疗机构，尤其是公立医院进行管理。政府通过医疗立法、医疗机构的区域规划及相关的司法程序来管理医院和其他医疗机构。政府对公立医院实行宏观和间接管理，不直接干预医院的人事聘用，包括院长聘任、财务预决算、业务运行和内部分配。典型的医院管理模式是，成立医院董事会，董事成员通过公开报名选拔，由州/领地的卫生部部长任命。董事会作为政府代理人，对医院实行监督管理，其职能包括聘任医院院长（或CEO），审查批准医院的年度工作计划、财务预决算，审批大型设备的购置、更新和基建项目计划，评价医院的运行状况和院长的工作业绩，沟通医院与社会各界的联系，争取和接受社会各界对医院的捐赠等。医院的日常运行管理则由院长（或CEO）负责。

相对于州/领地政府，地方政府的卫生职责很少。地方政府主要是市（镇）政府，大概有850家，主要承担了部分公共卫生服务，不涉及任何临床事务。市（镇）政府可以提供州政府购买的诸如环境与食品卫生监督、妇幼卫生保健、计划免疫、健康促进等公共卫生服务。此外，地方市（镇）政府还要开展地方公共卫生规划、提供老年社区支持服务。

四、卫生资金的筹措和支付

澳大利亚卫生系统的资金主要是通过一般税收、医疗保险税和私人支付三种方式筹措，同时政府也通过鼓励私人健康保险来作为公共计划的补充，支付部分的卫生服务费用。政府通过在个人所得税中征收医疗保障税（Medicare Levy）为 Medicare 筹集资金，而且对于收入达到一定水平且没有购买私人健康保险的高收入者，还会征收医疗保障追加税。但这只占 Medicare 所需资金的较小比例，大部分资金来源于一般税收。除税收外，政府还通过各种方式向社会筹资或接受慈善团体捐助，以扩大 Medicare 的资金来源。2000 年以来，澳大利亚卫生总费用占 GDP 的比重以及政府卫生支出占卫生总费用的比重都越来越高。

需要特别说明的是，澳大利亚的老年人根据自己的收入状况，也可能需要缴纳医疗保障税。在澳大利亚，并没有强制的退休年龄，人们只要愿意工作且有雇用单位，可以选择一直工作。对于退休老年人，其收入通常来自两个部分。一是退休金。这是人们在工作时由雇主为雇员强制缴纳的社会退休金，雇员或者自雇者也可以自愿为自己缴纳额外的退休金。退休金的管理非常灵活。人们可以选择税前或者税后缴纳退休金，也可以选择退休金管理机构以及退休金的投资风险等级，还可以决定是否提前支取退休金。但要注意的是，退休金通常既包括适用征税的部分，也有免税、减税的部分。二是如果年满 65 周岁且资产、收入低于一定条件，澳大利亚政府还会为这部分老人发放养老金。发放的养老金至少相当于男性劳动力平均收入的 27.7%。养老金是老年人的主要收入来源。2012 年，45 岁以上的不从事全职工作的人，超过 6 成以政府养老金或补助为主要收入来源，而以退休金为主要收入来源的人约占 15%。总之，如果老年人达到缴纳条件，仍需要缴纳医疗保障税，甚至医疗保障追加税。

表 3　2000—2011 年卫生总费用、GDP 及卫生总费用占 GDP 的比重

年份	卫生总费用（亿澳元）	GDP（亿澳元）	卫生总费用占 GDP 比重（%）
2000	582.69	7068.95	8.2
2001	630.99	7549.48	8.4
2002	687.98	8009.11	8.6

续表

年份	卫生总费用（亿澳元）	GDP（亿澳元）	卫生总费用占 GDP 比重（%）
2003	735.09	8594.87	8.6
2004	810.61	9208.99	8.8
2005	866.85	9948.03	8.7
2006	949.38	10830.6	8.8
2007	1035.63	11759.49	8.8
2008	1136.61	12522.18	9.1
2009	1213.53	12933.8	9.4
2010	1302.66	13990.7	9.3
2011	1402.00	14757.9	9.5

资料来源：AIHW 卫生支出数据库，ABS（2013a）

表 4　2000—2011 年各种卫生资金来源的构成比例　（%）

年份	政府			非政府部门			
	联邦政府	州/领地政府	总计	私人健康保险	个人	其他	总计
2000	44.4	23.3	67.7	7.1	18.0	7.2	32.3
2001	44.0	23.2	67.2	8.0	17.5	7.2	32.8
2002	43.6	24.4	68.0	8.0	16.7	7.3	32.0
2003	43.6	23.6	67.2	8.1	17.5	7.3	32.8
2004	43.8	24.0	67.8	7.7	17.4	7.1	32.2
2005	42.8	25.3	68.1	7.6	17.4	6.9	31.9
2006	42.0	25.8	67.8	7.6	17.4	7.2	32.2
2007	43.2	25.5	68.7	7.6	16.8	6.9	31.3
2008	44.1	25.1	69.1	7.8	17.1	6.0	30.9
2009	43.7	26.3	69.9	7.5	17.5	5.0	30.1
2010	42.7	26.4	69.1	7.6	18.3	5.0	30.9
2011	42.4	27.3	69.7	8.0	17.0	5.0	30.3

注：其他主要来自意外伤害保险公司。政府对私人健康保险购买者的退款计入联邦政府卫生资金。
资料来源：AIHW 卫生支出数据库

政府主要向全科医生、社区卫生服务机构、医院和药房支付卫生服务费用。医生一般是按照服务项目收费的；社区卫生机构则每年会根据社区所需要提供的卫生服务向相关政府申请卫生经费；公立医院则按病种组成及其所需服务成本制定预算，接受政府资助。

澳大利亚的付费机制可以分成三个大类：第一类是以投入或者成本为依据的付费制度；第二类是以产出为依据的付费制度；第三类是以需要为基础的付费制度。针对不同的服务，澳大利亚政府实行了不同的付费机制。对公立医疗卫生机构的预算投入主要采用以成本为依据的投入制度。以人群卫生需要为依据的付费制度则在公共卫生与健康促进领域应用较为广泛。例如，新南威尔士州根据各区域人口数量、人口密度、年龄性别构成、社会经济状况、标准化死亡率、生育率等计算区域卫生经费。总体而言，按照投入付费的形式越来越少，大多数付费都采取了按产出付费的形式。

从 1990 年代以来，澳大利亚政府在长期探索中，逐渐形成了以产出为依据的付费制度，主要是按项目付费和按疾病诊断相关组（DRGs）付费。按服务项目付费主要应用在全科医生和专科医生所提供的医疗服务项目上。这种机制有利于鼓励医生提供服务，提高效率，但可能诱导过度服务和不合理服务。按 DRGs 付费的方式主要应用在政府购买医院提供的医疗服务上，其关键在于确定病种常规权重值。计算疾病诊断相关组拨款额时，只要将特定 DRG 组的权重值乘以设定的拨款基准即可算出对疾病诊断相关组的单位拨款值。澳大利亚制定了统一的疾病诊断相关分组，采用病例组合方式的付费方式，核算医院的拨款。值得说明的是，澳大利亚各州/领地对病种权重值和拨款基准的测算方法存在很大不同，结果导致付费标准差异巨大，同类疾病在不同州/领地可能得到不同金额的政府拨款。

澳大利亚政府很重视控制费用支出规模，努力提高医疗服务效率。一般来说，医疗服务和药品的费用是属于全国控制的，任何服务费用要变动都需有明确的原因。政府通过对医疗机构实行按病种付费的方法，对所有的治疗方案都能形成一个价格，促使医疗机构注重效率，防止过度医疗。

五、启示和借鉴

以上对澳大利亚的介绍表明，一个健全的使全体公民平等受惠且能够满足多元化需求的医疗卫生体系，必然是既有一个健全的医疗健康保险网，又有一个多层次的医疗服务市场；而政府在其中，不仅扮演了主要的医疗健康保险筹资者角色，还积极扮演着医疗服务的购买者的角色。尽管它们各自还存在着某些不足，但改革和完善的努力却一直没有懈怠。

对于中国这个正在大踏步走向全民医保的大国而言，澳大利亚的经验无疑有许多可借鉴之处。

（一）补需方为主的医疗保障筹资及其多元化

第一，一个面向全体公民的全覆盖的、一体化的、待遇平等的由公共财政筹资的医疗卫生保障体系（在澳大利亚叫“医疗照顾”）是实现公民健康权利的基本保证。在这方面，我国虽然已经基本做到全覆盖，但一体化和待遇平等方面还差之甚远，应该加快跟进，早日实现真正意义上的全民医保。

第二，对那些自付医药费过高的病人，以及那些持有社会福利卡的病人，同样由政府筹资建立了“医疗照顾安全网”，如在澳大利亚，只要个人、夫妻和家庭成员全年自付的医疗费用累计达到政府规定的“安全网”底线，就可以享受这个安全网额外的报销。在这方面，我国虽然建立了医疗救助制度，但还远远起不到安全底线的作用，因病致贫、因病返穷的现象时常出现。

第三，在不断发展上述两个普惠和救助性质的医保体系的同时，大力鼓励商业医疗保险的发展，以满足公民个性化的医疗服务需求。在澳大利亚，商业医保筹集的资金已经占了其国民医疗卫生总费用的12%。这远远超过了我国商业医疗保险的筹资水平。应进一步加快我国商业医疗保险的发展。

第四，在澳大利亚，医疗服务和药品销售通常都是严格分离的。政府通过依靠药品津贴计划保障药品使用的可及性，切实厘清了医疗服务与药品销售的关系，减轻了病患负担。而我国的药物政策却一直作为补偿医院收入的手段，并积重难返。几年来取消“以药补医”政策和基本药物制度并未起到实质性的效果，病人也没有因此而受益。未来药物政策的调整势在必行。

第五，澳大利亚的医疗保障水平非常高，2011 年人均卫生总费用超过 5000 澳元，反观我国 2011 年度的人均卫生总费用才不到 1500 元人民币，可见差距之大，未来医疗保障方面的公共和社会资金的投入力度理应加大。

（二）医疗卫生服务的多样化及其提供主体之间有序的合作与竞争

第一，健全而多样化的医疗服务。在澳大利亚，各类卫生服务提供机构为澳大利亚人提供了初级卫生保健服务、专科医疗服务、住院服务、医疗辅助服务、老年保健服务、姑息保健（临终关怀）服务、药品服务、牙医服务、社区卫生（包括心理卫生）服务以及替代/另类医疗服务等。

第二，合理有序的合作与竞争。总体说来，澳大利亚核心的卫生服务提供体系是一个三级架构，即社区（包括社区卫生服务机构和全科诊所等）、专科诊所和综合医院（多为急症医院）。人们一般先在社区接受初步的卫生服务，必要时由全科医生转诊到专科诊所，或者再转到综合医院进行治疗。对于渡过了急性期的病人，则可以由上往下转诊，由社区服务中心或者是全科医生提供后续的卫生服务。

在澳大利亚，全科医生能够处理绝大多数就诊患者的问题，成为医保机构和病患的“看门人”。但反观我国医改以来，注册全科医师的数量几乎原地踏步。目前全国注册全科医师大约只有 8 万名①。即便在医院的全科门诊，2011 年其门急诊人数所占的比例也就只有 2.3%②。下一步，财政应加大投入培养资金，制定更多引进全科医生人才的政策。比如引入周边国家和地区的全科医生，或者让国内的医生（尤其是退休医生）自由流动起来，下沉到社区单独或联合开设全科诊所。

第三，与初级卫生服务一样，私人专科医生提供的医疗服务也由 Medicare 支付，但仅支付费用的 75%—85%（诊所为 85%，私立医院为 75%），差额由个人自付。按照报销规定，若要享受 Medicare 的报销，接受专科医疗服务须由全科医生开具转诊单。我国的专科医疗服务大多集中在二级以上综合性公立医院，是造成公立医院人满为患、病床严重不足的一个重要原因。发展私营专科医院的抓手同样是允许医生自由执业，并放开准入市场。

第四，在澳大利亚，政府对公立医院实行宏观和间接管理，不直接干预医院的人事聘用，包括院长聘任、财务预决算、业务运行和内部分配。典型的医院管理体制是实行董事会制度。因此，澳大利亚公立医院绝对不是类似我国的所谓编制管理的事业单位，是去了行政化的独立法人组织。这应该是我国公立医院改革的方向。

---

① http://www.cn-healthcare.com/news/gwjk/2012-10-12/content_411213.html.

② 《中国卫生统计年鉴·2012》第 4 页。目前这一年鉴里甚至尚无全科医生的统计。

（三）医疗费用支付机制的改革

澳大利亚政府从1990年代以来，逐渐形成了以产出为依据付费的制度，主要是按项目付费和按疾病诊断相关组付费。根据2011年8月最新签订的全国卫生改革协议，联邦政府将加大对州/领地政府所辖公立医院的投入，但同时，对公立医院投入资金的计算方式也将改变。联邦政府将通过以服务为基础的资助方式（Activity Based Funding，ABF）对范围内的公立医院服务进行资助。公立医院各项服务的有效价格（成本）以及范围内的公立医院服务都由新成立的独立医院服务定价局（Independent Hospital Pricing Authority，简称IPHA）确定。联邦政府根据IPHA所制定的有效价格计算公立医院新增加的成本，并按比例进行支付。州/领地政府则不受有效价格的限制，可以选择提供一个高于或低于有效价格的补贴。对于范围外的公立医院的服务（指还没有达到实行ABF条件的医疗相关服务，如精神病、亚急性护理等），联邦政府实行一种叫整笔拨款（Block Funding）的方式计算公立医院新增成本，以按协议要求的比例进行补贴。而后者占了公立医院总数的大部分。

我国新医改政策中多次强调要加强医保机构与医疗机构的谈判能力，提高医保资金支付的有效性，但医改以来，不但在各类医院尚未广泛推行诸如DRGs，反而在基层医疗机构倒退到传统的收支两条线做法，可以说这是方向性的政策失误，应该尽快扭转。付费机制改革的实质性推进，必须有财政、物价、医保、卫生、民政、保监等行政部门，尤其是物价、医保、卫生部门的通力合作才能实现，因此行政职能的合理整合势在必行。

主要参考文献

Judith M. Dwyer，2004，"Australian health system restructuring—what problem is being solved?" *Australia and New Zealand Health Policy*.

Australian Institute of Health and Welfare，2015，"Australia's welfare 2015".

Australian Institute of Health and Welfare，2014，"Australia's hospitals 2013".

安华，金栋，"全民医保背景下的中国商业健康保险定位于发展——澳大利亚经验的启示"，《金融与经济》，2008（7）。

李颖，田疆，"澳大利亚卫生人力资源管理改革及对我国的借鉴意义"，《中国卫生政策研究》，2011（3）。

李倩，吴妮娜等，"新西兰卫生体制改革启示"，《中国社会医学杂志》，2007（3）。

梁智，"澳大利亚医疗制度与改革"，《国外医学（卫生经济分册）》，2006（3）。

裴丽昆，刘朝杰，David Legge，“全民医疗保障制度的挑战——澳大利亚卫生体制的启示”，北京：人民卫生出版社，2009。
徐润龙，“澳大利亚医药卫生体制的启示”，《卫生经济研究》，2010（11）。
杨科，高倩，“澳大利亚卫生体制改革概况”，《中国社会医学杂志》，2009（6）。
杨辉，Christopher Anderson，Shane Thomas，“澳大利亚的“社区卫生服务”：概念和背景”，《中国全科医学》，2006（21）。
赵永生，“澳大利亚的医疗保险支付制度”，《中国医疗保险》，2011（11）。

图书在版编目（CIP）数据

比较 . 第 82 辑 / 吴敬琏主编 . —北京：中信出版社，2016.2
ISBN 978-7-5086-5881-0

I. 比… II. 吴… III. ①比较经济学 IV. ① F064.2

中国版本图书馆 CIP 数据核字（2016）第 022629 号

比较 · 第八十二辑

主　　编：吴敬琏
策 划 者：《比较》编辑室
出 版 者：中信出版股份有限公司
经 销 者：中信出版股份有限公司 + 财新传媒有限公司
承 印 者：北京华联印刷有限公司
开　　本：787mm × 1092mm 1/16　　**印　张**：15　　**字　数**：200 千字
版　　次：2016 年 2 月第 1 版　　**印　次**：2016 年 2 月第 1 次印刷
书　　号：ISBN 978-7-5086-5881-0/F · 3590
定　　价：28.00 元